CW01638580

10
18

12, AVENUE D'ITALIE. PARIS XIIIe

Sur l'auteur

Evan Shelby Connell est né le 17 août 1924 à Kansas City, dans le Missouri. Alors qu'il se destine à une carrière de médecin comme son père et son grand-père avant lui, il interrompt ses études en 1943 pour s'engager dans la Navy et devenir pilote. En 1959, il publie son premier roman, *Mrs. Bridge*, qu'il dédie à sa sœur et qui connaît un succès retentissant. En 1969 paraît *Mr. Bridge*, qui connaît lui aussi un très grand succès. Malgré cette reconnaissance, Evan S. Connell mène une vie solitaire, quasi recluse, et reste inconnu du grand public. En 2009, il est nommé au Man Booker Prize pour l'ensemble de son œuvre et reçoit, en 2010, le Robert Kirsch Award décerné par le *Los Angeles Times*. Evan S. Connell s'est éteint le 10 janvier 2013, à Santa Fe, au Nouveau-Mexique.

EVAN S. CONNELL

MR. BRIDGE

Traduit de l'anglais (États-Unis)
par Philippe Safavi

Préface de Lionel Shriver
Traduite de l'anglais (États-Unis)
par Laurence Richard

10
18

BELFOND

Du même auteur
aux Éditions 10/18

► MR. BRIDGE, n° 5225
MRS. BRIDGE, n° 5226

Titre original :
Mr. Bridge
publié par Alfred A. Knopf, USA

ISBN 978-2-264-06961-0

À Elizabeth McKee

« J'avançais dans un monde et j'étais ce monde,
et ce que je voyais, entendais ou ressentais
ne venait de nulle autre part que de moi-même ;
et là, je me trouvai plus sincère et plus étrange
encore. »

Wallace STEVENS

PRÉFACE

En ouvrant *Mr. Bridge* une trentaine d'années après l'avoir lu, j'ai réalisé avec surprise que le roman se déroulait dans les années 1930. Dans mon souvenir, l'étude de cette famille rigide, droite et peu démonstrative avait pour cadre les années 1950. Une seconde lecture m'a permis de comprendre pourquoi, dans mon souvenir, j'avais pu aussi facilement avancer d'une génération le déroulement de son intrigue. Pour la plupart de mes compatriotes et contemporains nés après les années 1930, celles-ci évoquent avant tout dans nos esprits les soupes populaires. Les sans-abri regroupés sous des tentes dans des campements de fortune. Les investisseurs se jetant par les fenêtres des tours de bureaux. Les gens sur les routes lors des tempêtes de poussière du Dust Bowl. Et, de l'autre côté de l'Atlantique, l'Europe et l'ombre menaçante d'une guerre mondiale imminente.

La famille Bridge de ces années 1930, elle, appartient à la classe moyenne. Walter Bridge est avocat, et le quasi-effondrement de l'économie ailleurs ne semble pas avoir entamé de façon conséquente ses revenus réguliers et confortables. Dans son quartier prospère de Kansas City, l'impact de la crise, de cette « Grande Dépression », est à peine perceptible. Habilement, Evan S. Connell soulignait que, en règle générale, rares étaient les personnes à pressentir les bouleversements historiques imminents avant qu'ils aient lieu, raison pour laquelle les troubles en Allemagne ne sont que brièvement évoqués dans le roman. L'invasion de la Pologne par les nazis n'acquiert une certaine importance que parce qu'elle écourte le voyage en Europe des Bridge.

Quoi qu'il en soit, j'aurais pu reconnaître cet univers parallèle des années 1930, car cette vie était celle de mon grand-père paternel : avocat lui aussi, il présente une ressemblance frappante avec Mr. Bridge. La famille de mon père n'a pas particulièrement souffert pendant la crise de 1929, à l'abri dans sa solide demeure en brique d'un quartier boisé de Norfolk, en Virginie. Les enfants avaient chacun leur chambre et des draps frais ; ils ne souffraient pas de la faim.

Mais si *Mr. Bridge* semble si peu ancré dans l'époque à laquelle l'histoire se déroule, ce n'est pas uniquement parce que les marqueurs des années 1930 nous semblent lointains. Walter Bridge est un prototype d'Américain qui transcende une décennie particulière, et qui, dans un certain sens, existe encore aujourd'hui. Lorsque j'essaie de me représenter le protagoniste guindé et en apparence équilibré de Connell, me reviennent inévitablement les émissions de télévision qui ont bercé mon enfance. Dans mon esprit, Mr. Bridge est un amalgame un peu flou de Robert Young dans *Papa a raison*, Hugh Beaumont dans *Leave it to Beaver* et Fred McMurray dans *Mes trois fils*. Chacun à leur manière, les personnages incarnés par ces trois acteurs étaient censés susciter des images positives de l'homme américain et représenter des sortes de modèles : responsable, travailleur, loyal, avec toujours de sages conseils à prodiguer avant le générique de fin. Mais, par-delà les apparences, le portrait que fait Connell de ce même employé en costume et chapeau est plutôt sinistre.

Bien que ce roman et son pendant, *Mrs. Bridge* (publié onze ans plus tôt, en 1958), soient habituellement présentés ensemble comme le portrait d'un mariage, ils dépeignent une solitude terrifiante. Jamais, à aucun moment, Walter ne se confie à sa femme ni elle à lui, au point que leur union, affectivement parlant, semble quasi inexistante. Sa femme India en a une prise de conscience aussi soudaine qu'éphémère quand, devant l'incompréhension totale de Walter – qui avait répandu du produit anti-limaces dans le jardin –, elle s'exclame : « Tout ce qu'on dit sur toi est vrai ! » et demande le divorce. Pourtant, cet échange des plus incongrus témoigne de la claustrophobie qu'elle ressent dans leur mariage et de leur absence de liens véritables. « Je ne suis rien pour toi », affirme India, alors que Walter tente de la rassurer : « Tu sais pertinemment que je tiens à toi. » Cette affection pour l'autre ne trouve pas à s'exprimer, et la résolution de la dispute est des plus prévisibles : « Après avoir longtemps réfléchi à cette incompréhensible crise d'hystérie, il décida que le mieux était encore de faire comme si rien ne s'était passé. »

Walter Bridge illustre bien l'enfermement et la répression, aussi bien pour les hommes que pour les femmes, induits par la répartition conventionnelle des rôles de genre. Walter n'a pas de véritable compagne. Il assume à lui seul l'entière responsabilité de faire vivre sa famille. Il travaille beaucoup pour subvenir aux besoins d'une famille avec laquelle, par voie de conséquence, il ne passe que très peu de temps. Piégé dans un rôle masculin traditionnel prisant comme valeurs « la sécurité financière, l'indépendance et le respect de soi-même », valeurs qu'il incarne lui-même, Walter Bridge n'a rien d'un oppresseur. C'est une victime.

En protégeant son épouse India des contraintes d'une survie économique tout en lui offrant une vie confortable et oisive de femme mariée disposant de domestiques, Walter est le premier artisan de la naïveté de sa femme par rapport à « un monde prêt à tout, cruel et implacable, où personne n'ignorait que les fortune cookies renfermaient un petit morceau de papier ». Personne sauf India qui, n'ayant jamais vu de fortune cookie de sa vie, avale le bout de papier se trouvant à l'intérieur. Pour Walter, cette ignorance primitive – à laquelle il contribue largement – « était plus que simplement curieuse. C'était plus qu'étrange. C'était légèrement grotesque ». Il se sent manifestement dépossédé. À juste titre. Qui souhaiterait avoir pour la vie une compagne d'une ingénuité si omniprésente, de facto une nunuche, une femme-enfant qui reste enfant ?

Si Walter Bridge était simplement « coincé », comme le qualifie India, et « le modèle même du parfait puritain », selon le docteur Sauer, psychiatre (une simple connaissance, n'allez pas imaginer que Walter entreprendrait une thérapie), ce roman ne continuerait pas d'engranger de nouveaux lecteurs si longtemps après sa publication en 1969. Car le portrait que fait Connell de l'Américain moyen est plus étoffé que celui de Fred McMurray.

Pour le lecteur contemporain, l'attitude de Walter envers les Noirs et les Juifs est insultante, toutefois ses préjugés de race et de classe sont incohérents, peu réfléchis et assez courants pour l'époque.

Quand sa fille Carolyn est invitée chez la fille du jardinier noir, Walter déclare : « Carolyn n'a rien à faire dans ces quartiers-là, pas plus que toi ni moi. Ces gens-là nous détestent. » (Ce qui est probablement le cas.) Pourtant, il entretient des rapports suffisamment personnels avec leur domestique noire pour l'initier à l'alcool en lui préparant lui-même un daiquiri. D'une part, il déclare plus loin dans le roman : « Hitler était fou, ce qui était regrettable car certaines de ses idées n'étaient pas dénuées de sens », et on l'entend « plaisanter » sur le fait qu'il espérait « que les Anglais n'arrêteraient pas Hitler trop tôt ». D'autre part, quand son fils lui rappelle cette remarque, il nie avec véhémence avoir tenu de tels propos, avant d'écrire dans une longue lettre à sa fille Ruth : « Je compte un certain nombre de Juifs parmi mes relations », disant d'eux qu'« ils font honneur au quartier ».

Par ailleurs, l'intolérance de Walter s'oppose à son sens inflexible de la justice, une justice si astreignante qu'il vilipende les expédients, notamment les tuyaux boursiers, auxquels recourent les cols blancs pour s'enrichir. En revanche, son intolérance s'accorde bien à son respect de l'ordre. Quand Carolyn menace de quitter sa confrérie d'étudiantes pour protester contre le rejet d'une postulante noire, son père se désespère : « Je ne sais pas ce qui a pris à Carolyn [...]. Si elle ne se reprend pas tout de suite, ça ira mal. »

Je connais bien ce mode de dissonance cognitive raciale. Originaire d'un État du Sud, mon grand-père se plaignait souvent des « niggrahs » – les *négros*, avec une prononciation bien particulière –, de leur paresse, des aides sociales dont ils bénéficiaient. Pourtant, il n'hésitait pas à s'asseoir à côté d'un invité noir lors d'un déjeuner du Rotary Club ou de la chambre de commerce, alors que les autres convives se gardaient bien de prendre cette place. Il n'employait jamais de qualificatifs ouvertement raciaux, et, à l'instar de Mr. Bridge, il se montrait toujours bienveillant envers la domestique noire de la famille. Mon grand-père n'était pas partisan de la ségrégation en tant que telle ; il détestait avant tout l'agitation, les problèmes, alors que le monde tournait tant bien que mal, qu'il était ce qu'il était. Comme son attitude envers les minorités était ambiguë et contradictoire, il n'avait nullement le désir d'y réfléchir de façon plus approfondie, ce qui l'aurait amené à se demander si certaines de ses positions n'étaient pas en opposition avec la profonde morale qui caractérisait sa posture dans d'autres sphères de sa vie.

Comme pour mon grand-père, les préjugés raciaux de Mr. Bridge constituent des handicaps. Ils obscurcissent sa pensée et constituent des violations de son propre code éthique. Présentés sans commentaire d'auteur, le racisme et l'antisémitisme de ces pages m'amènent à compatir avec les personnes ainsi diffamées par le protagoniste, mais aussi avec ce dernier, Walter.

Mr. Bridge peut sembler conventionnel et respectueux, cependant, sa droiture ne s'applique pas à la Prohibition, qu'il bafoue impunément et pour laquelle il exprime ouvertement son mépris. Son respect des conventions ne s'étend pas non plus à la religion. De temps à autre, sa femme réussit à le traîner à l'église, mais Walter s'ennuie pendant le service et redoute leur dîner annuel avec le pasteur, le révérend Foster, auteur d'un livre d'essais que Walter trouve d'un ennui mortel : « Il n'avait rien de particulier à lui reprocher, n'était son manque d'intérêt. On pouvait même parler de profond ennui. Le pasteur semblait posséder un talent rare pour raser les gens. Chacune de ses phrases semblait avoir été cherchée au fond d'un puits et hissée laborieusement à la surface. Comme la plupart des raseurs incurables, il se croyait plein d'entrain… » Le révérend le désespère : « Il n'avait pas plus de système nerveux qu'un plat de crème anglaise. On ne pouvait ni le mépriser ni le haïr, pas plus qu'on ne pouvait l'aimer ou le respecter. »

Cet évitement de la religion place Mr. Bridge en opposition avec le prototype qui lui a survécu : l'évangéliste du Midwest. Comme nombre de croyants de l'Amérique profonde, le protagoniste de Connell serait sûrement très mal à l'aise avec un président américain noir. Embarrassé à l'idée qu'il puisse exister aussi des dans*eurs* classiques et très inquiet de voir sa fille Ruth emménager avec un homosexuel à New York, Walter ne soutiendrait jamais non plus le mariage homosexuel. Mais son inclination pour l'alcool et son impatience à l'égard de la religion le rapprochent davantage des Européens athées que des héritiers contemporains de *Papa a raison*.

Ces passages sur le révérend Foster sont bienvenus, d'une part parce qu'ils témoignent d'un sens de l'humour peu perceptible dans le reste du roman, mais aussi parce qu'ils sont emplis d'émotions. Refoulées, certes, mais Walter n'est pas stoïque. Cependant, les émotions qu'il exprime tendent à se décliner dans une palette assez succincte réunissant colère, exaspération, mépris, indignation, dégoût et consternation. Dans cette sphère négative, il est capable de nuances considérables. Pourtant, il est coupé de toutes les émotions extrêmes du plaisir : l'euphorie, le ravissement et la délectation, a fortiori l'extase, lui sont totalement inconnus, et quand India pleure de joie à la fin de leur voyage en Europe, Walter est perplexe. On a l'impression que le bonheur lui paraît non seulement étranger, mais aussi inconvenant, et peu masculin. Dans la toute première scène, la rigueur avec laquelle il a organisé ses finances en anticipation de son décès lui procure de la satisfaction. Mais sinon, ses émotions culminent à la hauteur vertigineuse du contentement. Même l'apparition de cette émotion douce qu'est la tranquillité est rare ; quand bien même, lorsqu'il éprouve de la sérénité, l'effet est touchant : « Il entendait sa femme et ses filles et il observait son fils, mais il ne comprenait plus ce qu'ils disaient. Et tandis qu'il écoutait leur voix et la musique estivale des criquets, les problèmes qui l'avaient accaparé pendant la journée parurent insignifiants, et il se dit qu'il possédait pratiquement tout ce qu'il avait toujours désiré. »

Sur un certain plan, Walter a conscience de ce à côté de quoi il passe. Après avoir assisté avec India au scandaleux french cancan à Paris, de retour à l'hôtel, il se tourne vers le corps endormi de sa femme : « Il pensa à son étreinte affectueuse qui était invariablement la même, et il sentit une rancœur monter en lui, car quelque chose qui appartenait de plein droit à tout homme lui avait été refusé. » En outre, le carcan de son conformisme se traduit dans son agacement démesuré à l'égard des chaussettes jaunes du docteur Sauer. C'est toute la tenue du flamboyant psychiatre qui rend Walter furieux : « Ses gilets aux couleurs criardes et aux boutons de verroterie étaient presque une insulte au bon goût. Il revit les costumes coupés à la façon européenne, les chaussures à semelles de crêpe [...]. Il semblait à Mr. Bridge que tout cela n'était qu'afféterie. Il secoua la tête avec indignation. » De nouveau, « l'indignation ». Walter est engoncé en lui-même ; porter des chaussettes jaunes lui est inconcevable. En raison de « l'obstination despotique » qu'il identifie également chez son fils, il ne peut pas même s'autoriser à se coiffer d'un chapeau pointu pour la Saint-Sylvestre.

Témoignant d'une lucidité sur lui-même que la plupart des pères contemporains refouleraient de façon frénétique, Walter confesse à plusieurs reprises trouver ses filles physiquement attirantes, surtout Ruth : « Jamais elle n'avait été aussi belle. Il fut ébranlé par la vue de sa fille, et il sut qu'il l'aimait d'une façon dont il ne pourrait jamais aimer ses autres enfants. Peut-être parce qu'elle était la première, ou peut-être en raison de cette ombre étrange qu'il y avait en elle et qu'il pouvait également ressentir au fond de lui-même. » Plus loin, de façon plus explicite encore : « Le désir de posséder sa fille avait surgi des profondeurs où il aurait dû rester enfoui. »

Walter a bien conscience que cette attirance est taboue, et il ne met jamais en acte ces pulsions. Cependant, en préparant cette préface, j'ai trouvé un essai avançant que l'attrait sexuel ressenti par le protagoniste pour ses filles prouve que ce dernier est « tordu ». Je ne suis absolument pas d'accord. L'attirance fugace éprouvée par un père pour sa fille est probablement extrêmement courante. Mais, depuis la publication de ce roman, la culture occidentale a évolué dans tout ce qui a trait aux enfants et à la sexualité, signant le retour de la pudibonderie, de la gêne, de la répression et du normatif punitif. L'aveu d'un Walter exprimant qu'il lui arrive d'éprouver du désir pour ses filles est *bien plus* choquant aujourd'hui qu'en 1969, lors de la rédaction de ce roman, et il est fort probable qu'un auteur qui écrirait aujourd'hui une version de *Mr. Bridge* ne s'aventurerait pas sur ce terrain.

Walter Bridge est un personnage éminemment classique, entaché de préjugés et limité, à la fois par l'idée qu'il se fait de lui-même et par les conventions de son époque. Les défauts semblent le rendre plus consistant, plus rond et plus réel. Mais est-il pour autant sympathique ? Il l'est. Mais, dans un certain sens, ce n'est pas ce qui importe. Même s'il a quantité de défauts, on comprend aisément ce qui a fait de lui ce qu'il est. Ses limitations et son enfermement sont poignants, et son caractère borné suscite la compassion.

Connell construit un archétype, plutôt qu'un stéréotype. Walter est éminemment singulier ; pourtant, il y a d'innombrables Walter Bridge autour de nous, car le père de famille droit, rigide, avec des idées bien arrêtées sur ce qui se fait et ce qui ne se fait pas ne constitue pas seulement un modèle américain de la masculinité. Il s'agit d'un portrait persistant, ne serait-ce que parce que les générations à venir répéteront assurément l'expérience de Walter : celle d'un homme suivant scrupuleusement les règles et qui se sent un peu dupé par ce que la vie lui réserve. Je ne me suis jamais demandé à quoi pouvaient bien ressembler les vies intérieures de Jim Anderson dans *Papa a raison*, de Stephen Douglas dans *Mes trois fils* ou de Ward Cleaver dans *Leave it to Beaver*. Mais, grâce à la tendresse et à l'attention aux détails extraordinaires de Connell, un homme qui serait généralement considéré comme ennuyeux – sans surprises ni secrets – prend l'épaisseur d'une icône mémorable et émouvante, exquise tragédie en miniature.

Pour terminer, un mot sur le style. Les chapitres, minuscules comme des petites touches de peinture sur une toile, prennent un caractère pointilliste, pictural. La prose est claire, déclarative, et d'une simplicité agréable. Fidèle à la voix de son personnage, Connell s'autorise rarement l'emploi de procédés littéraires comme la métaphore. Le texte est facile à lire et présente un indéniable attrait narratif. Mais ce que j'admire le plus dans *Mr. Bridge* et *Mrs. Bridge* tout à la fois, c'est la neutralité de leur auteur. Jamais Connell ne dit au lecteur ce qu'il doit penser. Il le laisse tirer ses propres conclusions et décider, par exemple, si Walter est intolérant, et, si tel est le cas, pourquoi. L'auteur ne fait pas sentir sa présence. Dans ce roman, il n'est question que de ce que Mr. Bridge et Mrs. Bridge pensent et font. Pour ma part, je n'ai jamais été capable de rédiger un manuscrit aussi purgé de mes interventions tyranniques et manipulatrices. Quel dommage que cet auteur ait quasiment abandonné la forme romanesque après 1976, à moins qu'il ait su, dès le début, exceller dans ce qui est peut-être l'art ultime de l'auteur de fiction : savoir quand se taire.

Lionel SHRIVER[1]

1. Née en 1957 en Caroline du Nord, Lionel Shriver a fait ses études à New York. Diplômée de Columbia, elle a été professeur avant de partir parcourir le monde. Cinq de ses romans ont été traduits en français : *Il faut qu'on parle de Kevin* (Belfond, 2006 ; J'ai Lu, 2008), lauréat de l'Orange Prize, *La Double Vie d'Irina* (Belfond, 2009), *Double faute* (Belfond, 2010), *Tout ça pour quoi* (Belfond, 2012 ; J'ai Lu, 2014) et *Big Brother* (Belfond, 2014). Lionel Shriver vit à Londres avec son mari, jazzman renommé.

1. *De l'amour*

Souvent il pensait : « Ma vie a commencé le jour où je l'ai connue. »

Sans doute aurait-elle été ravie de l'apprendre, mais il ne savait pas comment le lui dire. Parvenu au faîte de l'extase, il lançait d'une voix frénétique : « Je t'aime ! » mais même ces mots le laissaient sur sa faim. Il aurait voulu trouver autre chose. Il ressentait le besoin de lui faire savoir combien il était pénétré de sa présence la nuit, quand ils étaient couchés l'un près de l'autre, ainsi que chaque matin au réveil, puis le soir quand il rentrait. Pourtant, il avait beau chercher, il ne trouvait pas les paroles appropriées.

Et les années passaient ; ils eurent trois enfants et s'habituèrent à leur vie conjugale. Puis Mr. Bridge décida finalement que c'était là tout ce que sa femme devait attendre de lui. Après tout il n'était pas poète mais avocat. Jamais il ne pourrait prétendre être ce qu'il n'était pas.

2. *Portrait de famille*

Chaque matin, la porte de son cabinet à peine franchie, il jetait un coup d'œil attendri vers la photographie de sa femme et de ses enfants posée sur le bureau dans un cadre en argent. Elle était placée exactement là où il fallait, de manière à ne pas gêner son travail tout en lui permettant de voir sa famille aussi souvent qu'il le souhaitait. Des photos plus récentes avaient été prises, mais c'était celle-ci qui lui plaisait le plus : Ruth avait cinq ans, Carolyn trois et Douglas quelques mois à peine. Les filles, assises sur le divan, encadraient leur mère qui tenait le bébé sur les genoux. La photo respirait l'ordre, la symétrie et la sérénité.

Un lundi matin, en entrant dans son bureau, il remarqua qu'on avait déplacé la photographie. La femme de ménage était manifestement passée par là pendant le week-end. Il la remit à l'endroit voulu, puis resta quelques minutes immobile dans son fauteuil pivotant à fixer l'image et se demanda de nouveau ce qu'il lui serait arrivé s'il n'avait jamais rencontré celle qui était devenue sa femme. Il lui était profondément reconnaissant. Sa famille lui semblait une réalisation mystérieuse à laquelle il avait très peu contribué. Elle y était arrivée presque toute seule, l'air de rien. Lui, il avait fourni l'argent et il avait pris quelques décisions. Mais c'était bien peu comparé à tout ce qu'elle avait accompli. Il médita sur quelques lignes d'une lettre d'un homme célèbre, lue peu de temps après leur rencontre :

Toi seul m'as appris que je possédais un cœur, Toi seul as fait jaillir dans toute mon âme une lumière rayonnante et profonde. Toi seul m'as révélé à moi-même ; car, sans ton aide, je ne connaîtrais de moi-même que mon ombre – réduit à la regarder vaciller sur le mur et confondant ses caprices avec mes propres gestes. Oui, en vérité, nous ne sommes que des ombres, rien de plus, des ombres privées d'une vraie vie ; et tout ce qui, autour de nous, nous semble réel n'est que la substance la plus ténue d'un songe, jusqu'au jour où notre cœur est enfin touché.

Ces mots l'avaient tellement ému qu'il les avait recopiés et conservés longtemps. Il avait souvent été sur le point de les lui réciter car ils exprimaient, avec lucidité et tendresse, ses propres sentiments.

L'idée d'une vie sans elle le mettait dans un état d'agitation fébrile.

Sur ce, il était temps de se mettre au travail. Il s'éclaircit la gorge, se moucha, puis sonna Julia.

3. *Dans la chambre des coffres*

De temps en temps, il allait à la banque qui se trouvait à deux pas de son cabinet, pour jeter un œil à ses titres boursiers. Avant de descendre à la chambre forte, il s'arrêtait chez le président de la banque, Virgil Barron, qu'il connaissait depuis plusieurs années. Ils habitaient dans le même quartier, à Mission Hills, et étaient tous deux des habitués de la rôtisserie de l'hôtel Muehlebach où il y avait, à l'heure du déjeuner, une table ronde réservée pour eux et leurs amis.

Après un entretien rapide, il descendait au sous-sol, demandait son coffre et l'emportait dans une des cabines garnies de boiseries en noyer. Là, après avoir placé la longue boîte noir métallisé au centre de la table, il verrouillait la porte, chaussait ses lunettes, ouvrait le coffret et commençait l'examen de ses certificats d'actions et d'obligations.

Chaque action et chaque obligation était soigneusement pliée dans une enveloppe oblongue. Sur chacune il avait établi la liste du contenu : le numéro du certificat, le nombre d'actions, la date d'achat et le prix payé. Au dos, il avait noté les conseils de son courtier, indiquant s'il fallait vendre ou garder, ainsi que la date et le prix de vente. S'il avait suivi le conseil et vendu tel titre, il l'inscrivait. Mais, à vrai dire, il vendait rarement, estimant qu'à partir du moment où l'on investissait dans des firmes sérieuses et bien gérées, on ne devait pratiquement jamais être forcé de céder ses titres. Il pouvait y avoir des cas exceptionnels. Même l'investisseur le plus prudent doit se faire à l'idée que les temps changent. Cela dit, comme il le rappelait régulièrement à sa femme afin que ce principe fût irrémédiablement ancré dans son esprit lorsqu'il serait mort : en affaires, mieux vaut vendre le moins possible.

Pendant qu'il parcourait ses titres, lisant parfois les conditions stipulées en italiques, mais le plus souvent contemplant la lourde et belle liasse de documents comme s'il s'agissait d'un objet exposé dans une galerie, il repensait au manque de discernement de son père et un froncement de sourcils agacé lui plissait le visage. On avait dilapidé plusieurs centaines de dollars dans des investissements douteux, des mines d'or hypothétiques, des projets d'inventeurs et autres spéculations du même type. À présent il n'en restait plus qu'une enveloppe volumineuse, pleine à craquer de ces témoignages d'extravagance : participations dans des sociétés comme Amazon Bonanza ou Del Rio Silver King, ainsi que des promesses manuscrites de remboursement. Tout était plié tel que son père l'avait laissé de nombreuses années auparavant. La plupart de ces compagnies avaient maintenant disparu, et, parmi les rares qui subsistaient, aucune n'était cotée en Bourse. Quant à ceux qui avaient promis de payer leur dette, ils étaient morts. Toutefois, il ne perdait pas grand-chose à conserver ces papiers et il se serait, peut-être, montré imprudent en les détruisant. Néanmoins il les regardait sans plaisir et ils le mettaient plutôt de mauvaise humeur. La naïveté de son père avait quelque chose de gênant.

Cela mis à part, que son père ne lui eût rien laissé ne le tracassait pas. Évidemment, un héritage aurait simplifié les choses et il ne pouvait que déplorer un tel gaspillage. Mais cela n'allait pas plus loin et il y pensait rarement. De plus, sur un point au moins, il comptait mettre à profit la légèreté de son père : il ne répéterait pas les mêmes erreurs.

Aussi achetait-il uniquement des actions de sociétés qu'il considérait comme essentielles. La Metropolitan lui paraissait être une des valeurs les plus sûres car ses services étaient indispensables et le monopole de cette compagnie publique garanti. Mais il avait également investi dans l'alimentaire (boissons et produits de consommation), reconnu pour la régularité de ses dividendes. Enfin, il avait acheté des parts moins importantes dans des sociétés un rien plus conjecturales, telles qu'American Tobacco et Union Pacific Railroad. Selon lui, elles étaient toutes des entreprises d'une solidité indiscutable et, pendant les périodes de fluctuation du marché des valeurs, il constatait avec plaisir et satisfaction la stabilité de ses investissements.

Il avait annoncé à sa femme :

— India, le jour où tu te retrouveras seule, ne vends pas ces titres. Ce sont là des sociétés saines, avec de bons antécédents. Tu pourras te reposer sur elles.

Elle avait promis de les conserver et de les transmettre aux enfants.

Il avait ajouté :

— Aujourd'hui ces titres représentent une jolie petite somme. Ils vaudront leur pesant d'or dans les années à venir.

D'ordinaire, il apportait la dernière édition du *Wall Street Journal* et passait un certain temps à relever les cotes sur un bloc-notes afin de calculer le montant de son portefeuille. Puis, reprenant en pensée les dispositions de son testament, il se demandait s'il ne devait pas y apporter quelques changements. Jusqu'à présent, presque tout revenait à sa femme. Mais était-ce là vraiment le calcul le plus intelligent ? Ne serait-il pas plus avisé de répartir les titres, un certain nombre de parts allant aux enfants, et le reste à sa femme ? Naturellement cela réduirait ses revenus à elle, ce qui représentait un inconvénient majeur, mais, en même temps, cela laisserait aux enfants une certaine indépendance. Il pouvait, par exemple, léguer trente parts d'American Tobacco à chacun des enfants, leur assurant ainsi une rentrée trimestrielle. Ou encore, Ruth recevrait tous les titres d'American Tobacco tandis qu'une part équivalente de General Foods irait à Carolyn et quelques-unes des actions de Bethlehem Steel à Douglas. À moins qu'il ne vaille mieux laisser Bethlehem au nom de Mrs. Bridge, puisque ses dividendes étaient importants. Et dans ce cas, Douglas étant encore très jeune, il serait peut-être mieux loti avec des titres d'une société d'avenir. Tout cela demandait qu'on y réfléchît sérieusement.

Le coffre contenait un double de son testament et, bien qu'il en connût les moindres détails, il le parcourait parfois, cherchant d'éventuels points de litige. La clarté et la logique du texte l'enchantaient.

La cadence retenue des phrases qu'il avait composées était rassurante, comme pour garantir qu'on allait devoir respecter le rythme de sa pensée, le jour, futur, où il serait lu à voix haute. Il s'en relisait souvent certains passages, imaginant la joie et la surprise que sa femme et ses enfants auraient à les entendre pour la première fois, non pas tant en raison de la précision du langage mais parce qu'ils n'avaient aucune idée de la valeur de ses placements.

Il n'avait montré le contenu du coffre à sa femme qu'une seule fois. Puis il lui avait désigné une enveloppe contenant cinq billets de cent dollars destinés aux cas d'urgence. Il avait également déplié quelques certificats qu'il avait parcourus avec elle pour qu'elle fût en mesure de les reconnaître plus tard ; cependant il avait minimisé la valeur totale des documents du coffre. Les femmes ont souvent un comportement étrange dès qu'il s'agit d'argent. Elle n'était pas dépensière, du moins pas jusqu'à présent. Elle était plutôt le contraire, légèrement inquiète du coût de chaque chose. Toutefois, la femme étant d'une nature versatile, il ne voyait rien de bon à lui laisser connaître le montant exact de sa fortune.

Apparemment, son ignorance quant à ces titres ne la dérangeait guère. Depuis ce jour, elle n'avait plus rien demandé, n'y avait fait aucune allusion, ni même montré le moindre désir d'en savoir plus. Cela le laissait perplexe. Il s'était attendu à ce qu'elle l'assaille de questions, mais elle avait à peine eu l'air attentif. Elle n'avait probablement pas bien saisi tout ce qu'il avait tenté de lui expliquer. Il se souvint de son sourire patient et de la manière dont elle avait hoché la tête chaque fois qu'il s'était interrompu. Au moins connaissait-elle à présent l'existence du coffre et savait-elle ce qu'il contenait.

Il n'avait pas encore informé les enfants, bien qu'il eût l'intention de leur montrer le coffre, chacun à son tour, en temps voulu. Il aimait savourer à l'avance le moment où il pourrait parcourir ses bons avec eux, leur indiquant ce qu'il avait payé pour chacun et comparant le prix avec la valeur actuelle.

Ainsi méditait-il tandis qu'il dépliait ses certificats, vaguement réjoui par la qualité du papier vélin, vérifiant s'ils correspondaient bien aux commentaires inscrits sur l'enveloppe et s'assurant que tout était en ordre, étudiant des rapports sur les bénéfices, des prévisions et des informations sur les dividendes donnés dans son journal. Parfois, il lisait une étude de marché ou une analyse financière apportée dans sa mallette ; mais la plupart du temps, il passait ces moments de quiétude au sous-sol de la banque à examiner les certificats aux caractères si joliment imprimés et il imaginait tout le bien-être qu'ils dispenseraient après sa mort.

4. *Deux femmes*

Il racontait rarement à sa femme ce qui se passait à son cabinet ou au tribunal. Avant leur mariage et aux premiers temps de leur vie commune, elle l'avait interrogé, s'efforçant de prendre un air intéressé, essayant de comprendre cette vie à laquelle elle n'avait pas accès. Mais il ne lui avait fourni que des réponses succinctes, sachant qu'au fond peu lui importait. Si bien que, progressivement, ses questions s'étaient faites de plus en plus rares, jusqu'à se réduire à un dialogue rituel, comme au théâtre. Elle l'accueillait sur le pas de la porte, lançait un regard vers sa mallette et, prenant une mine consternée ou désolée, lui disait :

— Non mais vraiment, Walter, quels que soient ces papiers, cela ne pouvait pas attendre demain ?

Elle manifestait par là qu'elle s'inquiétait de sa santé et que sa famille n'avait pas besoin qu'il se tuât à la tâche : le garde-manger était plein, ils avaient une jolie maison et largement de quoi régler toutes les factures. Il lui répondait alors qu'il voulait tout juste travailler un peu après le dîner, ou bien qu'il fallait qu'il termine quelques petites choses qui traînaient depuis une semaine, ou encore que c'était la faute de Julia. C'était elle, la responsable ; c'était elle qui le traitait comme une bête de somme en l'accablant de plus de travail qu'il n'en pouvait accomplir en une journée. Pour finir, Mrs. Bridge répondait qu'elle appellerait Julia dans la matinée et qu'elle la prierait de ralentir la cadence.

Cette petite scène, habituelle et jouée sans conviction, n'était pas aussi aberrante qu'il y paraissait. Après tout, lui non plus ne se souciait pas de ce qui se passait à la maison pendant la journée. Elle n'avait pas plus de raisons de s'inquiéter de sa vie professionnelle que lui des courses, du linge, des enfants à accompagner à l'école ou de ses autres activités, quelles qu'elles fussent. Néanmoins il aurait paru grossier, voire cruel, de cesser ce jeu et d'admettre qu'aucun des deux ne s'intéressait à ce que l'autre faisait. Une manifestation d'intérêt, si superficielle fût-elle, rendait la vie plus agréable.

Julia, en revanche, n'avait pas besoin de feindre. L'évolution de chaque affaire ou de certains événements, comme la rumeur selon laquelle un nouveau tribunal fédéral allait être construit, la passionnait. Et, au fil des ans, il s'aperçut qu'il discutait de ces sujets avec Julia aussi intimement qu'il avait autrefois imaginé en discuter avec sa femme. Cela non plus, pensa-t-il, n'avait rien d'exceptionnel. Sans doute d'autres que lui s'étaient-ils retrouvés menant une vie pareillement divisée, liés à deux femmes presque à parts égales.

Il savait gré à Julia de leur bonne entente. Elle était jeune et plutôt jolie. Mais, jusqu'à présent, sa femme ne s'était pas montrée jalouse. Peut-être avait-elle senti qu'il n'était pas attiré par Julia et il se demandait parfois pourquoi. Julia avait des traits fins et réguliers, et elle avait un sourire charmant. Elle ne s'affalait pas sur sa chaise, ne se tripotait pas les cheveux et ne mâchonnait pas son crayon. Elle s'habillait avec simplicité, comme il sied aux femmes, et ne fumait pas. Elle était intelligente, propre et savait faire preuve d'une pointe d'impertinence qui n'allait jamais au-delà de l'insolence de bon ton. Elle avait tout pour être attirante, qu'elle ne le fût pas était étrange. Et pourtant il ne ressentait aucun désir pour elle. Bizarrement, l'idée de la prendre dans ses bras lui était désagréable.

Les soirs où ils travaillaient plus tard que d'habitude, plutôt que de la laisser prendre le bus, il la raccompagnait chez elle. Elle habitait un immeuble gris et laid, tout près de Valentine Road, où elle partageait un appartement avec une sœur beaucoup plus âgée qu'elle et percluse d'arthrite. Chaque fois qu'il l'y reconduisait, il se sentait, pour des raisons obscures, coupable et mal à son aise, et, après s'être assuré qu'elle avait franchi la porte, il poursuivait sa route vers Mission Hills avec un certain soulagement. Ce n'était pas sa faute à lui si elle n'avait pas de chance. Elle percevait le même salaire qu'elle aurait eu partout ailleurs et, de plus, Mrs. Bridge la recevait à dîner plusieurs fois par an.

Mis à part les soirs où il raccompagnait Julia, il pensait rarement à elle. Il ignorait qui elle voyait le soir, si tant est qu'elle eût quelqu'un. Ce n'était pas son problème. Peut-être envisageait-elle de se marier, en tout cas elle n'en avait jamais parlé. Si elle décidait de se marier, il n'y verrait pas d'objections, tant qu'elle n'aurait pas d'enfants.

Ces deux femmes remplissaient l'espace autour de lui, comme deux ramifications d'un lierre, mais cette impression d'entrelacement n'était pas dérangeante. Il lui semblait que ces deux vrilles, tenaces et féminines, le soutenaient et le secondaient.

5. *Le dîner à la maison*

Lorsque approchait l'heure du dîner, il arrivait souvent à Mr. Bridge de penser que sa vie dépendait en fait de trois femmes, dont Harriet n'était pas la moindre. C'était une merveilleuse cuisinière, à tel point qu'il détestait les jours où Mrs. Bridge et lui sortaient. Sa cuisine lui rappelait son Sud natal. Des plats créoles comme le jambalaya figuraient souvent aux menus et elle leur servait régulièrement ces travers de porc grillés caramélisés auxquels il vouait un amour qu'il n'accordait qu'à peu de choses sur terre. Nul chef au monde ne réussissait comme elle le jambon en croûte sucré et les petits pains chauds au lait et au miel. Elle n'avait pas sa pareille pour préparer des patates douces confites parfumées à la guimauve et des navets d'une saveur incomparable. Jamais elle ne suivait de recette. Elle savait. Parfois, tout en mangeant, il se torturait l'esprit en essayant de déterminer qui, d'Harriet ou de Julia, lui était le plus indispensable.

Chaque soir, il attendait impatiemment son dîner, et lorsque venait le jeudi, jour de sortie d'Harriet, il était navré car cela signifiait un gratin de macaronis ou, pire encore, les restes du mercredi.

Au cours de ces repas du jeudi soir, il dissimulait sa consternation et tentait de se persuader que sa femme n'était pas responsable si ses talents culinaires n'étaient plus ce qu'ils avaient été au début de leur mariage. Après tout, cuisiner demandait de la pratique, comme toutes choses, et depuis qu'Harriet régnait sur les fourneaux, Mrs. Bridge était plutôt désœuvrée. Pourtant, il fut un temps où elle avait été assez douée, sans toutefois jamais égaler Harriet. Il avait toujours en mémoire d'excellents petits puddings et différentes sortes de pains qu'elle confectionnait pour accompagner le poulet frit ou à la cocotte. Elle réussissait bien le clafoutis, son gâteau renversé à la banane se laissait manger et ses tartes étaient croustillantes à souhait. Elle savait également préparer le chili sans abuser de la sauce tomate. Il n'avait jamais eu à se plaindre de sa cuisine ; même aujourd'hui, ce n'était pas si mal. Néanmoins, le jeudi soir, il ne pouvait se défaire d'un sentiment de lassitude tandis qu'il plongeait sa fourchette dans son gratin.

6. *Le pourboire*

Chaque année, pour leur anniversaire de mariage, ils dînaient dehors. Il savait qu'elle aurait tout autant aimé rester à la maison, mais il tenait à sortir pour respecter la tradition. Parfois ils allaient au Country Club de Mission Hills, parfois au centre-ville dans un des grands hôtels ou dans un restaurant dont on leur avait parlé. Une année, ils décidèrent d'essayer un restaurant-dancing près du Warwick Theater, que les Barron leur avaient recommandé, et ils ne furent pas déçus. La cuisine était excellente, le service irréprochable et l'ambiance agréable. Après le dîner, ils s'attardèrent un peu à écouter la musique et gagnèrent plusieurs fois la piste de danse. Puis il fut l'heure de rentrer et Mr. Bridge demanda l'addition. Elle s'élevait à onze dollars et vingt-cinq cents. Il la lut attentivement pour s'assurer qu'on ne leur avait rien compté en sus et que les calculs étaient justes. Puis il déposa trois billets de cinq dollars sur le plateau. Le garçon, avec une courbette et un sourire, leur demanda dans un murmure étudié s'il leur fallait autre chose et Mr. Bridge découvrit avec stupeur qu'il avait l'intention de garder la différence.

— Vous m'apporterez la monnaie, dit-il.

Quand la monnaie fut apportée, il la vérifia et constata que le compte y était. Il rangea deux dollars dans son portefeuille, cinquante cents dans sa poche de pantalon et laissa un dollar et cinquante cents sur le plateau. Puis il se leva, le garçon tint la chaise pour Mrs. Bridge et ils sortirent.

Pendant le retour, sur Ward Parkway, il réfléchit à ce qui venait de se produire. Il craignait d'avoir embarrassé sa femme.

— J'aurais peut-être dû laisser passer sans rien dire. Après tout, ce ne sont pas deux dollars qui vont me ruiner, dit-il.

Elle répondit qu'à son avis il avait parfaitement agi.

— Ce n'est pas la première fois qu'un serveur essaie de me jouer ce petit tour, continua-t-il pour se justifier. Toutes les occasions sont bonnes pour berner le client.

Elle acquiesça et lui raconta une aventure similaire qu'elle avait eue dans un des restaurants de la galerie marchande de la Plaza où elle déjeunait avec Grace Barron.

— Seigneur ! marmonna-t-il, ce bougre croyait que j'allais lui laisser trente pour cent !

— En effet, il m'a semblé qu'il avait un certain toupet ! remarqua-t-elle. La prochaine fois nous ferions mieux d'essayer un autre endroit.

7. *Ne changez pas mon huile*

À en croire le kilométrage inscrit au compteur, il était à nouveau temps de lubrifier le moteur de la Reo. Le constructeur conseillait un graissage tous les mille six cents kilomètres et il n'aimait pas dépasser cette limite. Il soupçonnait que cela n'était pas nécessaire aussi souvent, toutefois il ne voulait pas risquer d'abîmer la mécanique. Le constructeur conseillait également une vidange tous les mille six cents kilomètres et au début il en avait accepté le principe sans réfléchir. Mais à présent cela commençait à l'agacer. Les constructeurs d'automobiles et les compagnies pétrolières étaient probablement de mèche pour vendre aux automobilistes plus d'huile que nécessaire. Il décida qu'il n'avait aucune raison de demander une vidange à chaque graissage. Tant que le filtre marchait bien, il était inutile de changer l'huile.

Au garage où il laissait toujours sa voiture, il chercha des yeux le patron qui s'appelait Jerry Buckworth. Ce dernier portait comme d'habitude un bleu de travail avec son prénom, Jerry, agrafé en lettres blanches au-dessus de sa poche de poitrine. Néanmoins, comme il s'agissait du patron, Mr. Bridge employait avec lui un ton plus formel.

— Bonjour, Mr. Buckworth.

Le garagiste ôta son cigare de la bouche et répondit :

— Bonjour, Mr. Bridge. Qu'est-ce qu'on peut faire pour vous ?

— Ayez l'amabilité de faire lubrifier le moteur.

— Vous la voulez pour quand ?

— Je passerai la reprendre vers six heures, si cela vous convient. Et ne changez pas l'huile.

— Elle vous attendra à six heures !

Mr. Bridge hocha la tête et sortit du garage.

Le soir même, alors qu'il passait récupérer sa voiture, le garagiste vint à sa rencontre et expliqua sur un ton contrit que la vidange avait été faite.

— Je vous avais pourtant demandé de ne pas la faire !

Le patron expliqua qu'il avait oublié d'en avertir le mécanicien.

— Comme vous voudrez, rétorqua Mr. Bridge. Mais ne comptez pas sur moi pour payer cette huile.

— Voilà ce que je vous propose, avança le patron. Nous vous la facturerons au prix coûtant.

Mr. Bridge secoua la tête.

— Je paierai le graissage et rien d'autre. Ce n'est pas moi qui me suis trompé. Je vous avais clairement prévenu. Je ne paierai pas quelque chose que je n'ai pas demandé. Voilà six ans que je vous confie ma voiture, et jamais une telle chose ne s'est produite. Pourquoi faut-il que cela arrive aujourd'hui ?

— C'est notre faute, admit Mr. Buckworth. Nous allons arranger ça.

Et l'incident fut clos.

8. *Lester*

Chaque fois qu'il passait au garage chercher sa voiture, c'était Lester qui la lui sortait. Lester ne vivait pas de pourboires. Il recevait un salaire et la plupart des clients ne lui donnaient rien, mais Mr. Bridge lui tendait toujours cinquante cents. Passer des journées entières à garer des voitures, ce n'était pas une vie, et non seulement Lester était un homme de couleur, mais en plus il louchait. Mr. Bridge ne savait rien d'autre de lui, il ignorait jusqu'à son nom de famille. Toutefois, il aimait bien Lester et il était persuadé que le gardien le lui rendait bien, bien que cela fût sans rapport avec les cinquante cents quotidiens. Leur relation ne pouvait pas devenir plus amicale mais elle était suffisamment chaleureuse ainsi et Mr. Bridge se demandait de temps à autre s'il y avait quelque chose à faire pour rendre la vie de Lester un peu moins dure.

Un après-midi, un gardien inconnu vint pour le servir et, ne voyant son ami nulle part, Mr. Bridge en fut très surpris. Il demanda si Lester était souffrant. Le nouvel employé répondit qu'il avait été engagé le matin même et qu'il n'en savait rien.

Mr. Bridge lui désigna du doigt l'emplacement réservé de sa voiture et dit :

— Amenez-moi la Reo bleue.

Puis, se dirigeant vers le guichet, il aperçut Mr. Buckworth qui discutait avec la caissière.

— J'ai vu que vous aviez un nouvel employé, dit-il. Qu'est-il arrivé à Lester ?

— Lester n'est plus chez nous.

— Ne me dites pas que vous l'avez renvoyé !

Le garagiste se racla la gorge et regarda Mr. Bridge d'un air gêné.

— Il paraît qu'il a saigné un type, hier soir. Vous savez comment ils sont dès qu'ils ont un peu bu. Il s'est battu avec un autre Nègre. On ne sait pas à quel sujet. À midi, il n'était toujours pas là. C'est comme ça qu'on l'a appris. Ils l'ont mis à la prison municipale.

— Grands dieux ! s'exclama Mr. Bridge dans un souffle.

— C'est trop bête. Il travaillait bien. Ça faisait longtemps qu'il était chez nous. Mais je veillerai à ce que Bob prenne bien soin de votre voiture.

En rentrant chez lui, Mr. Bridge avait du mal à croire ce qu'il venait d'apprendre, et ce n'est qu'après avoir lu le petit article du *Star*, en page quatre de l'édition du soir, qu'il dut se rendre à l'évidence. Le nom complet de Lester était Lester Leroy Titus. Il avait quarante-six ans. Il habitait une chambre d'hôtel sur l'avenue Wabash et c'était un ancien détenu. Il avait passé dix ans à la prison de Leavenworth pour vol à main armée.

Il montra l'article à sa femme et lui demanda si elle l'avait vu. Elle ne l'avait pas encore lu, ce qu'elle fit, puis elle dit :

— Franchement, nous vivons une époque tellement violente.

Il comprit qu'elle n'avait pas reconnu le nom et lui expliqua de qui il s'agissait. Elle laissait souvent la voiture au garage quand elle faisait des courses en ville.

— Doux Jésus ! lâcha-t-elle avec un mouvement de recul, l'air bouleversé. Oh, non, je n'arrive pas à le croire !

— Je ne le pouvais pas non plus.

— Il avait l'air si brave.

— Mais il l'était, dit Mr. Bridge. Il était vraiment brave. C'était un des Nègres les plus braves et les plus dignes de confiance que j'aie jamais connu.

— Tu crois que tu pourrais l'aider ?

— Je doute de pouvoir faire grand-chose. Apparemment, il a un fichu caractère et il va devoir le payer cher. Et puis, je ne peux pas me permettre d'être mêlé à ce genre d'histoire.

— Il était toujours si serviable. Quel dommage !

— Ah, ces gens-là ! conclut Mr. Bridge. C'est toujours la même chose, enlevez-leur le couteau et ils iront vous trouver un rasoir !

9. *Du grabuge à l'horizon*

Environ un mois après que Lester eut disparu de la circulation, Mr. Bridge était dans son bureau, travaillant sur le récapitulatif d'une affaire pour une prochaine audience, quand on gratta à la porte. Il reconnut le bruit, comme un tapotement d'oiseau, très différent de la manière dont les enfants demandaient la permission de pénétrer dans la pièce, et il dit à sa femme d'entrer. La porte s'entrouvrit et elle passa la tête dans l'entrebâillement, craignant de le déranger. Il n'avait jamais pu se faire à ces hésitations, comme s'il était Einstein en personne. Certes, il était en plein travail et, si la porte était fermée, c'est qu'il y avait une bonne raison. Mais quand même, c'était sa femme, et si la question était importante au point qu'elle dût l'interrompre, il eût aimé qu'elle le fît avec plus d'assurance.

Il lui demanda ce qui la préoccupait et elle répondit qu'il s'agissait d'Harriet. La cuisinière avait demandé une avance de vingt-cinq dollars.

Il fronça les sourcils. Emprunter de l'argent n'était jamais une solution. Lui-même, il n'avait pas eu à emprunter d'argent depuis de nombreuses années, depuis l'époque où il avait ouvert son cabinet et s'était trouvé sans un client. Emprunter était une pratique détestable et dégradante, et, en règle générale, ceux qui y avaient recours étaient simplement trop paresseux pour gagner cet argent de leurs mains. Dans un pays aussi prospère que les États-Unis, presque tous ceux qui étaient disposés à travailler devaient pouvoir gagner décemment leur vie. Bien sûr, personne n'était à l'abri d'une mauvaise passe, d'un accident ou d'une maladie grave. Il y avait des cas extrêmes, c'était un fait. Mais qu'Harriet veuille une avance de vingt-cinq dollars avant terme, cela ne paraissait pas raisonnable. Elle devait avoir dilapidé son argent.

Pourquoi voulait-elle cette avance ?

Mrs. Bridge l'ignorait.

Qu'avait-elle fait de sa paie du mois dernier ?

Mrs. Bridge l'ignorait.

— Je suis d'accord avec toi à cent pour cent pour ce qui est d'emprunter, ajouta-t-elle. Mais je crois quand même que tu devrais lui parler. C'est la première fois qu'elle demande une avance.

— Envoie-la-moi.

Quelques instants plus tard, Harriet parut à la porte. Il lui dit d'entrer et d'un geste de la main lui désigna le divan en cuir. Elle s'assit d'une manière apprêtée, les pieds joints, les mains croisées sur les genoux.

— On me dit que vous voulez un prêt ?

— Eh bien, comme vous dites, commença-t-elle, je souhaite vous solliciter une petite somme en avance sur mon salaire mensuel. Je présume que Mrs. Bridge vous a éclairé sur ce sujet ?

— En effet.

Puis, dans une déclaration qu'elle avait manifestement répétée à l'avance, elle poursuivit :

— Soyons claire, c'est pas que je veuille vous mettre le couteau sous la gorge. Mais c'est qu'il se trouve que je désirerais faire l'achat d'un certain nombre d'articles de nature tout à fait personnelle entre la date présente et la fin du mois. J'avais l'espérance qu'on pourrait trouver un arrangement.

— Ce que vous faites de votre argent ne me regarde pas. Cela dit, si vous êtes forcée de demander une avance, c'est que vous n'avez peut-être pas su le gérer de manière judicieuse.

— C'est que parfois il y a urgence, se défendit Harriet.

— Permettez-moi de vous dire que cela me semble être une mauvaise habitude. On s'expose à de graves problèmes lorsqu'on emprunte.

— Je ne vous le fais pas dire, approuva Harriet sur un ton qui rappelait Mrs. Bridge. On peut difficilement admettre ce genre de conduite. Toujours est-il qu'un événement arrivé l'autre jour me met dans l'embarras.

— Ah oui ?

— Puis-je parler franchement ?

— Je vous en prie.

— Eh bien, pour ne rien vous cacher, la situation à laquelle je vous réfère est tellement désagréable que ça me retourne rien que d'y penser. Alors, avec votre permission, j'aime autant pas rentrer dans le détail.

— Épargnez-moi les détails. Mais, vu les circonstances, je crois que vous feriez mieux de me donner au moins une idée générale de ce dont il s'agit.

Harriet pinça les lèvres et fixa le tapis en fronçant les sourcils.

— Eh bien, comme tout un chacun sait, je fréquente Mr. Talbot.

— J'ignore tout de votre vie privée.

Harriet était toujours assise les chevilles serrées l'une contre l'autre et les mains croisées.

— Je suis sûre que vous savez qui est Mr. Talbot. Il est venu ici à la maison plusieurs fois pour me prendre quand j'étais de sortie.

— Couperin, dit Mr. Bridge, c'est de lui que vous voulez parler.

— Il se trouve que c'est le prénom de Mr. Talbot, effectivement.

— Qu'a-t-il à voir dans cette affaire ?

— Eh bien, ça m'ennuie de le dire, rapport à notre relation, mais s'il faut qu'on sache la vérité, c'est lui qui est le responsable. Toute cette histoire, c'est rapport à lui, comme vous voyez.

— Non, dit Mr. Bridge. Je ne vois rien.

— J'allais expliquer. Puis-je parler franchement ?

— Allez-y.

— Eh bien, comme je le disais, Mr. Talbot et moi, nous nous voyons les soirs quand je suis de sortie, depuis quelque temps.

Elle s'interrompit et lui lança un regard entendu.

— Continuez.

— C'est ce que j'allais faire. Mr. Talbot, il a ce problème ennuyeux au sujet de l'argent et des choses du même genre, si vous me suivez. Il a beaucoup de mal à enlever les mains de la poche des autres. Il s'est mis dans le pétrin avec la justice à cause de ça, lui et deux messieurs que je pourrais nommer. Mais enfin, il y en a qui disent qu'il s'améliore.

Elle sortit un mouchoir de la poche de son tablier et commença à s'éventer.

— Il vous a volé de l'argent, c'est cela que vous êtes en train de me dire ?

— Pas précisément.

— Mais il a volé, n'est-ce pas ?

— Non, monsieur. Ses amis, ils pensent sincèrement qu'il a l'intention de les rembourser. Mais c'est qu'il y en a qui sont plus impatients que les autres. Il a un ami à lui qui se trouve avoir un caractère extrêmement mauvais. D'après ce qu'on raconte, il a dit à Mr. Talbot que si tu me l'amènes pas, cet argent, demain minuit, il va y avoir du grabuge à l'horizon.

— Quand lui a-t-il dit cela ?

— Eh bien, laissez-moi réfléchir. Je pense que c'était environ hier, je crois, si je me souviens bien.

Mr. Bridge se pencha en arrière sur sa chaise.

— Donc, ce soir, avant minuit.

Harriet acquiesça, l'air misérable.

— Les vingt-cinq dollars que vous voulez emprunter ne sont donc pas pour vous, mais pour cet homme que vous fréquentez. C'est exact ?

— Oui, monsieur.

— Pourtant, il y a quelques minutes vous me disiez que c'était pour des dépenses d'ordre personnel. Vous m'avez dit que vous vouliez faire quelques achats. À présent vous me racontez une autre histoire. À laquelle des deux dois-je croire ?

Harriet se tapota énergiquement le front avec son mouchoir.

— Supposons que ces vingt-cinq dollars ne soient pas rendus. À votre avis, que se passera-t-il ?

— Eh bien, c'est-à-dire que… c'est un peu plus que ça.

— Plus ! Vous voulez dire qu'il en doit plus ? Combien ?

— Laissez-moi réfléchir. Il y a toutes ces réclamations, alors, c'est difficile de dire. Mais, d'après ce que j'en sais, ça doit faire autour de cent dollars, il me semble. Bien que Mr. Talbot, il dit qu'il lui en reste un peu, et on pense que si on ajoute les vingt-cinq avec ce qu'il a pas dépensé, ça devrait aller pour le moment. En fait, il a examiné la situation avec cet ami à lui dont il est question, et ils sont tombés d'accord là-dessus.

— Mais vous n'avez, ni l'un ni l'autre, trouvé les vingt-cinq dollars ?

— Je ne sais pas, Mr. Bridge, balbutia Harriet. Je ne sais vraiment pas.

— Cet homme a-t-il menacé Couperin ?

— Oui, on peut dire ça. Il y a eu ces menaces, oui oui, un certain nombre, en effet.

— Harriet, laissez-moi vous dire que je n'aime pas ces histoires. Je ne les aime pas du tout. Je n'ai pas l'intention de m'en mêler. Je suis sûr que vous parviendrez à trouver l'argent ailleurs.

— Mais on a demandé partout ! À tous ceux qu'on connaît. Personne nous aide. Tous ils disent pareil : veulent pas être mêlés à rien du tout.

— On ne peut pas le leur reprocher.

Harriet avait les yeux qui brillaient.

— Il jure qu'il le fera plus jamais.

— J'aimerais avoir plus de confiance en la parole de Couperin. Si vous voulez mon avis, vous feriez mieux de cesser de voir cet homme.

Elle enfouit son visage dans le mouchoir et se mit à pleurer sans bruit.

— Lorsqu'on emprunte de l'argent, on se met dans de sales draps. Y a-t-il meilleure démonstration que celle que vous vivez aujourd'hui ? Je suis navré, Harriet, mais je ne vous prêterai pas cet argent.

Lorsqu'elle fut sortie, il resta un moment sans changer de position, le dos calé contre le dossier de la chaise, le menton posé sur le bout des doigts, réfléchissant à la question, et il repensa à Lester et à divers autres incidents impliquant des Nègres.

10. *Le sénateur Horton Bailey*

Harriet leur avait joué la comédie, conclut-il, et il pressentait qu'il n'entendrait plus parler de cette histoire. Les jours passèrent et achevèrent de le convaincre qu'il avait raison car elle vaquait à ses tâches sans faire montre d'animosité et, lorsque le jeudi arriva, il constata que Couperin passait la prendre comme à son habitude.

Cependant, la question des dettes resurgit lorsque Mrs. Bridge, lisant le quotidien du soir, observa :

— Tiens, on parle de ton ami Horton Bailey dans le journal.

— Ami ? répondit-il en appuyant sur le mot.

— Oh, tu dis cela parce que tu ne partages pas ses idées politiques ! Sincèrement, Walter, à quoi ressemblerait ce pays si nous avions tous les mêmes convictions ?

— Ses idées politiques ne regardent que lui. Il se trouve, en effet, que je n'adhère pas à ses opinions, mais j'ai d'autres raisons de le trouver antipathique. Des raisons parfaitement fondées.

— Je vous croyais en excellents termes. Tu cites son nom dans la conversation de temps à autre.

— Je connais l'homme en question depuis la Grande Guerre, mais je ne me souviens pas avoir jamais dit qu'il était de mes amis.

— Au temps pour moi, soupira Mrs. Bridge. Disons donc qu'il est question d'Horton Bailey, l'une de tes « accointances », dans le journal. On parle de lui comme futur candidat à la présidence.

— C'est ce que j'ai entendu dire à la radio.

— Apparemment, beaucoup de gens le tiennent en haute estime.

— Ils ne le connaissent pas.

— Je t'en prie, cesse de faire ta mauvaise tête, dit-elle en minaudant presque. Et que sais-tu, au juste, que nous ignorons tous ?

— D'une part, cet individu ne paie pas ses dettes.

— Ah oui, et qu'en sais-tu ?

— Il ne m'a jamais rendu mon argent, voilà ce que j'en sais.

— Horton Bailey te doit de l'argent ?

— Il y a des années, j'ai prêté cinq cents dollars à cet homme. À ce jour, il ne m'a pas remboursé un seul cent. Il n'y a même plus fait allusion.

— Vraiment ? Je n'en avais pas la moindre idée. J'ai peine à le croire.

— Crois-le ou non, c'est ainsi. Après l'armistice, il est revenu s'installer à Kansas City et a ouvert une boutique de vêtements masculins entre Ninth et Walnut Street. Il y avait un snack-bar juste en face et j'ai vu, je ne sais combien de fois, Horton Bailey en personne assis devant le comptoir parce qu'il n'y avait pas un chat dans sa boutique. Je suppose qu'avant de s'adresser à moi, il avait essayé d'emprunter à tous ceux dont le nom lui venait à l'esprit. Il ne m'avait jamais inspiré beaucoup de sympathie et je traversais moi-même une passe difficile, mais il avait l'air d'être au pied du mur, alors, j'ai bien voulu lui rendre ce service. Et je n'ai jamais revu la couleur de mon argent.

— Je suis sûre qu'il a tout simplement oublié, suggéra Mrs. Bridge.

— Il n'a pas oublié. C'est un mauvais payeur, voilà tout.

— Enfin, Walter, tu es injuste. Lui as-tu seulement réclamé ton argent ?

— Non, et je n'en ai pas l'intention. Cet homme est ce qu'il est. Il se trouve que je sais ce qu'il vaut et je ne souhaite plus en entendre parler. Je prie le ciel pour qu'un individu de son espèce ne devienne jamais président des États-Unis. Je ne suis pas un inconditionnel d'Herbert Hoover, mais au moins Hoover semble pourvu d'une certaine intégrité.

— Je dois avouer que les bras m'en tombent, soupira Mrs. Bridge. Je ne parviens pas à croire qu'il puisse faire ce genre de chose. Je pense sincèrement que tu devrais lui en parler. Cela vaudrait la peine de savoir si, oui ou non, il a oublié.

— C'est hors de question, trancha Mr. Bridge. Je connais cette engeance. Il est totalement dénué de scrupules. Il est venu à moi les mains jointes et j'ai pensé qu'il aurait la correction de me rembourser dès qu'il le pourrait, mais j'avais tort. Il ne vaut rien. Il a toujours été un incapable, il n'a même pas su gérer proprement ses affaires et il ne fera jamais rien de bon. Peu m'importe combien de millions de gens il parvient à duper, moi, il ne m'aura pas deux fois. Je ne l'ai déjà que trop écouté. C'est un menteur et un truand que l'on devrait mettre derrière les barreaux. Au lieu de cela, il est sénateur des États-Unis.

— J'aurais dû me taire.

— Je ne t'en veux pas d'en avoir parlé. Je n'avais jamais eu l'occasion de te dire de quelle façon il m'avait escroqué. À présent, cela appartient au passé. J'ai appris ma leçon. Quoi que l'on fasse, lorsqu'on a une âme de gueux, on reste un gueux toute sa vie durant. Tu voulais savoir pourquoi je n'aimais pas cet homme, te voilà édifiée. De plus, je crains de ne pas être le seul à m'être fait nettoyer de la sorte.

— Comme c'est regrettable ! dit Mrs. Bridge en repliant son journal. Je suppose que tout ce que l'on peut espérer, c'est qu'il se soit amendé.

— Si cela arrivait un jour, j'en serais le premier surpris.

11. *Remettez-nous nos dettes*

Quelques jours plus tard, en rentrant chez lui au volant de sa voiture, plutôt satisfait de son sort, il longeait la pelouse de l'église congrégationniste quand son regard fut attiré par le panneau noir sur lequel se détachait en majuscules blanches visibles à cent mètres à la ronde le titre du prochain sermon du pasteur Foster : REMETTEZ-NOUS NOS DETTES.

Il poursuivit sa route mais sa bonne humeur l'avait quitté. Le panneau lui avait remis Horton Bailey en tête. Il ne parvenait pas à comprendre comment un homme pouvait traverser tranquillement l'existence en feignant d'ignorer qu'il avait une dette. Il lui semblait qu'il aurait accordé moins d'importance à cette affaire si Bailey avait eu au moins la courtoisie d'y faire allusion. Mais le sénateur, lorsqu'il lui arrivait de le rencontrer, le gratifiait d'une tape sur l'épaule, lui secouait vigoureusement la main et ne prononçait jamais un mot concernant les cinq cents dollars. Plus Mr. Bridge pensait à Horton Bailey, plus sa colère montait. Il envisagea de lui envoyer une lettre demandant un remboursement, l'exigeant même. Pourtant, il savait qu'il n'en ferait rien. Tant qu'il n'aurait pas un besoin impérieux de cet argent, il ne pourrait se résoudre à commettre un tel geste. Ce constat ne fit que l'irriter davantage, si bien que, lorsqu'il arriva chez lui, il s'était gâché l'appétit.

12. *Prohibition*

Lorsqu'ils avaient des invités, Mr. Bridge allait à la cuisine préparer les apéritifs car Harriet ne savait pas y faire. Carolyn avait l'habitude de le suivre et de l'observer tandis qu'il sortait les bouteilles de l'armoire et qu'il mesurait les doses d'alcool. Lorsqu'il avait rempli tous les verres, il lançait un regard interrogateur vers sa fille et faisait mine de vouloir lui en offrir un ; il était immanquablement surpris de constater qu'elle ne trouvait pas cela amusant. Il avait joué au même petit jeu avec Douglas, qui répondait en feignant d'avoir le hoquet ou en titubant à travers la pièce, et il avait pareillement taquiné Ruth, qui tendait la main vers le verre et l'aurait probablement bu si on ne l'avait arrêtée. Mais la réaction de Carolyn le laissait perplexe.

Un soir que les Arlen et les Lutweiler avaient été invités à dîner, il était en train de doser le gin pour faire des Martini, lorsque Carolyn lui dit :

— Papa, c'est contre la loi.

Elle recula d'un pas comme si elle s'attendait à recevoir une gifle.

Après un moment, il répondit :

— Pas du tout ! Ce que je fais là n'a rien d'illégal.

Elle quitta la cuisine et il ne la revit plus jusqu'au lendemain. D'habitude, elle aimait rester assise parmi eux à écouter la conversation des adultes.

Il attendit qu'elle aborde à nouveau le sujet, mais elle n'en fit rien. Il se reprocha de lui avoir parlé trop sèchement, et conclut qu'il valait mieux qu'ils aient une discussion. Aussi, un soir, lui proposa-t-il de l'accompagner dans son bureau. Elle le suivit docilement jusqu'en haut de l'escalier. Il referma la porte et s'assit derrière sa table de travail.

— J'aimerais te parler de la prohibition, commença-t-il. Te souviens-tu du soir où les Arlen et les Lutweiler étaient ici ?

Elle hocha la tête.

— Je n'ai pas enfreint la loi, dit-il en tapotant du doigt sur son bureau pour souligner ses mots. Le dix-huitième amendement de notre Constitution interdit la fabrication, la vente et le transport de boissons susceptibles de provoquer l'ivresse. Mais il n'interdit pas, de manière spécifique, la consommation desdites boissons. Comprends-moi bien, je ne suis pas en train de te gronder. Cette prétendue loi, cet amendement de notre Constitution, est absurde et sera révoquée d'ici peu, cela ne fait aucun doute. Cette loi a été promulguée il y a bon nombre d'années à cause du manque de clairvoyance de quelques agitateurs. Laisse-moi t'expliquer : certaines personnes étaient, à juste titre, peinées de voir des gens ivres sur la voie publique. Alors, ils se sont regroupés pour faire pression sur le Congrès. Mais ils sont allés trop loin et n'ont pas su voir les risques que cela représentait. On ne peut pas dicter aux gens leur conduite, et la prohibition n'a fait qu'encourager la contrebande. C'est l'illustration même des dangers du pouvoir politique. Il en faut, certes, mais Thomas Jefferson avait raison en affirmant qu'il devait être le plus restreint possible. La politique a envahi notre pays. Elle s'immisce dans les droits et les prérogatives des particuliers. Et chaque année cela empire. Les syndicats, par exemple, imposent aux travailleurs les directives de leurs dirigeants. Voilà un parfait exemple de pouvoir politique néfaste et le président des États-Unis n'a pas suffisamment de bon sens pour y mettre un terme. Ces syndicats gauchistes sont en train de mettre à sac notre économie nationale. Dieu seul sait jusqu'où cela ira. Cela dit, pour en revenir à notre sujet, je réprouve les contrebandiers. Je n'aime pas traiter avec ces gens-là. Mais j'apprécie un cocktail avant le dîner, tout comme ta mère aime bien son petit verre de sherry. Nous as-tu jamais vus mal nous comporter en ces occasions ?

Carolyn se tenait raide, tout au bord du canapé. Elle se mordillait la lèvre supérieure, le visage aussi dur que celui d'une poupée. Il soupira et s'enfonça dans son fauteuil.

— Tu es ridicule. Je ne m'attends pas à ce que tu mesures combien cette prohibition est inepte, mais puisque tu ne comprends pas, je ne pense pas que tu sois à même de nous juger. Cette situation est le fait de quelques vieillards grincheux et d'une poignée de femmes imbéciles. Je ne sais pas combien de temps encore il nous faudra la supporter, mais en attendant que cet amendement soit révoqué, j'ai la ferme intention de me servir un verre d'alcool quand bon me semble. Je travaille dur pour que toi, ta mère, ton frère et ta sœur ayez de quoi manger et un foyer décent, et un cocktail de temps à autre me permet de me détendre. Il n'y a aucun mal à cela.

Il lui avait exposé son opinion et ne doutait pas d'avoir raison.

— T'avons-nous déçue ? demanda-t-il. Ta mère te déçoit-elle parce qu'elle apprécie un petit verre de sherry ?

Carolyn refusait de répondre.

Ils se toisèrent sans mot dire pendant un long moment. Finalement, le silence étant devenu insoutenable, il dut la laisser partir.

13. *La vie commence à quarante-trois ans*

Un soir où ils étaient invités à dîner, il décida de mettre un costume qu'il n'avait pas porté depuis des mois. Lorsqu'il enfila le pantalon, il était trop serré. Comme il ne pensait pas avoir pris du poids, il n'en comprenait pas la raison. Toutefois, pour s'en assurer, il alla dans la salle de bains et grimpa sur la balance. Il scruta le cadran et constata qu'il ne pesait pas plus que d'habitude, à une ou deux livres près, ce qui ne justifiait en rien qu'il se sentît à l'étroit dans son pantalon. Il l'enleva et le regarda d'un air soupçonneux. Après quelques instants il l'essaya de nouveau. Il était toujours aussi serré. Alors, il l'ôta une nouvelle fois et s'assit sur le lit pour réfléchir.

Bientôt, tenant d'une main son pantalon, il se releva et se planta devant le miroir. Après avoir pris une profonde inspiration, il contempla son buste et sa taille. La nature voulait qu'un corps changeât au fil du temps, et il n'avait plus vingt ans. Cela dit, il n'en avait pas non plus soixante-dix. Il ne voyait pas en quoi son corps était différent. Il avait toujours eu un corps mince, relativement souple, et, étant donné sa grande taille, non dépourvu d'une certaine grâce. Certes, ce n'était pas un corps sur lequel les femmes se retournaient dans la rue, mais, somme toute, il ne pouvait pas se plaindre. À défaut d'être remarquable, sa silhouette lui rappelait celle de Lincoln, et il en était fier. Et, puisque son corps ne semblait pas avoir changé, il ne voyait aucune raison à ce que son pantalon ne lui aille plus.

Il repartit vers le lit et se rassit.

Il repensa au Country Club auquel il cotisait depuis de nombreuses années. Il n'en avait pas beaucoup profité. Il avait souvent eu l'intention de s'arrêter à la piscine pour faire quelques longueurs après le bureau. Il avait également pensé qu'il trouverait le temps d'échanger quelques balles de tennis. Enfin, il y avait le terrain de golf. Mais il était resté tous les après-midi à son cabinet jusqu'à ce qu'il soit trop tard. Ainsi allait la vie ; quant aux week-ends, ils filaient mystérieusement.

Il essaya de se souvenir de la dernière fois où il était allé nager. Cela faisait deux ans, sinon trois. Il n'avait jamais mis les pieds sur un des courts de tennis, ni sur le terrain de golf. De temps en temps, on organisait une réception au club, ou il y avait un événement quelconque ; en dehors de ces occasions, il ne s'y rendait pratiquement jamais. Sa femme y allait plus régulièrement car ses amies aimaient passer leurs après-midi au bord de la piscine, et, bien entendu, à mesure qu'ils grandiraient, les enfants en profiteraient davantage. Cela valait donc la peine de conserver sa carte de membre. Mais c'était à lui d'y aller. S'il n'y allait pas, il ne pouvait s'en prendre qu'à lui-même. Il pouvait certainement s'arranger pour quitter le cabinet un peu plus tôt et aller nager, jouer au tennis, ou encore faire ce que bon lui semblait. Toutefois, aussi curieux que cela puisse paraître, cela lui était impossible. Il savait pertinemment qu'il ne quitterait pas son travail dès trois ou quatre heures de l'après-midi. Certains hommes ne s'en privaient pas et il réprouvait leur attitude ; on ne devait pas abandonner son poste avant cinq ou six heures.

Mr. Bridge lança un regard réprobateur vers son pantalon. Il le souleva et le secoua pour éviter qu'il ne se froisse. Puis il replongea dans ses pensées.

Puisqu'il n'était pas matériellement possible d'aller au club, il pouvait au moins faire quelques mouvements de gymnastique suédoise dans la chambre. C'était une pratique très répandue et, sans aucun doute, bénéfique. Cinq à dix minutes tous les matins devraient porter leurs fruits. Puis, quoi de plus simple que de faire le tour du pâté de maisons tous les soirs d'un bon pas ? Et lorsqu'il serait en ville, au lieu de prendre un taxi, il marcherait.

Mrs. Bridge entra dans la chambre. Elle le regarda, assis en caleçon sur le bord du lit, le pantalon sur les genoux.

— Tu ne l'aurais pas envoyé à la blanchisserie, par hasard ? lui demanda-t-il.

Si sa femme l'avait fait nettoyer, il avait peut-être rétréci, ce qui, évidemment, expliquait tout et rendait la gymnastique suédoise superflue.

— Je n'y ai pas touché, répondit-elle. Il a besoin d'être nettoyé ?

— Non, je me posais juste la question.

— Il y manque un bouton ?

— Non, tout va bien, assura-t-il.

Puis, pour la troisième fois, il enfila le pantalon et décida qu'il ferait l'affaire pour la soirée, ce qui fut le cas. Mais à peine furent-ils de retour à la maison qu'il l'ôta et le tendit à sa femme en disant qu'il avait besoin d'être un peu élargi.

14. *Pampan*

Les enfants voulaient un lapin. C'était Carolyn, plus particulièrement, qui suppliait qu'on en achète un. À présent, Douglas et, dans une moindre mesure, Ruth s'étaient joints à la rengaine : le lapin ne poserait aucun problème, ils s'en occuperaient bien, le nourriraient, nettoieraient son clapier tous les jours, et patati et patata. Pendant un temps, Mr. Bridge évita de se prononcer en espérant que ces réclamations bruyantes s'apaiseraient d'elles-mêmes. Il n'était pas chaud à l'idée d'avoir un lapin dans la maison. L'animal tomberait malade et mourrait. Ou les enfants s'en lasseraient. Qu'adviendrait-il alors ? Mais Pâques approchait, et il sentit que sa femme s'était rangée de leur côté, alors, finalement, il céda. Il lui tendit un billet de cinq dollars en lui disant :

— Soit, puisque lapin ils veulent, qu'on leur trouve un lapin.

Le matin de Pâques, les enfants parcoururent la maison et le jardin avec des petits paniers en osier, à la recherche des œufs en chocolat que Mrs. Bridge avait achetés et des œufs durs qu'ils avaient eux-mêmes décorés et qu'elle avait cachés. Carolyn découvrit le lapin dans le garage. En guise de clapier, il avait un cageot à oranges recouvert d'un morceau de grillage. Il grignotait une feuille de laitue lorsqu'elle le vit et, ne pouvant retenir sa joie, elle laissa échapper un cri perçant.

Ils le baptisèrent Pampan. C'était un banal lapin de garenne, en bonne santé, modérément curieux et parfaitement inutile. Ils passèrent le reste de la matinée à lui tendre des feuilles de laitue et des morceaux de carottes, tandis que Mrs. Bridge allait de-ci de-là, ramassant les œufs durs passés inaperçus, quelque peu déconcertée qu'ils fussent parvenus à dénicher tous ceux qui étaient en chocolat. Après avoir contemplé un moment les enfants et leur lapin, Mr. Bridge rentra dans la maison pour y feuilleter le journal du dimanche.

Mais, tout en lisant, il se demandait encore ce qui allait arriver. Il craignait que le lapin n'attrape la myxomatose ou une pneumonie. L'année précédente, pour Pâques, les enfants avaient supplié qu'on leur donne des poussins et Mrs. Bridge en avait acheté une douzaine à l'épicerie. Ils n'avaient pas duré longtemps. Ils étaient jaune vif comme des lanternes japonaises et la teinture dont on les avait enduits avait dû pénétrer leur peau. Toujours est-il que, l'un après l'autre, ils se mirent à chanceler. En moins d'une semaine, il n'en resta plus un seul, et une intuition persistante lui soufflait que le lapin allait connaître un sort similaire.

Pampan rendit l'âme encore plus tôt que prévu, il n'était pas midi. Jock, le terrier de Sealyham du pâté de maisons voisin, entra en trottant dans le garage et devint comme fou en voyant et en reniflant le lapin. Douglas lui donna des coups de pied et le retint par le collier, Ruth tenta de le chasser à coups de balai, Carolyn hurla et se précipita dans la maison pour y chercher du secours. Mais le temps de traîner Jock hors du garage, le lapin agonisait déjà. Il gisait sur le papier journal souillé et parsemé de petits granules noirs, sa cage thoracique tour à tour dilatée et compressée tel un soufflet. L'eau avait été renversée, la laitue éparpillée. Le terrier s'était tellement acharné sur le cageot que plusieurs lattes en étaient fendues.

Le chien n'avait pas eu le temps de planter ses crocs dans la chair du lapin, mais après s'être penché et avoir regardé attentivement dans l'œil de l'animal, Mr. Bridge pressentit que la mort était imminente. Carolyn, en larmes, l'implora d'aller chercher de l'eau de chaux car elle avait entendu dire quelque part que c'était là un remède souverain pour les lapins souffrants. Mais ni l'eau de chaux ni aucune autre forme de remède ne purent sauver ce petit lapin pascal.

Trente minutes plus tard environ, Pampan n'était plus. Mrs. Bridge conduisit les enfants dans la maison.

Mr. Bridge avait du mal à concevoir qu'un être vivant pût mourir de terreur, purement et simplement. Pourtant, c'était précisément ce qui s'était passé. Cela l'écœurait un peu. Il n'aimait pas la veulerie. Il enveloppa le cadavre dans une feuille de papier journal et jeta le paquet à la poubelle. Le chien n'y était pour rien, il avait réagi conformément aux lois de la nature ; et, s'il n'avait provoqué la mort du lapin, autre chose aurait eu raison de lui. Il était difficile de garder des animaux domestiques en ville. Le chien lui-même, quelques mois auparavant, avait été renversé par une voiture et avait frôlé la mort.

Enfin, pensa-t-il en refermant le couvercle de la poubelle, le jour viendra peut-être où je prierai le ciel de connaître une mort aussi soudaine et indolore.

15. *Le rêve*

Douglas, clignant de l'œil d'un air entendu, se tenait debout sur le toit de la maison. Ruth, grand-mère aux cheveux noirs, était voluptueusement allongée dans un jardin tandis que trente à quarante enfants grouillaient comme des insectes sur son corps.

Mr. Bridge se réveilla. Il avait le front moite. Il frissonnait et avait des nausées. Tremblant, il sortit du lit, alla à la salle de bains et se regarda dans le miroir. Puis il s'assit sur les toilettes et prit sa tête entre ses mains. Le rêve signifiait que ses enfants allaient grandir et mener leur vie, l'abandonnant à la vieillesse et à la mort. Il tenta de se rappeler si Carolyn apparaissait dans le rêve, bien que cela n'eût aucune importance : la présence de deux enfants en disait suffisamment long. Il ne voulait pas mourir, et rien ne semblait justifier une telle fatalité. Il était heureux, toute la famille était heureuse, par conséquent cette vie devait continuer indéfiniment. Soudain, son cœur se mit à tambouriner. Il le sentait palpiter comme un poisson se débattant au bout d'une ligne. Il le couvrit de ses deux mains jointes, comme pour le protéger, s'attendant à être terrassé par une attaque terrible et brutale. Mais, après un temps, les battements se firent moins violents.

Il attendit quelques minutes, puis se leva, se passa de l'eau sur le visage et resta debout devant le miroir. Il se demanda s'il convenait de réveiller sa femme et de se faire conduire à l'hôpital ; comme il ne souffrait pas, il décida que ce ne serait pas nécessaire.

Il repensa au rêve. Il ne voyait aucune autre interprétation possible. Tôt ou tard, il allait mourir, tandis que ses enfants poursuivraient leur chemin.

— Tu vas bien ?

Mrs. Bridge se tenait sur le seuil de la salle de bains. Il était tellement absorbé par le reflet du miroir qu'il ne l'avait pas vue venir.

— Veux-tu que j'appelle le docteur Stapp ? demanda-t-elle.

— Je suis un peu barbouillé, lui dit-il. Retourne te coucher. J'arrive. Ce n'est rien.

16. *Du dur apprentissage de la vie*

Quelques nuits plus tard, il fut de nouveau réveillé au beau milieu de la nuit, cette fois par la sensation que sa femme n'était plus dans le lit. Il ouvrit les yeux et tendit l'oreille. Il régnait un silence étrange dans la maison. Il tourna la tête sur l'oreiller, regarda par la fenêtre et vit qu'il commençait à neiger. Au même instant, elle revint, laissa tomber sa robe de chambre et se glissa dans les draps.

— C'était Carolyn qui pleurait, murmura-t-elle.

— Pourquoi ? murmura-t-il à son tour.

— Elle avait peur qu'une étoile se décroche et tombe du ciel.

Il sourit et ferma les yeux. Il se souvint de ses propres terreurs enfantines, des nombreuses nuits où il s'était endormi en pleurant parce qu'il croyait que, le jour de ses douze ans, il allait être obligé de quitter la maison pour partir faire fortune. Il ne pouvait se rappeler comment cette idée lui était venue, mais il avait une image en tête, probablement aperçue dans une revue ou un livre illustré : un petit garçon quittait sa maison avec un bâton sur l'épaule au bout duquel pendait un balluchon. Les parents de l'enfant se tenaient sur le seuil d'une petite chaumière. La mère pleurait, le père tentait de la consoler et le garçon, lui aussi, avait un air affligé. Aujourd'hui tout cela semblait aussi dérisoire que les peurs de Carolyn, mais il fut un temps où rien n'avait semblé plus réel.

17. *La pharmacie Thayer*

Chaque semaine, on installait un grand tableau énigmatique dans la vitrine de la pharmacie Thayer : c'était le dessin complexe d'une jungle où étaient embusqués une multitude d'oiseaux, de bêtes sauvages et de chasseurs, fondus dans un enchevêtrement savant. Les enfants du quartier cherchaient les personnages et venaient dire au pharmacien combien ils en avaient trouvé. Chaque samedi, le gagnant recevait un dollar en argent. Lorsqu'elle était plus jeune, Ruth avait participé de temps en temps au jeu sans jamais rien gagner. À présent, elle avait passé l'âge. Carolyn, en revanche, remporta si souvent le dollar que, chaque fois qu'elle pénétrait dans la pharmacie, Mr. Thayer levait le nez des ordonnances qu'il était en train de préparer avec un air excédé.

Finalement, un jour il en eut assez. Un vendredi après-midi où elle était encore parvenue à débusquer le moindre animal, volatile, serpent, papillon, pygmée et chasseur de sa jungle, il la disqualifia. Carolyn fut outrée. Elle lui lança un regard meurtrier, son visage vira au rouge, puis elle se précipita hors de la pharmacie, folle de rage, et courut jusque chez elle pour raconter à sa mère ce que le pharmacien lui avait fait. Mrs. Bridge était ennuyée, non seulement à cause de l'état de nerfs dans lequel se trouvait sa fille, mais parce qu'elle trouvait, elle aussi, que le pharmacien avait été injuste. Ne sachant trop que faire, elle attendit le retour de son mari.

Il l'écouta, puis appela Carolyn dans son bureau pour entendre sa version. Il lui demanda si elle ne pensait pas avoir déjà gagné suffisamment de fois. Peut être, suggéra-t-il, devait-elle laisser aux autres enfants une chance de remporter le prix.

Carolyn rejeta cette dernière possibilité. Elle réclamait son dû.

Mr. Bridge comprit que le problème n'allait pas être résolu aussi facilement qu'il l'avait pensé. Il était évident que Carolyn n'avait aucune intention de partager ses richesses. Elle avait découvert les plaisirs de l'argent et n'était pas prête à renoncer à un luxe auquel elle commençait à s'habituer, encore moins au nom d'une utopie de bon voisinage qui voulait que chaque petit garçon et chaque petite fille reçût son dollar. Elle voulait tout pour elle. Son visage était pincé et fermé. Soudain, elle éclata en sanglots nerveux. Il ouvrit les bras et elle s'y précipita en s'accrochant à son cou, versant des larmes amères tandis qu'il lui caressait la tête et lui tapotait l'épaule.

Après qu'elle eut pleuré tout son saoul, il lui demanda si elle connaissait la signification du mot « avarice ». Elle répondit que non, alors il lui dit :

— Je veux que tu ailles en bas chercher dans le dictionnaire. Trouve la définition et reviens me la dire.

Elle lui demanda comment cela s'épelait. Il lui répondit et elle partit aussitôt.

Elle ne tarda pas à revenir, le regard chargé de reproches. Ils en discutèrent encore un peu. Elle avait le visage renfrogné et bougon. Elle n'avait pas encore digéré l'affront qu'elle avait subi, mais il estima être parvenu à émousser sa hargne car elle ne s'en prenait plus au pharmacien. À présent, son grief reposait sur le fait qu'on ait laissé entendre qu'elle était d'une insatiable avidité.

Il réfléchit également à la promptitude et à l'imagination dont elle avait fait preuve pour sa défense. Quelles que soient les qualités dont Ruth et Douglas pouvaient se prévaloir, il était de plus en plus clair que, de ses trois enfants, c'était Carolyn la plus éveillée.

18. *Le poney*

Peu après avoir été disqualifiée par Mr. Thayer pour avoir trop souvent élucidé ses casse-tête, Carolyn participa à un autre concours, patronné cette fois par la chaîne des épiceries Golden pour le lancement d'une nouvelle marque de crème glacée. Chaque enfant qui achetait un quart de litre de crème glacée Golden se voyait remettre une mappemonde. Il fallait colorier les pays et les océans puis renvoyer la carte à l'épicerie de son quartier. Les meilleurs coloriages recevraient un prix. Le premier prix était une bicyclette de luxe bardée d'accessoires ou un poney shetland qui répondait au nom de Jiggs. La photographie de la bicyclette et de Jiggs, posant côte à côte, figurait sur le bulletin-réponse. Il y avait deux deuxièmes prix, dix troisièmes prix et cent quatrièmes prix. Carolyn décida qu'elle se contenterait du premier ou même du deuxième prix, un poste de T.S.F. Aussi, un après-midi, revint-elle de l'école avec un quart de litre de crème glacée à la fraise, la mappemonde et le bulletin-réponse sous le bras.

Après mûre réflexion, elle se mit au travail avec une boîte de crayons de couleur. C'était plus joli que les crayons gras et la gouache risquait de gondoler le papier. Pendant près de trois semaines, elle y consacra toutes ses soirées. Elle travaillait avec application et, lorsque ce fut terminé, c'était fort joli, même son frère fut forcé de le reconnaître. Sa mère déclara que la victoire ne faisait aucun doute, mais son père rappela à tout le monde qu'il y aurait en compétition beaucoup de mappemondes tout aussi soigneusement coloriées. Cette dernière observation fit réfléchir Carolyn. Elle en voulait à son père d'avoir fait la remarque, tout en sachant qu'il avait raison. Elle eut alors l'idée d'accentuer les frontières avec de l'encre de Chine. Elle consulta le règlement. Nulle part il n'était spécifiquement interdit de retoucher les frontières. Elle acheta un tire-ligne chez le marchand de couleurs et se remit au travail. Le résultat lui parut satisfaisant : par effet de contraste, les frontières bordées de noir faisaient ressortir les couleurs. Il y avait, bien entendu, le risque d'une nouvelle disqualification, mais il n'y avait qu'un seul moyen de s'en assurer. Elle remplit le bulletin-réponse et le remit à l'épicerie, avec la mappemonde.

Un samedi matin à dix heures, le téléphone sonna. Carolyn était seule à la maison, à l'exception de Ruth qui dormait encore. Lorsqu'elle répondit, un homme demanda si elle s'appelait bien Carolyn Bridge. Elle répondit affirmativement. Il annonça qu'il s'appelait Mr. Denny, qu'il était le responsable du concours des crèmes glacées Golden et la félicita d'avoir remporté le premier prix. Elle ne le crut pas, soupçonnant quelque entourloupette. Ce n'est qu'après avoir discuté avec lui pendant quelques minutes que, s'estimant suffisamment convaincue, elle lui déclara qu'elle prendrait la bicyclette. Elle en avait déjà une mais, n'ayant pas particulièrement envie d'un poney, elle en conclut que deux bicyclettes feraient son affaire.

Mr. Denny l'informa que la remise des prix aurait lieu le samedi suivant à dix heures à l'épicerie Golden du boulevard Linwood. Carolyn répondit qu'elle y serait. Mr. Denny conclut en disant qu'il serait ravi de faire sa connaissance.

La conversation prit fin juste au moment où Harriet revenait de chez les voisins. Carolyn lui annonça la bonne nouvelle et déclara qu'elle allait préparer des fondants au chocolat et aux noix pour fêter cet événement. Elle s'était mise au travail, lorsque Douglas et son ami Bobby Tipton entrèrent dans la cuisine pour chercher une bouteille de root beer et elle leur apprit sa victoire. Quelques minutes plus tard, Ruth, qui descendait pour prendre son petit déjeuner, fut également mise au courant. Puis ce fut le tour de Mrs. Bridge qui rentrait des courses. Sa première réaction fut sceptique.

— Dis-moi, Corky, tu ne serais pas en train de me raconter des histoires ? demanda-t-elle.

— Non. J'ai gagné, affirma Carolyn.

Mrs. Bridge posa ses paquets sur la table de la cuisine.

— C'est magnifique, ma chérie ! dit-elle en ôtant ses gants. Mais en es-tu bien certaine ?

Carolyn expliqua une fois de plus qui était Mr. Denny, et, finalement, Mrs. Bridge se déclara raisonnablement convaincue. Elle serra Carolyn dans ses bras, la félicita et dit :

— Tu as dû être bien surprise !

— Pas du tout. Je me doutais que j'allais gagner, répondit Carolyn.

Elle retourna à sa pâtisserie, écrasant des noix pour les fondants.

— As-tu téléphoné à ton père ?

— Je n'ai pas voulu le déranger.

— Je suis sûre que cela lui fera plaisir, dit-elle en décrochant le combiné. Voyons s'il est là.

Il y était. Elle tendit l'appareil à Carolyn.

— Eh bien ça alors ! dit-il après avoir entendu la nouvelle. Tu as dû être sacrément surprise, non ?

— Pas du tout. Je me doutais bien que j'allais gagner, répéta Carolyn.

— Ah, fit-il. Bon, écoute-moi, Corky. Lorsque tu nous as parlé de ce jeu la première fois, je me souviens de t'avoir entendue dire qu'il y avait deux premiers prix. C'est exact ?

— Un poney shetland et une bicyclette.

— C'est bien ce qui me semblait. Puisque tu as déjà une bicyclette, pourquoi ne prendrais-tu pas le poney ?

— Je ne sais pas monter à cheval.

— Il n'y a rien de plus facile, dit-il avec enthousiasme. Lorsque j'étais enfant, j'allais à la ferme faire du poney avec mon cousin. J'ai dû déjà t'en parler. On s'amusait beaucoup, Carolyn. À mon avis, tu as tort.

— J'ai déjà dit à Mr. Denny que je voulais une bicyclette.

— Donne-moi son numéro, dit Mr. Bridge.

— Je ne le connais pas.

— Comment s'appelle la maison qui patronne ce jeu ?

— Les crèmes glacées Golden… Je ne sais pas monter les poneys.

— Je t'apprendrai moi-même, dit Mr. Bridge.

— Bon, d'accord, fit Carolyn, sans conviction. Mais où vas-tu le mettre ?

— J'y réfléchirai. Je suis sûr que nous pourrons lui trouver une écurie pas trop loin de chez nous.

— C'est moi qui vais devoir payer pour sa nourriture ?

— Bien sûr que non. Les frais seront à ma charge. Je vais appeler cet homme et lui dire que tu as changé d'avis.

— Il s'appelle Jiggs.

— Je croyais que c'était Denny.

— Jiggs, c'est le poney.

— Parfait, dit Mr. Bridge après cet éclaircissement. Tu vas aimer l'équitation, Cork. C'est très amusant.

— Si tu le dis.

— J'en suis persuadé. Ta mère est-elle à côté ?

— Elle vient de monter. Tu veux lui parler ?

— Dis-lui que je rentrerai plus tard que prévu et que vous ne devez pas m'attendre pour dîner. Julia n'était pas à l'heure ce matin et nous avons pris du retard.

— D'accord, dit Carolyn. On peut pas dire que je te vois souvent.

— Je suis désolé, mon petit cœur, mais j'ai beaucoup de travail. Sois sage, j'appelle cet homme immédiatement. Au revoir.

— Au revoir, papa, répondit-elle sur un ton un peu mélancolique.

Mr. Bridge chargea Julia de retrouver le responsable du concours. Mr. Denny se montra compréhensif et promit que Jiggs le poney attendrait Carolyn le samedi suivant.

Mr. Bridge ne put assister à la remise des prix car il devait encore passer le samedi à son cabinet, mais tous les autres se rendirent à l'épicerie : Mrs. Bridge, Harriet et les trois enfants. Mr. Denny était là en personne. Il avait plutôt l'air d'un chef de fanfare. C'était un jeune homme élancé, portant des chaussures bicolores, un large pantalon gris à pinces avec des plis bien marqués et un blazer avec un écusson doré sur la poche de poitrine. Après avoir serré toutes les mains, il demanda qu'on l'appelle Alfred, ce que tout le monde se garda de faire.

Lorsque la cérémonie fut terminée et que Carolyn, l'air un peu crispé, eut été photographiée en selle, on remmena Jiggs dans son van et il fut conduit aux écuries Waldo, où Mr. Bridge lui avait loué un box.

Jiggs demeura aux écuries pendant plusieurs mois. Puis Mr. Bridge le vendit trente dollars à un agriculteur. Carolyn ne lui avait rendu visite que deux fois. Ruth l'avait monté à plusieurs reprises et était rentrée à la maison tout énervée et surexcitée, les habits moites de transpiration, les yeux brillants et sa longue chevelure noire défaite, ce qui n'était pas du goût de sa mère. Quant à Douglas, il n'y était jamais allé. Moralité : Jiggs, si peu monté, s'empâtait à manger de l'avoine. Mr. Bridge se lassa d'acheter l'avoine et l'agriculteur cherchait justement un poney pour ses enfants. Tout compte fait, que Jiggs fût vendu semblait raisonnable et peut-être même inévitable. Carolyn était satisfaite de ses trente dollars et la question sembla réglée.

De temps en temps, quelque chose venait leur rappeler Jiggs. Ils se demandaient s'il était heureux à la ferme et parlaient d'aller en voiture un dimanche après-midi à Harrisonville lui dire un petit bonjour.

Mais les dimanches passaient si vite… Ils n'y allèrent jamais.

Mr. Bridge pensait souvent au poney. Le fringant petit animal symbolisait des jours anciens presque oubliés, et il était chagriné à l'idée de ne plus jamais le revoir, avec sa robe cotonneuse, ses brusques mouvements de tête, son gros œil aux reflets métalliques et les flocons d'écume sur ses rênes de cuir. Plus jamais il n'entendrait le martèlement impérieux de ses petits sabots.

19. *Une sale journée*

Un jeudi hivernal et glacial, rentrant tard de son cabinet, il aperçut de la lumière dans la salle à manger, ce qui signifiait que la famille était à table. Après avoir garé la Reo, il entra par la porte de la cuisine et s'arrêta dans la salle à manger. Douglas n'était pas là.

Mrs. Bridge l'informa qu'il avait été invité à dîner chez son ami Bobby Tipton. Puis elle ajouta :

— J'espère que tu n'y vois pas d'inconvénient.

— Non, pourquoi verrais-je un inconvénient à ce qu'il ait envie de dîner avec un de ses amis ? À part ça, tout va bien ?

— Tout va pour le mieux, comme d'habitude, répondit-elle, adressant un sourire aux filles. Elles étaient affamées alors nous avons pris la liberté de commencer sans toi.

— Papa, qu'est-ce qui ne va pas ? demanda Ruth.

Il baissa les yeux vers elle, l'air surpris.

— Pourquoi cette question ?

Elle lança un regard vers sa mallette et il s'aperçut qu'il était en train de la balancer d'avant en arrière.

— Doux Jésus, il est arrivé quelque chose ? s'inquiéta soudain Mrs. Bridge.

Il passa dans l'entrée, retira ses gants, son chapeau et son manteau, et les rangea dans le placard. Puis il revint dans la salle à manger.

— Cet après-midi, on a octroyé à un de mes jeunes clients des indemnités à la suite d'un accident du travail, mais le juge en a décidé autrement et s'est permis d'en réduire le montant.

— Vraiment ? s'exclama-t-elle. Mais je n'aurais jamais imaginé qu'ils aient le droit de faire une chose pareille !

— Ils en ont le droit et ils en usent. Mille dollars, voilà tout ce que ce pauvre garçon recevra. Mille dollars, répéta-t-il.

Il prit sa cuillère et se mit à manger sa soupe.

— Je pourrais en faire des choses, moi, avec mille dollars ! dit Carolyn.

— C'est dérisoire, répondit-il sèchement.

Il soupira et repoussa son bol.

— A-t-il neigé en ville ? risqua timidement Mrs. Bridge.

— Bien entendu qu'il neigeait en ville. Ici, il ne neigeait pas, peut-être ? Ça n'a presque pas cessé de la journée et le service de météorologie n'est guère plus optimiste pour demain.

— Je suppose que cela devait être difficile de se déplacer en ville.

— C'était pratiquement impossible. J'ai attendu un quart d'heure avant de trouver un taxi. Bon sang ! j'ai cru que je n'y arriverais jamais !

— As-tu mal à la tête ?

— J'ai mal au crâne depuis midi. Douglas dîne loin d'ici ? Où habite-t-il, ce petit Tipton ?

— Oh, à deux pas. À un pâté de maisons.

— Je ne veux pas qu'il rentre tout seul à pied au beau milieu d'une tempête de neige. Il pourrait se perdre.

— Il ne se perdra pas. Il connaît le chemin. Cesse de t'inquiéter, papa, lui dit Ruth.

— Écoute-moi bien, ma petite fille : je ne suis pas d'humeur à discuter. C'est à moi de décider si, oui ou non, ton frère est assez grand pour rentrer seul à pied.

La brutalité de son ton était involontaire. Il repoussa l'assiette de ragoût d'agneau que sa femme plaçait devant lui.

— Si tu veux, j'irai jusque chez les Tipton et je le ramènerai, proposa Ruth.

— Si ces gens l'ont invité, ils pourraient au moins avoir la courtoisie de proposer de le raccompagner.

— Je suis sûre qu'ils le feront s'il se remet à neiger, assura Mrs. Bridge.

Quelques minutes plus tard, on frappa à la porte. Ruth alla ouvrir et trouva Douglas accompagné de Mr. Tipton.

Lorsque la porte fut refermée, Mr. Bridge demanda à son fils :

— T'a-t-on suffisamment nourri ? Que dirais-tu d'un peu de dessert ?

Douglas répondit que, s'étant déjà resservi trois fois de gâteau au chocolat chez les Tipton, cela ne lui disait trop rien.

— Tu traînes de la neige sur la moquette, mon jeune ami, lui dit sa mère. File dans la cuisine me retirer ces chaussures.

— Peut-être bien qu'après je prendrai du dessert, glissa Douglas en se dirigeant vers la cuisine.

— Quand on est un porc, on le reste, observa Carolyn.

— En voilà assez ! explosa Mr. Bridge, et après une pause il ajouta : Puisque c'est ainsi, tu peux monter dans ta chambre.

Carolyn en eut le souffle coupé.

— Mais qu'est-ce que j'ai fait ?

— Tu as très bien entendu.

Elle se tourna vers sa mère, mais celle-ci lui dit :

— Fais ce que te dit ton père. Je monterai te voir tout à l'heure.

— Papa… commença Ruth.

— Et puis toi aussi, toutes les deux, immédiatement. Montez.

Elles regardèrent leur mère, qui secoua la tête d'un air impuissant. Elles se levèrent de table et quittèrent la salle à manger.

Mr. Bridge se retrouva fort seul à l'autre bout de la table, face à sa femme. Il n'avait pas voulu en arriver là. Il avait compté passer une soirée paisible en famille. À présent, tout était gâché. Il se mit à tambouriner sur la table du bout des doigts.

Elle lui demanda s'il désirait autre chose et il chercha vainement dans son intonation une note de sarcasme. Au cours de toutes ces années de vie commune, elle ne s'était jamais permis de se moquer de lui.

— Non, non, je ne pourrai rien avaler ce soir. Apporte du dessert aux filles quand tu monteras les voir. Cette affaire au tribunal m'a fichu toute la journée en l'air.

— Sincèrement, Walter, tu es surmené. Pourquoi n'aurais-tu pas un violon d'Ingres ? Beaucoup d'hommes en ont. Virgil, par exemple, a une collection de timbres impressionnante.

Il poursuivit sans prêter attention à ce qu'elle disait :

— Je défendais un jeune homme qui a été gravement blessé dans un accident du travail, victime de la négligence de son employeur. Ce garçon ne pourra plus jamais mener une vie normale. Le dédommagement que je demandais n'avait rien de déraisonnable. Je vois mal quelle somme d'argent pourrait être considérée comme déraisonnable lorsque la vie d'un être a été littéralement brisée. Toujours est-il que le jury m'a donné raison. Et malgré cela, un juge totalement incompétent a estimé ces dommages et intérêts trop élevés et les a réduits à une somme grotesque. Peut-être devrais-je ajouter que ce garçon n'ayant pas dix-neuf ans, son état actuel laisse présager un bel avenir !

— Quelle tristesse ! Le juge aurait dû comprendre.

— Le juge n'a rien compris car ce n'est qu'un imbécile.

— N'y a-t-il rien à faire ?

— J'ai l'intention de faire appel. Mais cela signifie un surplus de travail pour une affaire que, de surcroît, je défends à titre gracieux. Faire appel signifie investir davantage de temps et d'efforts dans un dossier dont je ne m'occupe que par charité chrétienne. J'y ai déjà passé plus de temps que de raison.

— Ah, fit-elle sur un ton hésitant. Bien sûr, je ne peux pas saisir tous les détails de cette histoire mais tout porte à croire que ce juge n'a pas été équitable.

— Pourrais-tu m'expliquer ce que cette vie a d'équitable, selon toi ? lança-t-il.

En s'entendant parler à sa femme sur un ton aussi rude et impulsif, il reposa son couteau et sa fourchette, et se pressa les mains contre les tempes, car sa tête tanguait comme un navire agité par le roulis.

20. *La Cadillac*

Ce même hiver, il décida qu'il pouvait s'offrir une Cadillac. Voilà longtemps qu'il y songeait, mais il y avait deux choses à prendre en considération : le coût, évidemment, donnait à réfléchir, mais c'était également une affaire de bon goût, plus difficile à évaluer. La griffe Cadillac symbolisait incontestablement la réussite, et il ne voulait pas que quiconque le remarquant au volant d'une Cadillac pût en déduire qu'il pavoisait. Il y avait donc résisté en se persuadant qu'il n'en avait pas les moyens. Mais un beau jour, il passa se procurer la brochure chez un concessionnaire et prit ses dispositions pour qu'un représentant conduise une Cadillac jusque devant chez lui, afin de l'essayer en famille.

Par un superbe samedi après-midi, froid et ensoleillé, la luxueuse automobile noire apparut en glissant silencieusement. Les pneus épais s'écrasaient dans les ornières gelées de la chaussée pour épouser voluptueusement leur forme. Derrière le volant, profondément conscient d'incarner la maison Cadillac, se tenait Mr. Pulliam, le représentant.

Après avoir serré la main de Mr. Bridge, salué respectueusement de son chapeau Mrs. Bridge et parlé aux enfants, Mr. Pulliam tendit les clefs. Puis il se tint sur les marches, devant la maison, caressant la tête d'un des chiens du quartier et papotant avec Harriet, tandis que la famille partait en promenade dans Mission Hills.

Leur absence dura près de vingt minutes et, lorsqu'ils revinrent, Mr. Pulliam s'enquit sur un ton confiant si la promenade avait été belle.

— Oui, répondit Mr. Bridge.

— Vous ne trouverez pas mieux, dit Mr. Pulliam.

Mr. Bridge fronça les sourcils. La Cadillac était impeccable, mais Mr. Pulliam l'agaçait. Il se tourna vers sa famille :

— Alors, à vous de décider. Vous plaît-elle ou non ? Je ne serai pas le seul à m'en servir. Choisissons-nous celle-ci ou poursuivons-nous les recherches ?

— Elle est pas mal, concéda Douglas sans grand enthousiasme.

Il ne trouvait rien à redire contre la voiture et accepterait d'y monter.

— Ma foi, elle me plaît beaucoup, dit Mrs. Bridge d'une voix nuancée.

Elle tenait à montrer que, tout en appréciant la Cadillac, elle n'ignorait rien de son prix astronomique.

— Et vous deux, qu'en pensez-vous ? demanda Mr. Bridge en s'adressant à Carolyn et à Ruth.

Il avait presque arrêté sa décision. Il était content que la voiture ait plu à sa femme et à son fils. Le prix l'ennuyait un peu, mais il savait qu'il pourrait s'arranger, et il considérait que le moment était venu pour lui de se faire un petit plaisir. Par le passé, il s'était refusé bien des choses afin d'assurer le bien-être de sa famille. À présent, parce qu'il avait travaillé dur, que ses affaires marchaient bien et qu'il avait amassé suffisamment de titres en banque pour qu'ils ne souffrent d'aucune privation s'il venait soudainement à mourir, il allait enfin pouvoir s'offrir cette mécanique somptueuse et gratifiante.

— Elle est superbe, murmura Ruth en caressant le pare-chocs du bout de l'ongle.

— La plupart de nos clients préfèrent trois initiales, observa Mr. Pulliam, désignant du doigt une petite plaque de métal près de la poignée de la portière. Mais peut-être en préférerez-vous deux ? ajouta-t-il en souriant.

Mr. Bridge fit mine de ne pas l'avoir entendu, car il les avait interrompus au moment où Carolyn s'apprêtait à parler. De plus, l'allusion aux initiales laissait entendre qu'une décision avait été prise.

Mrs. Bridge et les trois enfants savaient que le représentant venait de faire un faux pas. Mr. Pulliam jetait des regards désemparés autour de lui.

Carolyn comprit que le moment était venu pour elle de prendre la parole.

— Oh, elle est vraiment très jolie, lança-t-elle sur un ton que sa mère employait souvent.

— Je dois y réfléchir, dit Mr. Bridge. Laissez-moi votre carte au cas où je déciderais de vous appeler.

Mr. Pulliam fit une grimace désespérée. Il ouvrit la bouche pour une ultime tentative, mais après un regard vers Mr. Bridge il comprit que tout ce qu'il pouvait dire ne ferait qu'empirer les choses. Avec un dernier sourire, il tendit sa carte à Mr. Bridge comme l'on rend son épée, se glissa dans la Cadillac et disparut à l'horizon, écrasé par la défaite.

Mr. et Mrs. Bridge demeurèrent quelques minutes dans l'allée devant la maison pour échanger leurs impressions.

— Il ne manquait pas d'aplomb ! remarqua-t-elle.

— Ils sont tous pareils, les uns comme les autres, répondit-il. Si nous nous décidons pour une Cadillac, je m'adresserai à un autre concessionnaire. Et Dieu m'est témoin que je n'y ferai pas inscrire mes initiales.

La Cadillac continua d'occuper ses pensées, mais il ne pouvait chasser le représentant de son esprit. En suggérant qu'il s'affiche et inscrive ses initiales sur la portière, ce dernier avait évoqué une image si offensante que, quelques semaines après l'essai, Mr. Bridge acheta une Chrysler. Elle plut au reste de la famille et lui-même ne craignait plus de passer pour un m'as-tu-vu. Il en conclut qu'il avait fait le bon choix.

21. *Les criquets*

Le ciel bas de l'hiver s'éclaircissait peu à peu. Des congères se formaient dans les coins d'ombre mais, partout ailleurs, la neige fondait. Sous les auvents, les stalactites gouttaient et brillaient au soleil, tandis que de grands blocs de neige se décrochaient et venaient s'écraser avec un bruit sourd sur les plaques de glace.

Puis, un après-midi, une brise fit frissonner le treillis de roses et des nuées d'oiseaux passèrent au-dessus des têtes : avril était de retour. Harriet laissa la porte de la cuisine ouverte. La blanchisseuse accrocha une corde à linge derrière la maison. Ruth et Carolyn huilèrent leurs patins à roulettes. Douglas abandonna le casque qui ne le quittait pratiquement plus depuis le mois d'octobre. Mrs. Bridge déposa sa fourrure en garde. Mr. Bridge, sans regrets, rangea la large pelle à neige au sous-sol où il l'accrocha à un mur derrière la chaudière. Il inspecta les moustiquaires, fit rouler la tondeuse à gazon d'avant en arrière, en aiguisa les lames et affûta le sécateur.

Puis ce fut l'été.

Rien n'évoquait plus l'été que le chant incessant et crissant des criquets ; ni le vrombissement des tondeuses à gazon, ni le gazouillis matinal des moineaux dans leur bain, ni les cris des garçons jouant au baseball, ni le bourdonnement monotone des mouches, ni les fillettes sautant à la corde sur le trottoir, ni même les éphémères papillons de nuit venant se heurter contre une moustiquaire avec un entêtement fébrile. Aucun son ne montait du cœur verdoyant de l'été comme la stridulation des criquets. Ils commençaient l'après-midi, quand la chaleur se dissipait, et poursuivaient tard dans la nuit, sauf les jours de pluie.

Un soir, Mr. Bridge s'installa sous le porche pour lire le *Star*. Sa femme recousait les boutons d'une chemise à ses côtés. Carolyn lisait un livre. Douglas, à plat ventre sur le sol, dessinait sur une ardoise avec des craies de couleur. Ruth était allongée sur la balancelle, oisive. Au creux des arbres sombres, les criquets chantaient.

Carolyn leva la tête.

— Dis, maman, où est-ce qu'ils vont quand l'été est fini ?

— Les criquets ? Je ne sais pas exactement, ma chérie, demande à ton père.

Mr. Bridge abaissa son journal.

— Ils ne vivent que quelques semaines, Carolyn.

— Comment ils font ce bruit ?

— Mon Dieu, je l'ai su, dit sa mère. Laisse-moi réfléchir. On nous l'a appris à l'école.

Il attendit qu'elle se souvienne, mais comme cela ne lui revenait pas, il répondit à sa place :

— Contrairement à ce que beaucoup de gens pensent, ils ne se frottent pas les ailes l'une contre l'autre. Ce son provient des vibrations d'une membrane située près de l'abdomen. Et si je m'en souviens bien, Carolyn, il n'y a que le mâle qui « chante », si l'on peut appeler cela chanter. Je crains que mes connaissances en matière de criquets ne s'arrêtent là. Voilà bien longtemps que ta mère et moi avons quitté l'école.

Mais elle avait remarqué qu'ils commençaient à l'unisson et non pas l'un après l'autre. Elle demanda comment ils faisaient pour savoir quand il fallait commencer. Il lui répondit que c'était un mystère.

— Que c'est beau ! soupira Ruth. On dirait qu'ils sont dirigés par un chef d'orchestre. Je pourrais rester ici à les écouter pour le restant de mes jours.

— Ils nous préviennent toujours de la tombée du soir, remarqua Mrs. Bridge.

— C'est quand même drôle qu'on ne les voie jamais, dit Carolyn. Je les ai cherchés, je n'en ai pas vu un seul.

Quelques minutes plus tard, Mrs. Bridge poursuivit :

— Vous ne vous demandez pas combien il peut y en avoir dans cet arbre ? Et si nous essayions de deviner ?

Bien qu'il continuât de tenir son journal ouvert devant lui, Mr. Bridge se rendit compte qu'il ne parvenait plus à lire. Il entendait sa femme et ses filles et il observait son fils, mais il ne comprenait plus ce qu'ils disaient. Et tandis qu'il écoutait leur voix et la musique estivale des criquets, les problèmes qui l'avaient accaparé pendant la journée parurent insignifiants, et il se dit qu'il possédait pratiquement tout ce qu'il avait toujours désiré.

22. *Tu ne m'aimes pas*

Par un chaud après-midi d'été, il se tenait à quatre pattes dans le jardin, un bidon de poison à la main, quand elle sortit de la maison pour assister, c'est du moins ce qu'il présuma, à sa sempiternelle bataille contre les escargots. Elle resta là près de dix minutes sans mot dire, tripotant fébrilement son collier. Puis, soudain, elle s'écria d'une voix qu'il ne lui avait jamais entendue auparavant :

— Tout ce qu'on dit sur toi est vrai !

Mr. Bridge se redressa brusquement et, interloqué, dévisagea sa femme. Il pensa qu'elle avait perdu la tête. Son visage était pâle. Elle respirait bruyamment. De toute évidence, quelque chose l'exaspérait.

— Walter, poursuivit-elle en faisant un effort visible pour se contrôler, j'exige le divorce, tout de suite. Sans plus attendre. Tu entends ?

Avant même qu'il pût répondre, elle tourna les talons et se précipita dans la maison.

Il reposa soigneusement le poison afin d'éviter qu'il ne se renverse et n'attaque les pousses d'herbe. Puis il se releva, frotta son pantalon et la suivit à l'intérieur. Elle était montée et s'était enfermée dans sa chambre. Il frappa à la porte, mais, n'obtenant pas de réponse, il redescendit à la cuisine et ouvrit une bouteille de bière. Après toutes ces années de vie conjugale, elle avait été prise d'une crise de folie furieuse. Il s'assit à la table de la cuisine pour boire sa bière et réfléchir à l'attitude qu'il convenait d'adopter, lorsqu'il l'aperçut qui se tenait dans l'office, l'observant d'un œil torve.

— J'en étais sûre ! siffla-t-elle d'une voix sourde. Je ne suis rien pour toi. Regarde-toi, mais… regarde-toi ! Monsieur boit sa bière !

— Pour l'amour de Dieu, India, dit-il. Cesse ce manège ridicule. Tu sais pertinemment que je tiens à toi.

— Je ne m'attends pas à ce que tu comprennes. Tu n'as jamais rien compris. Lois me disait l'autre jour qu'elle n'avait jamais vu un homme autant absorbé par ses petites affaires. La plupart du temps, tu ne sais même pas si j'existe.

— Mais enfin, c'est faux. C'est absolument faux !

— Je t'en prie, ne t'arrête pas pour moi, fit-elle en le voyant jeter un regard vers sa bière, dont la mousse débordait voluptueusement du verre. Ne te prive surtout pas. Pour rien au monde je ne voudrais gâcher ton plaisir. Nous pourrons parler du divorce lorsque tu auras fini de te détendre. Je peux bien attendre, cela n'a aucune espèce d'importance. J'ai passé ma vie entière à te servir, toi et tes enfants. Personne ne s'en est jamais rendu compte, mais quelle importance ? Je sais bien que tu m'as rayée de ta vie.

Il tapota la chaise près de la sienne.

— Viens donc t'asseoir, India.

— Merci, mais je préfère rester debout. L'autre jour, Lois m'a lu mon horoscope. Il disait : *Votre destinée sentimentale est d'apporter au monde le courage, la force, la vérité et la tolérance. Donnez libre cours à votre nature aimante et idéaliste, sans craintes, mais avec discernement, afin de vous assurer non seulement l'amour des autres mais également leur respect.* Cela ne signifie rien pour toi, tu es tellement absorbé par tes petites affaires. Le bureau, le bureau, le bureau et encore le bureau ! Oh, je ne te reproche rien, Walter, tu es ainsi fait. Quelle différence cela peut-il bien faire si nous te voyons uniquement aux repas ? Nous pouvons nous passer de toi.

Cependant, elle vint quand même s'asseoir près de lui et, lorsqu'il passa son bras autour de son épaule, elle ne le repoussa pas.

Elle n'expliqua jamais quelle maladresse il avait bien pu commettre et, après avoir longtemps réfléchi à cette incompréhensible crise d'hystérie, il décida que le mieux était encore de faire comme si rien ne s'était passé.

23. *Appelez-moi Avrum*

— Ne seriez-vous pas Mr. Bridge ?

Quelqu'un avait bondi de la porte d'un immeuble. C'était un Juif, trapu, chauve, vêtu d'un coûteux complet bleu à fines rayures, un parapluie sous le bras. Mr. Bridge s'arrêta et le toisa d'un regard suspicieux. Le costume se voulait de bon goût, cela se sentait au premier coup d'œil. Il tenait, assez ostensiblement, un exemplaire du *Wall Street Journal*. Un diamant scintillait à son petit doigt potelé, rose et manucuré. Le regard de Mr. Bridge revint vers le parapluie. Rien ne justifiait le parapluie. Le soleil brillait et aucune pluie n'avait été annoncée. Cet homme était louche. Quelle que soit sa branche d'activité, sa réussite n'était que superficielle et cette activité, probablement marginale. Il avait tout d'un aigrefin. Ce pouvait être un affairiste au service d'un lobby quelconque, ou un grossiste en alcools des bas quartiers au nord de la ville. Ou encore, un ostéopathe ou un dentiste véreux. En tout cas, ce n'était ni un dirigeant de société ni un honorable homme d'affaires. Quel que soit son métier, il fallait s'en méfier. C'était un malin, un opportuniste. Il était répugnant. En aucun cas il ne fallait lui faire confiance, quoi qu'il fasse, dise ou suggère. Il avait soudain surgi de nulle part, en quête de quelque chose, comme tous les hommes de sa classe. Il se croyait raffiné et pensait pouvoir se délester de ses signes ataviques avec la même légèreté dont il avait fait preuve en jaillissant hors de l'immeuble, alors qu'en fait tout en lui, tout ce qu'il portait sur lui ou avec lui, comme chacune de ses manières, trahissait sa véritable nature, ses origines et ses valeurs. Son comportement et son éducation, il se les était appropriés, comme on ramasse de la menue monnaie tombée sur un trottoir. Cet homme n'avait jamais mis les pieds à l'intérieur d'une université, ses parents n'en ayant pas les moyens, et il n'avait jamais pu l'oublier, ni même pardonner à ses parents leur pauvreté. Peut-être avait-il bien gagné sa vie. Mais, quel que soit le nombre de diamants qu'il ait pu glaner ici ou là, ce n'était pas un nouveau riche. L'idéal de cet homme était de surpasser les parvenus.

Par conséquent, sans l'ombre d'un sourire, Mr. Bridge l'inspecta des pieds à la tête.

La voix mielleuse enchaîna :

— Mon nom est Rheingold, Mr. Bridge. Avrum Rheingold.

Il lui présentait sa carte. Mimm, Zack & Rheingold : courtiers en valeurs mobilières. Puis il lui tendit la main.

Mr. Bridge était sur le point de lui rendre sa carte et de décliner la main offerte, mais Avrum Rheingold avait l'esprit vif.

— Nous avons une connaissance commune, Mr. Bridge, le docteur Alexis Sauer, ce grand psychiatre. Fais-je erreur en présumant que vous êtes, en ce moment même, sur le point de le retrouver pour déjeuner à l'hôtel Muehlebach ?

Par politesse, Mr. Bridge glissa la carte dans sa poche. Puis, comme la main était toujours là en suspens, tel un objet apparaissant dans un rêve, il l'accepta également. Avant même de la toucher, il avait deviné qu'elle serait moite et molle. Elle s'enroula affectueusement autour de la sienne et il put difficilement contenir un frisson. Il pensa tout à coup que serrer une langue de vache devait produire la même sensation, et il dut réprimer un nouveau haut-le-cœur. Elle semblait presque le lécher. Il écouta le courtier louer Alex Sauer dans les termes les plus dithyrambiques. Ces flatteries n'étaient pas supportables. Lorsqu'il retira sa main, celle-ci se détacha en collant. Il eut envie de la laver sur-le-champ. Il la sentait poisseuse et souillée, comme si, en l'espace de ces quelques instants, elle avait été contaminée.

— Vous ne pourriez imaginer tout ce que cet homme a fait pour ma femme, Mr. Bridge. Si je vous le racontais, vous n'en croiriez pas un mot, et pourtant, je vous dis la vérité. Cet homme est un génie, un homme merveilleux. Il fait des miracles. Ma femme n'est plus la même. Quel talent ! C'est pour moi un honneur insigne que de pouvoir le conseiller en matière financière.

Mr. Bridge lança un bref coup d'œil à sa montre.

— Je sais combien vous êtes occupé, renchérit Avrum Rheingold. Pour un homme tel que vous, chaque minute a une valeur inestimable. Mais je n'ai pu résister à l'occasion de vous serrer la main. Lorsque l'on m'a indiqué qui vous étiez, Mr. Bridge, je vous ai remarqué tout de suite. Tout le monde vous remarque. Comment en serait-il autrement ? Même dans une foule, vous êtes la première personne que l'on remarque. Et pourquoi cela ? Parce que vous possédez un don, Mr. Bridge. Un don des dieux que vous cultivez par votre travail. Cela saute aux yeux. Vous êtes un être d'exception, tout comme votre grand ami, le docteur Sauer. Je vous ai observés tous les deux lorsque vous étiez ensemble et, au fond de moi-même, je me suis dit : « Eh bien, Avrum, voilà un beau spectacle que tu ne verras pas souvent : un grand esprit juridique côtoyant un grand psychiatre ! » Je n'hésite pas à vous le dire, car ce n'est un secret pour personne. Mais je vous retarde. Je sais combien de temps précieux un homme tel que vous parvient à puiser de chaque instant. C'est une grande chance pour moi d'avoir pu faire votre connaissance. Je vous en prie, appelez-moi Avrum. Il est midi et vous êtes en route vers l'hôtel Muehlebach. Oserais-je vous demander un petit service ? Ayez la bonté de transmettre mes respects au docteur Sauer, l'homme qui a sauvé ma femme. Ah, quel talent ! Croyez-moi, si vous aviez vu ma femme il y a seulement deux ans !

Mr. Bridge acquiesça d'un signe de tête, se demandant si cette odeur douceâtre émanait de Rheingold ou provenait de la rue.

— Au revoir, au revoir !

Il tira presque une révérence.

Mr. Bridge reprit sa route vers le Muehlebach. Il n'y avait décidément rien d'attirant chez ce Rheingold. Après avoir descendu les marches menant à la rôtisserie, il alla se laver les mains avant d'entrer dans la salle du restaurant.

Alex Sauer était à table avec Simon Lutweiler, Russel Arlen et un ami de ce dernier. Sauer, manifestement arrivé en avance, devait être pressé, car il avait déjà commencé à manger.

— Alex… J'ai été arrêté dans la rue par un de tes fervents admirateurs. Une personne du nom de Rheingold.

Le grand psychiatre était en train de mordre dans une cuisse de dinde. Il s'interrompit et, essuyant la graisse qui lui coulait le long du menton, il s'exclama :

— Ha ha !

Mais ce fut tout, et Mr. Bridge dut garder pour lui son opinion sur l'homme en question.

24. *Eastman Kodak*

Un lundi matin, suivant les conseils de son courtier qui était un homme d'une autre trempe, Mr. Bridge augmenta son portefeuille en acquérant vingt actions d'Eastman Kodak. Il avait, auparavant, passé un temps considérable à lire les dernières statistiques relatives au potentiel, au rendement, à la fiabilité, aux ventes et au chiffre d'affaires de ladite société. Elle n'était pas née d'hier et versait des dividendes chaque année depuis 1902. Il en avait conclu que, nonobstant la nature presque frivole de sa marchandise, Eastman Kodak était là pour durer.

Son nouvel investissement occupa ses pensées pendant la majeure partie de la journée et, en sortant de son cabinet, il s'arrêta devant un kiosque à journaux pour acheter l'édition du soir. Il chercha la page des cotations et demeura interdit en constatant que E.K. avait perdu cinq points. Que le marché fluctuât, il fallait s'y attendre, mais une telle chute n'était pas normale. Il pensa d'abord qu'on l'avait escroqué, mais Eastman était une maison respectable et son courtier était un homme d'honneur consciencieux, avec lequel il traitait depuis quinze ans. Il était donc peu vraisemblable que l'on ait voulu le manipuler. Pourtant la déplaisante réalité était là, écrite noir sur blanc : moins cinq points. Eastman n'avait ni pris ni perdu cinq dollars en une seule journée depuis des lustres. On aurait dit qu'elle avait attendu qu'il achète pour que les cours tombent.

Les sourcils froncés, le *Star* plié et fourré dans une poche de son imperméable, il tira sur ses gants, rajusta son chapeau, ramassa sa serviette et se dirigea vers le garage. Il avait travaillé tard. Julia était déjà rentrée chez elle depuis deux heures. À présent, les rues étaient sombres et balayées par un vent humide. C'était une nuit à vous donner le bourdon, et il avait hâte de retrouver la chaleur de son foyer.

Au moment où il tournait au coin de la rue, une voix derrière lui cria :

— Les mains en l'air !

Mr. Bridge continua d'avancer sans croire ce qu'il venait d'entendre. Soit il avait mal compris, soit, si vraiment on venait de lui ordonner de lever les bras, ce ne pouvait être qu'un canular.

L'ordre fut réitéré, suivi d'un bruit de pas.

Mr. Bridge s'arrêta et se retourna. Un homme, mal rasé, les yeux injectés de sang, avançait vers lui, une main enfoncée dans la fente de son trench-coat râpé.

— Mais enfin, que voulez-vous ? dit Mr. Bridge sur un ton impatient.

— Donne ton fric, lâcha l'homme d'une voix rauque en faisant un geste menaçant.

— Ne soyez donc pas ridicule ! répondit Mr. Bridge avant de s'éloigner.

Au volant de sa voiture, Mr. Bridge réfléchit à l'incident. De toute évidence, il s'agissait d'un véritable agresseur. Il aurait très bien pu dissimuler un revolver dans sa poche et être suffisamment désespéré pour l'utiliser. Pourtant, il ne parvenait pas à s'en alarmer, pas plus qu'il n'avait été inquiet sur le moment. Tout ce qu'il ressentait, c'était une sorte d'exaspération. Cet homme était d'une arrogance inouïe. S'il n'avait pas d'argent, il n'avait qu'à se trouver un travail, comme tout le monde.

25. *Kansas City Power & Light*

Tels des canards de bois défilant dans un stand de tir, les années se suivaient, puis disparaissaient, et il semblait à Mr. Bridge qu'à peine avait-il eu le temps de mettre en joue, il était déjà trop tard. À présent, une autre année touchait à sa fin. Toutefois, elle avait été bonne. Il n'en était pas mécontent. Il avait travaillé dur, plus dur que la plupart des hommes, mais ses efforts étaient payés de retour. Il avait gagné plus qu'il ne fallait, beaucoup plus. Mais, meilleur encore était le bonheur qu'il percevait autour de lui. Sa femme lui paraissait heureuse et les enfants de même, et les voir ainsi lui réchauffait le cœur.

La veille de Noël, il resta éveillé dans son lit jusqu'à être sûr que toute la maison était endormie. Puis il se glissa hors des draps, enfila son peignoir et ses pantoufles et se rendit dans son bureau. Après avoir refermé la porte, il alluma la lampe de son secrétaire et fit glisser la fermeture Éclair de sa serviette. Dans une grande pochette en papier bulle se trouvaient les cadeaux de Noël. Il les plia, les glissa dans des enveloppes oblongues et en adressa une à sa femme, une à chacun des enfants et une à Harriet. Au dos de chaque enveloppe, il écrivit : « De la part du père Noël ». Ensuite, il éteignit la lampe et descendit au salon. Le sapin touffu et les paquets multicolores baignaient dans la lumière paisible du clair de lune, par les fenêtres donnant sur l'est. Il contempla ce tableau et en fut réjoui. Il s'approcha de l'arbre de Noël, sortit cinq trombones de la poche de son peignoir, accrocha les enveloppes aux branches de l'arbre puis retourna se coucher.

Le lendemain matin, après le petit déjeuner, la famille se rassembla au salon pour ouvrir les cadeaux. Les enveloppes demeurèrent un certain temps inaperçues, pendant à l'arbre au beau milieu des sucres d'orge à la menthe, des guirlandes et des décorations rutilantes. Puis, soudain, Carolyn les découvrit. Elle vit que l'une d'elles portait son nom et la déchira. Elle déplia le certificat avec voracité, sans savoir exactement ce dont il s'agissait, mais sentant que cela avait de la valeur.

— Ô Seigneur ! Doux Jésus ! s'exclama Mrs. Bridge lorsqu'elle eut ouvert la sienne. Mais c'est vraiment Noël !

Douglas examinait son certificat d'un œil dubitatif.

— Ce sont dix actions de Kansas City Power & Light, lui précisa Ruth. Merci, papa.

— De rien, répondit-il en riant. Mais il me semble que c'est plutôt le père Noël qu'il faut remercier.

— Mais c'est vrai ! dit Mrs. Bridge, leur désignant du doigt le dos de l'enveloppe. Eh bien, merci, père Noël.

— Merci, dit Carolyn.

Elle dévorait chaque ligne de son certificat.

— Ouais, merci, fit Douglas.

Son gant de base-ball et sa batte de hockey lui en imposaient davantage.

— Ne les perdez pas, leur dit Mr. Bridge, agitant son index en feignant d'être fâché. Ils valent une petite fortune. Je vous les conserverai dans mon coffre.

— Oh oui, tu veux bien ? dit Mrs. Bridge en lui tendant son certificat.

Ruth fit de même.

Douglas haussa les épaules et rendit celui qu'il avait reçu.

— Je veux garder le mien, dit Carolyn.

— À ton aise. C'est ton droit, répondit-il. Mais si tu le perds, il nous faudra affronter une montagne de paperasse avant que l'on nous en délivre un autre.

— Bon, alors d'accord, dit-elle après avoir dûment réfléchi.

— Je tiens absolument à vous remercier, dit Harriet.

— Je vous en prie, Harriet, répondit-il. Voudriez-vous que je garde aussi le vôtre, ou pourrez-vous vous en charger ?

— Eh bien, si ce n'est pas trop vous demander, je vous serais reconnaissante de garder le mien aussi.

— Avec plaisir, dit-il en tendant la main. Sitôt que vous le voudrez, faites-le-moi savoir.

Tandis qu'on ouvrait les derniers paquets, il resta assis, tenant fermement les certificats des deux mains. Il craignait qu'ils ne soient égarés et qu'ils ne finissent dans la cheminée avec le papier d'emballage et les boîtes vides lorsque la pièce serait nettoyée. Quelques minutes plus tard, il les remonta dans son bureau, les remit dans la pochette en papier bulle, replaça celle-ci dans la mallette et referma la fermeture Éclair.

26. *Le chapeau en papier*

Les Montgomery organisaient une soirée pour le réveillon du jour de l'An. Mr. Bridge ne voulait pas y aller. Il n'aimait pas ce genre de festivités. Après avoir passé tout l'après-midi à écouter des retransmissions radiophoniques de matchs de football, son seul désir était de passer la soirée au lit à compulser des brochures touristiques et à lire le roman policier qu'il avait reçu pour Noël. Néanmoins, ils n'avaient guère le choix : ils avaient déjà décliné une invitation des Montgomery et, cette fois-ci, ces derniers avaient envoyé leur carton si longtemps à l'avance qu'il eût été embarrassant de refuser.

La soirée se déroula exactement comme il l'avait craint. Peu avant minuit, le maître d'hôtel éventra des boîtes pleines de confettis, de serpentins, de chapeaux en papier, de crécelles, de sifflets et autres instruments sonores. Mr. Bridge se glissa derrière le piano et sirota sa coupe de champagne en espérant se faire oublier jusqu'à ce que le pire soit passé ; mais sa femme le débusqua.

— Allons, ne fais pas ton rabat-joie ! s'écria-t-elle gaiement. Ce soir, tu vas te mettre un chapeau sur la tête et t'amuser.

— Il est hors de question que je porte une de ces choses, dit-il. Jamais de la vie.

— Nous avons tous l'air idiot, répondit-elle en ajustant celui, vert mentholé et rouge, qu'elle s'était choisi. Mais tout le monde joue le jeu.

— Je ne suis pas tout le monde ! lança-t-il.

— Certes, dit-elle. Mais ne pourrais-tu pas faire une exception pour le réveillon ?

— Non, répondit Mr. Bridge.

27. *Un peu de craie violette...*

Si Carolyn s'avérait être la plus intelligente des trois enfants, Douglas, en grandissant, promettait d'être le plus opiniâtre. Il était aussi difficile de le convaincre qu'aisé de le faire obéir. Il y avait, dans le tréfonds de son âme, une sorte d'esprit rétif qui ne se laissait ni sonder ni amadouer. Sur le point d'être puni, il se défendait, mollement, pour ensuite accepter la sentence sans commentaires, mais ne laissant planer aucun doute sur le fait qu'il s'estimait invaincu. Toute tentative de châtiment échouait car, soit il savait avoir mal agi, auquel cas la punition devenait inutile et par là même dérisoire, soit il demeurait convaincu qu'il avait été traité injustement. Ni sa mère ni son père ne savaient comment réagir, mais tous deux prenaient conscience d'une chose : il poussait sous leurs yeux une drôle de plante.

— Mais qu'as-tu donc mis sur tes mains ? lui demanda sa mère.

Douglas examina le dos de ses mains, qui étaient marbrées de traces violacées, comme s'il ne remarquait rien d'inhabituel. Il répondit que c'était de la craie de couleur.

— De la craie ! s'exclama-t-elle. Mon jeune ami, si tu crois un instant que tu vas t'asseoir à cette table sans t'être lavé les mains, tu ne sais pas à quoi tu t'exposes. Ouste ! File à la cuisine.

— Fais-moi voir ces mains, lui dit son père.

Docilement, Douglas fit le tour de la table. Mr. Bridge prit les mains de son fils dans les siennes et regarda de près les curieuses marques. Il retourna les mains et en examina les paumes. Elles étaient propres.

— Comment t'es-tu fait cela ? demanda-t-il.

Douglas répondit que ces marques de craie étaient apparues pendant le cours de géographie, mais sans fournir plus d'explications.

— Mais encore ?

— Quoi encore ?

— Comment t'es-tu fait ces marques ?

Après un long silence, Douglas répondit :

— Avec une règle.

— Continue.

— Pfft ! fit Douglas en levant les yeux au ciel. C'est rien qu'un peu de craie violette. Y a pas de quoi en faire un drame. C'est Miss Breuhauff. Elle a piqué sa crise et m'a flanqué des coups avec sa règle. Il devait y avoir un peu de craie violette dessus, voilà.

— Tu veux dire, questionna sa mère, l'air scandalisé, qu'elle t'a frappé avec une règle ?

— Ne vous en faites pas, il l'avait bien cherché, précisa Carolyn.

— T'en sais quelque chose, rétorqua Douglas. Quand t'étais dans sa classe, t'as dû en voir d'autres.

Mr. Bridge continuait d'examiner les mains de son fils. La peau n'avait pas été déchirée.

— Cela lui arrive-t-il souvent ?

— Bien sûr. Elle adore corriger les mômes. Elle en a toujours un dans le collimateur. La semaine dernière, elle s'en est prise à Rodney Vandermeer. Quand elle pique sa crise, ça barde.

— Est-ce que tu as mal ?

— Pas trop. Elles étaient tout enflées à la récréation, mais maintenant, ça va.

— Je n'arrive pas à le croire, dit Mrs. Bridge. Quelqu'un devrait intervenir.

— Ne dites rien, répondit Douglas d'un air résigné. Elle se vengerait sur nous. Elle a un grain.

— Pourquoi l'as-tu provoquée ? lui demanda son père.

— Mais, j'ai rien fait !

— Il a craché des boulettes de papier sur les autres, glissa Carolyn.

Douglas prit un ton railleur.

— Qu'est-ce que t'en sais, tu y étais ?

— Non, mais je connais quelqu'un qui y était…

— Cela suffit, vous deux, intervint Mrs. Bridge. Corky, finis ta salade.

— Alors ? demanda Douglas, je me les lave, ces mains ?

— Oui, oui, vas-y, dit Mr. Bridge.

Puis il affûta le couteau à viande, l'air songeur. Carolyn devait avoir raison, Douglas avait sans doute fait quelque chose pour mériter d'être puni. Mais l'idée d'un professeur à la main trop leste ne lui plaisait pas.

Plus tard dans la soirée, il s'arrêta dans la chambre de son fils pour essayer d'en savoir plus.

Douglas, qui avait présumé que l'incident était clos, subit l'interrogatoire de son père avec une profonde lassitude. Il reconnut avoir cherché son professeur et il ne semblait pas trouver que son châtiment avait été injuste, Oui, admit-il, il avait eu mal pendant qu'elle le battait. Puis il ajouta :

— Comme elle a cru que j'allais essayer d'enlever mes mains, elle me les a empoignées, mais moi, je l'ai laissée faire tout ce qu'elle voulait. Ça l'a énervée encore plus. J'ai cru qu'elle allait avoir une attaque. Elle n'arrêtait pas de me demander si je regrettais. C'est ce qu'elle demande toujours aux mômes quand elle leur tape dessus.

— T'es-tu excusé ?

Douglas se mit à rire.

— Alors ça, certainement pas !

— Pourquoi pas ?

— Parce qu'elle attendait que ça.

— Que lui as-tu dit ?

— Rien du tout.

— Où cela a-t-il eu lieu ?

— Sur l'estrade.

— Devant les autres enfants ?

— Les filles, elle les emmène généralement aux vestiaires, mais elle aime bien faire ça aux garçons devant tout le monde.

Après une pause méditative, il poursuivit :

— Je ne crois pas qu'elle le refera avec moi.

— Pourquoi dis-tu cela ?

Douglas sembla se creuser la tête pour trouver une réponse, mais, les mots ne lui venant pas, il répondit finalement :

— Comme ça…

Mr. Bridge était resté assis sur le bord du lit, les bras croisés. Il se leva, dit bonsoir à son fils et redescendit au rez-de-chaussée. Le comportement du professeur ne l'inquiétait plus outre mesure, car la résistance passive de Douglas l'avait presque réduite en miettes. Elle n'avait très probablement jamais rencontré auparavant un enfant dont la volonté dépassât la sienne. Elle ne serait vraisemblablement plus jamais la même. Au moment même où elle le battait, elle avait dû soudain se rendre compte qu'elle s'était mise en position d'infériorité, et, sachant que l'enfant en était conscient, elle devait avoir passé un très mauvais moment.

Quant aux effets de son châtiment sur Douglas, Mr. Bridge n'était pas certain de leur efficacité. Il soupçonnait que Douglas avait été, lui aussi, affecté par sa volée, mais ce n'était pas nécessairement un mal. Pendant qu'il décrivait à son père ce qui était arrivé, ce dernier avait perçu chez l'enfant cette étrange qualité, qui rappelait le bois, à la fois dur et élastique, du frêne. Cette qualité pourrait lui être utile lorsqu'il serait grand et cette femme n'avait fait que la renforcer. De toute manière, il ne lui en restait pas de séquelles. Tel un jeune Troyen, il avait exhibé ses plaies en public. Aurait-il été seul, il ne se serait probablement pas lavé les mains pendant une semaine.

28. *La lippe boudeuse*

Chaque fois qu'il repensait à la confrontation entre son fils et le professeur, un léger sourire éclairait son visage, et il se disait que Douglas tenait beaucoup de lui. Cela, plus que toute autre chose, l'assurait qu'il avait bien un fils. Plus que la ressemblance physique, ce corps dégingandé, ce visage osseux anglo-saxon et cette tignasse aux reflets roux, car aucun de ces signes irréfutables ne parvenait à le convaincre aussi profondément que certains traits de caractère qu'il reconnaissait comme étant également les siens. Et de tous ces signes, le plus manifeste était cette obstination despotique qui ne pouvait concevoir la reddition, quel qu'en fût le prix. Il se savait ainsi. Et de l'observer chez son fils le faisait sourire.

29. *Les barbares*

Rodney Vandermeer et Douglas furent renvoyés de l'école pour deux jours. Sans que l'on puisse s'expliquer pourquoi, ils avaient été saisis d'un brusque accès de folie. Ils avaient commencé par se ruer dans le vestiaire des filles au gymnase, hurlant et terrorisant les petites. Ils furent convoqués dans le bureau du proviseur et, sévèrement réprimandés, prirent un air contrit. Après quoi, à l'heure du déjeuner, ils dénichèrent une boîte de badges datant de la dernière campagne électorale de Franklin D. Roosevelt, et, après avoir ouvert les broches, ils en parsemèrent les chaises de la salle de classe. Ils furent de nouveau conduits devant le proviseur, qui convoqua leurs mères pour un entretien. À peine relaxés, ils coururent derrière le bâtiment et urinèrent contre le mur, sous les yeux du policier qui se tenait au coin de la rue.

Mrs. Bridge était atterrée. Mr. Bridge l'écouta en silence lui raconter ce qui était arrivé dans les moindres détails. Lui non plus ne parvenait pas à comprendre. Il déclara qu'il allait avoir une conversation avec son fils.

On amena Douglas dans le bureau, mais celui-ci ne put expliquer son geste. Il marmonna, se gratta la nuque, tripota son appareil dentaire, examina le stylo qu'il calait sur son oreille, frotta ses chaussures l'une contre l'autre et ne trouva aucune justification. Il ne parvint pas même à se souvenir qui était l'instigateur du raid sur le vestiaire des filles, ni même lequel des deux avait, le premier, pensé aux badges. C'était juste une envie qui les avait pris soudainement, rien de plus.

La question des broches était grave. Leurs deux autres agissements étaient idiots et de mauvais goût, mais si l'un des enfants s'était assis sur une des épingles à nourrice, cela aurait pu leur attirer de sérieux ennuis.

— Quelqu'un aurait pu se faire très mal, accusa Mr. Bridge. N'y avez-vous pas réfléchi ?

— On n'en a mis que sur les chaises des filles, répondit Douglas.

Et soudain un lien se dessina entre les différents outrages. En fin de compte, ce n'était pas incompréhensible, mais simplement un peu bizarre.

30. *Les couvercles*

Selon Douglas, l'on pouvait échanger un certain nombre de choses qui en valaient la peine contre des couvercles de boîtes de céréales. Ainsi, dans le dernier tiroir du bureau de sa chambre, là où il conservait ses trésors, aux côtés d'une fusée de feu d'artifice qui lui restait de la dernière fête de l'Indépendance, d'une boîte de clous, d'un ballon de basket-ball dégonflé, d'une tirelire en bronze en forme de livre avec une couverture en similicuir et autres articles de premier choix, dans ce dernier tiroir, donc, il cachait ses couvercles en carton. De temps en temps, lorsqu'il en avait amassé une quantité suffisante, il les envoyait à la compagnie par la poste et, une dizaine de jours plus tard, il recevait un cadeau. Il avait déjà reçu : une maquette de planeur en balsa qu'il avait assemblée, mais au cours de son vol inaugural, celui-ci s'était niché en haut d'un chêne où il demeura perché pendant plusieurs mois ; un ocarina jaune moutarde, baptisé « patate douce », sur lequel il jouait des mélodies méconnaissables ; un pistolet à bouchon, copie conforme de celui de Tom Mix, avec son étui d'un rouge criard, mais, ayant égaré le pistolet, il ne lui restait donc plus que l'étui ; une paire d'éperons en aluminium qui raclaient le sol chaque fois qu'il les attachait à ses chaussures de sport ; un lasso en crin de cheval ; une canne à pêche dont la ligne était à présent inextricablement emmêlée ; une pompe à vélo qui fuyait et une reproduction de *La Dernière Bataille du général Custer*. Il convoitait plusieurs autres cadeaux. Il mourait d'envie d'avoir une sarbacane avec six fléchettes, un modèle réduit de la

Bluebird[1] de sir Malcolm Campbell fonctionnant sur piles, un périscope, un encensoir et, par-dessus tout, un casque d'aviateur bordé de fourrure et accompagné de lunettes teintées.

Bien qu'il fût le seul membre de la famille à collectionner ces couvercles, il lui fallait du temps avant d'obtenir un cadeau. Il avait bien réfléchi à la question, et considéré que chaque maison comptait au moins un consommateur de céréales, ce qui laissait supposer que des centaines de couvercles partaient à la décharge. Si seulement il pouvait récupérer ces couvercles, il pourrait alors commander la plupart des cadeaux du catalogue. Le problème était de savoir comment. Il pensa tout d'abord faire du porte à porte et demander. Mais sonner chez des inconnus et devoir expliquer à chacun d'eux ce qu'il cherchait était embarrassant. Finalement, il décida de suivre les éboueurs qui passaient tous les quinze jours.

Il n'en parla pas à ses amis Tipton et Vandermeer, car ils auraient pu le prendre de vitesse et lui voler son idée. Il n'avait aucune raison, non plus, d'en parler chez lui, ni à ses parents, ni à ses sœurs, ni à Harriet. Si son père et sa mère l'apprenaient, il pouvait s'attirer des ennuis. Non pas qu'il pensât que quelque chose clochait dans son plan, mais, par simple mesure de prudence, il opta pour le silence.

Un samedi matin sur deux, son petit déjeuner à peine avalé, il sortait par la porte de la cuisine, sautait par-dessus la haie et s'éloignait en petite foulée sans dire à personne où il allait. Il prenait

1. Bluebird : célèbre bolide avec lequel Malcolm Campbell battit plusieurs records mondiaux de vitesse dans les années 1930. (*Toutes les notes sont du traducteur.*)

le raccourci par le terrain vague, escaladait la grille derrière la maison des Edison, dévalait leur allée, traversait Stratford Road et, au coin de la Fifty-Ninth Street, s'accroupissait au pied de l'un de ses poteaux téléphoniques favoris pour attendre le passage de la benne à ordures.

Il rentrait à temps pour le déjeuner, ses poches pleines à craquer.

Au début, il se sentait un peu mal à l'aise en suivant le camion à travers le quartier. Mais, après plusieurs voyages, il vit que les éboueurs l'acceptaient. Plus tard, il apprit leurs noms : Vince, Steve et Dom. Des trois, c'était Dom le plus amical. Ils échangeaient parfois quelques mots et Dom l'appelait « gamin ». C'était aussi le plus assoiffé. Il s'arrêtait souvent à un robinet devant une maison pour boire dans ses mains en coupe. Ensuite, il se mouchait souvent en pressant son pouce contre sa narine, puis s'essuyait les doigts sur son pantalon avant de se remettre au travail. Douglas était très impressionné par la manière dont l'éboueur se mouchait et il essaya plusieurs fois de l'imiter alors que personne ne l'observait ; mais il dut finalement renoncer et continua d'utiliser un mouchoir.

Un matin d'avril, alors que le camion s'arrêtait devant sa propre maison, il pensa qu'il devait être temps pour Dom de se désaltérer. Il lui demanda s'il avait soif. Il expliqua que c'était ici chez lui et proposa d'aller lui chercher un verre d'eau glacée à la cuisine. L'éboueur lui répondit qu'il pouvait se contenter de boire au robinet du jardin. Douglas insista et l'assura que cela ne posait aucun problème. Il alla dans la cuisine et ouvrit le réfrigérateur. Harriet, tout en roulant sa pâte à tarte, le regarda d'un air soupçonneux. Douglas la rassura en lui disant qu'il n'était pas en quête de quelque chose à manger, qu'il n'avait pas l'intention de se gâcher l'appétit avant le déjeuner et qu'il venait simplement prendre un verre d'eau glacée pour l'éboueur.

— Il n'a qu'à boire au tuyau d'arrosage, répondit Harriet.

L'éboueur, qui attendait juste derrière la moustiquaire, l'entendit et, ne sachant pas avec certitude qui, de la cuisinière ou du petit garçon, avait le plus d'autorité dans la maison, commença à s'éloigner furtivement. Douglas, voyant qu'il était sur le point de s'en aller, lui dit d'attendre. Dom s'arrêta, les mains sur les hanches, prêt à prendre l'une ou l'autre direction.

— Oh, bon, d'accord, fit Harriet. Pousse-toi, que je te trouve un verre.

Elle essuya la farine sur ses mains, ouvrit un placard et en extirpa un pot de confiture vide.

— Cherche-lui-en un vrai, dit Douglas.

— Celui-ci fera l'affaire, répondit-elle. Donne-moi ces glaçons.

Elle saisit le bac et le tint sous l'eau chaude jusqu'à ce que plusieurs glaçons tombent dans l'évier.

— Je peux le faire, dit Douglas.

Harriet fit la sourde oreille. Elle versa quelques glaçons dans le verre, le remplit d'eau froide et le lui tendit. Douglas était gêné, car il voyait bien qu'elle manquait de respect envers son ami.

— Rentre, Dom, dit-il.

L'éboueur ne bougea pas.

— Apporte-le-moi dehors, gamin, répondit-il.

— Mais rentre, voyons, répéta Douglas. Je suis chez moi, ici.

L'éboueur ouvrit prestement la porte et se glissa à l'intérieur. Douglas lui tendit le verre et il commença à boire, s'arrêtant après plusieurs gorgées pour s'essuyer les lèvres sur sa manche.

Au même instant, Mr. Bridge entra dans la cuisine. En une fraction de seconde, il interpréta la scène : un inconnu, appartenant à la classe ouvrière, tenant un verre d'eau, Douglas et Harriet. La seule chose qu'il ne saisit pas au cours de ce premier instant fut ce que cet homme faisait dans la maison. Mais il sentit que la situation était sans danger. Ce n'était pas un vagabond, il avait un emploi quelconque. Tout allait bien. Néanmoins, il était étrange que cet homme se fût introduit dans la maison.

— Bonjour, dit Mr. Bridge sans la moindre hésitation et sans changer l'expression de son visage.

Il était venu dans la cuisine pour voir s'il restait un peu de moutarde française, qu'il aimait particulièrement. Sa femme lui avait annoncé qu'ils allaient bientôt en manquer et il était venu vérifier par lui-même ce qu'il en était. Il descendit la boîte de moutarde française en poudre de l'étagère où l'on rangeait les épices, fit sauter le couvercle avec un couteau et scruta l'intérieur de la boîte. Puis il replaça le couvercle, remit la moutarde en place sur l'étagère et sortit de la cuisine.

Tant qu'il fut dans la pièce, personne ne bougea ni n'ouvrit la bouche.

31. *La fille du jardinier*

Depuis un jour ou deux, il sentait que sa femme était préoccupée, et il attendait. Lorsqu'elle serait prête, elle lui raconterait de quoi il s'agissait, ce qu'elle fit. Un soir, pendant qu'ils se déshabillaient, elle lui dit :

— Walter, tu sais à quel point je déteste t'ennuyer avec ce genre de choses, mais je crains d'avoir besoin de tes conseils. Il s'agit d'Alice Jones.

— Alice Jones ? demanda-t-il. Qui est Alice Jones ?

— Tu sais bien, c'est cette enfant de couleur qui était toujours dans les parages pendant les week-ends. La fille du jardinier, Jones, celui qui travaille chez les voisins. Lorsqu'elles étaient petites, Carolyn et elle s'entendaient très bien. À présent, elles ont pris chacune une route différente, mais elle était ici la semaine dernière et il semblerait qu'elle ait invité Carolyn à une fête. Le problème est que je ne suis pas sûre d'avoir bien fait. J'ai dit à Carolyn que cela ne me paraissait pas être une très bonne idée. Sincèrement, je ne savais pas quoi faire et, depuis, cela me trotte dans la tête. Alice est une enfant si charmante.

Il inspectait la semelle de ses chaussures pour voir s'il convenait d'en changer. Il continua de les retourner dans ses mains et demanda :

— Quelle sorte de fête ?

— Je n'en ai pas la moindre idée. Elles discutaient sous le porche, puis Carolyn est entrée dans la chambre pendant que je faisais ma couture pour me demander la permission d'y aller. Je suppose que je pourrais l'y conduire et venir la reprendre après la fête. Qu'en penses-tu ?

— Il me semble que tu as déjà résolu le problème.

— J'ai mauvaise conscience. Pour rien au monde, je ne voudrais vexer Alice.

— Où ces gens habitent-ils ?

— Entre Thirteenth et Prospect Street, il me semble. J'ai cru comprendre que c'était un quartier plutôt coloré, bien que je n'y sois jamais allée. Tu penses qu'il n'y a aucun risque ?

— Aucun risque ?

— Carolyn ne court-elle aucun danger en allant dans ce quartier une heure ou deux ?

— Bien sûr que non, puisque cette petite de couleur l'a invitée. Cela dit, je ne veux pas qu'elle traîne par là-bas. Je ne vois pas d'objections à ce que cette fille rende visite à Carolyn ici pendant que son père travaille chez les voisins, mais cela ne doit pas aller plus loin. Ce genre de relation ne mène jamais à rien. Je ne veux pas que Carolyn prenne l'habitude d'aller dans ce coin de la ville.

— Je suis sûre que cela ne deviendrait pas une habitude. C'est juste pour une fois.

— C'est la même chose. Carolyn n'a rien à faire dans ces quartiers-là, pas plus que toi ni moi. Ces gens-là nous détestent.

32. *L'été en Géorgie*

Cette même année, au cours du mois de juillet, une revue d'information hebdomadaire publia la photographie d'un lynchage. Le Nègre était enchaîné à un arbre, nu jusqu'à la taille, le dos zébré de traces de fouet. Il était entouré par une foule exclusivement composée de Blancs. Lorsqu'elle vit cette photo, Mrs. Bridge en demeura abasourdie. Elle porta la revue à son mari et lui demanda d'une voix faible et consternée :

— Est-il humainement possible que des gens puissent se comporter de la sorte ?

Il fut agacé par la photographie, car on n'avait aucun besoin de publier ce genre de choses. Mais il dissimula sa réaction. Il étudia le corps convulsé et le visage noir et luisant. Puis il examina la foule. Ils étaient au moins une cinquantaine, des agriculteurs pour la plupart à en juger par leurs bleus de travail, tous armés de bâtons et de fusils, accompagnés d'un nombre considérable de garçons. La plupart des visages arboraient des sourires radieux. Plusieurs garçons avaient adopté une pose comique devant l'appareil. La photographie traduisait bien cette atmosphère particulière des États du Sud : il pouvait presque sentir la chaleur oppressante, entendre les éclats de rire, les blagues, les cris et les commentaires lubriques tandis que le fouet sifflait en traversant les airs et venait crépiter en cinglant la chair du Noir ; il entendait les bravos et les applaudissements, les chiens qui aboyaient et les coups de feu qui détonaient de part et d'autre dans la pinède.

Soudain, il se rappela que sa femme lui avait parlé. Il cligna des yeux, leva la tête et la découvrit qui le dévisageait d'un regard effrayé.

— Il y a beaucoup de gens très bien dans le Sud, assura-t-il. Cet homme a dû faire quelque chose de mal.

Il plaça son index sur la tête du Nègre.

— Dis-moi, qu'a-t-il fait qu'il ne devait pas faire ? Je connais le Sud. Une fois, j'ai passé plusieurs jours à Atlanta et je n'ai jamais rencontré de gens plus aimables.

33. *Sous terre*

Ce fut ce même été qu'un groupe de garçons du quartier creusèrent une caverne dans un terrain vague. Douglas ne fut pas autorisé à participer aux travaux, probablement parce qu'il était trop jeune pour se voir octroyer un tel privilège. Mais une fois la caverne terminée, on lui permit parfois d'y entrer. Ce n'était pas du goût de Mr. Bridge qui décida, un dimanche, d'aller y regarder de plus près. Douglas lui ayant décrit la manière dont ils en avaient camouflé l'entrée, il pensait pouvoir la retrouver facilement.

Tout en descendant la rue en direction du terrain vague, il évoqua sa propre enfance. Il se souvint à quel point il avait été important pour lui et ses amis d'avoir une caverne, une cabane ou une plate-forme calée sur la fourche d'un arbre afin de pouvoir y tenir des réunions, et combien il était nécessaire que l'entrée en fût cachée et verrouillée. Ils avaient consacré plus de temps à inventer des serrures et des signaux d'alarme pour les cambriolages qu'à quoi que ce fût d'autre. Il y avait bien longtemps qu'il n'avait pas repensé à ces choses, et chaque souvenir en appelait d'autres. Il se souvint de la ferme, près de Joplin, où il venait souvent rendre visite à son cousin, de l'odeur des pommes qui pourrissaient dans le verger, des feuilles de vigne séchées qu'ils essayaient de fumer, du renard à l'agonie qu'ils découvrirent un soir sur la berge, de la fille de ferme potelée et sotte qui s'appelait Lizzie ou Tillie – tant d'années étaient passées qu'il n'était plus sûr de son nom. La pointe de ses seins se dressait sous sa robe comme deux raisins secs. Il revit sa tante et son oncle assis côte à côte sur la balancelle, glissant tranquillement d'avant en arrière, sans jamais dire un mot, sans jamais faire un geste, tandis que les chauves-souris et les hirondelles qui nichaient dans la grange fusaient à travers le crépuscule d'été, chassant les insectes. De temps à autre, on apercevait une automobile cahotant sur la route poudreuse qui menait à la ville et le toussotement désordonné du moteur résonnait distinctement au travers des champs silencieux. Tous ces souvenirs revinrent à Mr. Bridge comme le goût de ces pommes vertes et croquantes qu'il n'avait jamais pu oublier. Une génération était passée. Non pas dix ou quinze ans. Mais une génération entière. Les vieux de la famille avaient disparu. L'oncle Senn avec sa moustache tombante de pionnier, la tante Christine avec son médaillon en ivoire et ses mains où saillaient des veines bleutées. Aujourd'hui, Reed était le propriétaire de la ferme et il avait quatre fils, dont trois plus âgés que Douglas.

La caverne n'était pas facile à trouver. Il écartait les herbes, commençant à croire qu'il s'était trompé de terrain quand, soudain, il entendit des voix sous terre. Il s'arrêta et regarda autour de lui. L'entrée devait être très proche, mais il ne voyait rien. Enfin, il découvrit le buisson desséché et, dessous, le contour d'une porte recouverte d'une motte de gazon. Il avait eu l'intention de marteler du pied le toit de la caverne, de long en large, mais, à présent qu'il y avait du monde, il pensa qu'il valait mieux s'en abstenir.

Le buisson frissonna, la trappe se souleva et le visage interloqué de Rodney Vandermeer apparut entre les mauvaises herbes. Il disparut tout aussi rapidement sous le buisson. Sous terre, les conciliabules reprirent. Suivit un silence. La trappe s'ouvrit à nouveau. Cette fois, c'était Douglas.

— Salut, dit Mr. Bridge.

— Salut, répondit Douglas.

— Je me demandais à quel point cette chose était solide. Je ne veux pas que le toit s'écroule sur vos têtes.

— Il va pas s'écrouler.

— Ah oui ? Comment peux-tu en être aussi sûr ?

— Plusieurs types ont roulé dessus avec une brouette pleine de briques.

— Je vois. Ces choses peuvent être dangereuses si vous ne faites pas attention. Je vous ai dérangés ?

— Oh… fit Douglas. Non, je ne pense pas. On savait qu'il y avait quelqu'un au-dessus.

— Vous pouviez m'entendre aller et venir, n'est-ce pas ?

— Fastoche.

— Vous êtes en réunion ?

Après une pause, Douglas avoua :

— J'ai pas compris.

— Ce n'est pas une sorte de club ? Vous n'avez pas de réunions ?

— C'est rien qu'une caverne. Tu veux entrer ?

— Non. Je te remercie. Combien êtes-vous là-dedans ?

— Là, maintenant ?

— Oui.

— J'en sais rien.

— Comment cela, tu n'en sais rien ?

— Eh bien… On doit être six ou sept.

— Mon Dieu, mais c'est grand comment ?

— C'est assez profond, dit Douglas. Si l'on veut, on peut même rester debout.

Jusqu'à présent, il avait tenu la trappe à bout de bras, mais ses muscles commençaient à trembler. Il l'abaissa et la laissa reposer sur sa tête.

— En fait, on est un peu entassés. Je suppose que, si tu essayais de rentrer à l'intérieur, tu mettrais de la boue sur ton pantalon.

— Tu as raison. Qui d'autre est là ?

— Tipton, Rod, les grands, et un type d'Overland Park. C'est un copain aux grands. Il est trois-quarts arrière dans l'équipe de foot du lycée d'Overland Park.

— Ha, ha ! Mais, dis-moi, il n'y a qu'une seule entrée ?

— Oui, mais il est question de creuser une sortie de secours par-derrière.

— Cela me semble être une bonne idée.

— On a attrapé un serpent hier.

— Quel genre ?

— Rien qu'un orvet. Au début, on a cru que c'était un serpent à sonnettes. Il fait près de trente centimètres.

— Vous l'avez gardé ?

— Il est dans la boîte à cigares. On va essayer d'attraper une souris vivante pour lui donner à manger.

— Je doute que les orvets se nourrissent de souris.

— C'est aussi l'avis du gars d'Overland Park. Mais on a pensé qu'il fallait quand même essayer.

Après un long silence, Mr. Bridge reprit :

— Je suis désolé de vous avoir interrompus.

— C'est pas grave, dit Douglas tandis que la trappe commençait à se refermer lentement. Si un jour tu veux entrer, t'auras qu'à me le dire.

34. *Prudence*

— Disons qu'un type t'en veuille vraiment et que, brusquement, il sorte un revolver, avança Douglas. Qu'est-ce que tu ferais ?

Mr. Bridge venait de s'installer pour lire les comptes rendus de la Bourse.

— Je ferais ce qu'on me dit de faire, répondit-il en dépliant son journal.

— Et s'il en voulait à ton fric ?

— Je le lui donnerais, naturellement.

— Et tu le laisserais s'en tirer comme ça ?

— Je tâcherais de me rappeler à quoi ressemble l'homme en question et j'irais déclarer le vol à la police le plus tôt possible.

— Est-ce qu'elle peut retrouver ton blé ?

— Il y a peu de chances.

Douglas réfléchit, puis dit :

— Moi, je ne sais pas ce que je ferais.

— Je te conseille de suivre mon exemple. Si jamais quelqu'un pointe un revolver sur toi, donne-lui tout ce qu'il demande. Ensuite, file tout droit à la police.

— Mais à quoi ça sert, si elle peut pas récupérer ton blé ?

— Pas à grand-chose, sans doute. L'important est de te souvenir que, si un voyou t'aborde avec une arme, tu ne dois ni discuter ni te débattre. Si tu fais ce qu'il te demande, il ne t'arrivera probablement rien.

— Peut-être que, s'il n'est pas très grand, on pourrait lui attraper son revolver.

Mr. Bridge abaissa son journal.

— Écoute, je sais de quoi je parle. Mon grand-père a été abattu par un bandit parce qu'il refusait de se défaire de son argent.

Douglas savait que son père n'était pas homme à raconter n'importe quoi, mais c'était là une information tellement extraordinaire qu'il se sentit obligé de faire une moue cynique.

— C'est un fait, assura Mr. Bridge. C'est arrivé à bord d'un train, dans l'État du Delaware, au tout début du siècle. À l'époque j'étais enfant, mais je me souviens encore très clairement entendre mon père en parler. Mon grand-père possédait une usine de briques dans le sud du Delaware. Il gagnait beaucoup d'argent et employait, si je ne m'abuse, entre quinze et vingt ouvriers. En ce temps-là, il n'y avait pas de banques dans toutes les villes et, si quelqu'un avait besoin d'une grosse somme d'argent, il était souvent obligé de faire un voyage pour aller la chercher et la transporter lui-même, ce qui n'était pas sans risques. Je suppose que c'est ainsi qu'un certain nombre d'hommes se sont fait voler. Toujours est-il qu'une fois par mois, mon grand-père avait coutume de prendre le train de nuit pour se rendre dans la ville où son argent était entreposé. Il retirait de quoi payer ses employés, puis reprenait le train pour rentrer chez lui. Bien sûr, ce qui devait arriver arriva et quelqu'un eut vent de ses allées et venues. Mon grand-père fut réveillé au beau milieu de la nuit par un homme qui pointait un revolver sous son nez et qui exigeait qu'il lui remette l'argent. Au lieu d'obtempérer, mon grand-père, qui était allongé sur sa couchette, tenta de donner un coup de pied au bandit. Résultat : ce dernier tira. Le lendemain, mon grand-père était mort.

Mr. Bridge attendit quelques instants avant de conclure :

— C'était un geste extrêmement inconsidéré de la part de mon grand-père. Il a mis sa vie en jeu pour sauver une petite somme d'argent.

— Combien est-ce que le bandit a pris ?

— Je n'en ai aucune idée. J'imagine qu'il devait s'agir d'une centaine de dollars, ce qui à l'époque, bien sûr, représentait beaucoup plus qu'aujourd'hui. Mais là n'est pas la question. Ce qu'il faut en retenir, c'est qu'en voulant sauver de l'argent, il a perdu la vie.

Douglas se gratta la tête mais ne dit rien.

— Me suis-je bien fait comprendre ?

— Ben… oui.

— Très bien, dit Mr. Bridge en reprenant son journal. Alors, à l'avenir, souvenez-vous-en, mon jeune ami.

35. *Les nouveaux habits*

— Je suis à court d'idées, dut admettre Mrs. Bridge un soir, tandis qu'elle était assise à sa coiffeuse. J'aurai pourtant tout essayé.

Mr. Bridge soupçonna qu'elle faisait allusion au problème de la garde-robe de Douglas. Douglas n'aimait pas les nouveaux habits. Il avait erré tout l'été dans des vêtements chiffonnés et en loques, et ne voyait pas en quoi la rentrée des classes justifiait un changement d'apparence. Elle lui avait lancé :

— Tu ne peux quand même pas te conduire comme un clochard toute ta vie !

Ce à quoi il avait répondu :

— Personne verra la différence si je change d'habits.

Alors, elle avait essayé :

— Tu veux que les gens pensent que tu sors de l'hospice ?

Il avait haussé les épaules. Ce problème refaisait surface à chaque mois de septembre. Mais il semblait empirer à mesure que Douglas grandissait.

— Pourquoi ne l'emmènes-tu pas chez Altringer ? Laisse-le donc aux mains des vendeurs qui l'ont habillé l'an dernier, conseilla Mr. Bridge.

— Je l'y ai traîné de force, hier. Mr. Yanofsky n'a rien pu tirer de lui cette année. Je suis vraiment navrée pour ce pauvre homme. Il fait tellement d'efforts pour satisfaire ses clients. J'espère seulement que les autres garçons se tiennent mieux que Douglas. Il nous a sorti Dieu sait combien de costumes et Douglas est arrivé à trouver un défaut à chacun d'entre eux. Je lui aurais tordu le cou avec joie.

Mr. Bridge était fatigué et ne voulait pas être impliqué dans cette histoire. Il retira ses chaussures, remua ses doigts de pied et bâilla.

— J'essaierai à nouveau demain, continua-t-elle. Je lui ai dit que nous irions au nouveau magasin de la Plaza. J'espère au moins qu'ils auront quelque chose qui lui plaira. Tu nous rendrais à tous un grand service en lui mettant un peu de plomb dans la cervelle. Avec moi, il fait la sourde oreille. Je pourrais aussi bien m'adresser à un mur.

— Fais-moi penser à lui parler demain, avant de partir pour le bureau.

— Je crois en effet que ce serait très utile.

— Que reprochait-il aux costumes d'Altringer ?

— Il n'y avait rien à leur reprocher. Plusieurs étaient même très bien. Il faisait sa mauvaise tête. Il prétendait que celui-ci était trop serré, pour un autre, c'était la couleur qui n'allait pas... Bref, il a fait tout son possible pour trouver des défauts à tout ce que Mr. Yanofsky lui montrait. Sincèrement, Walter, je commence à me demander s'il n'y a pas quelque chose qui ne va pas chez cet enfant.

Mr. Bridge émit un nouveau bâillement et se frotta les yeux.

— Cela lui passera. Comme à moi.

— J'ai du mal à t'imaginer te conduisant comme un petit sauvage.

— Et pourtant, si.

— Vraiment ? L'autre jour Grace Barron me disait qu'elle était persuadée qu'à ta naissance, tu portais déjà une cravate et un complet-veston.

— Ah oui, elle a dit cela ? demanda-t-il.

Ce commentaire le fit réfléchir quelques instants.

— Eh bien, je crains de devoir me contenter d'être ce que je suis, pour le meilleur ou pour le pire. S'il fallait que je m'arrête à toutes les attaques lancées contre moi, je n'aurais plus qu'à mettre la clef sous la porte.

36. *Peuh !*

Peu de temps après la rentrée des classes, un écriteau VENDU fut installé sur le terrain vague. Les lieux ne semblaient pas moins publics pour autant. Les semaines passèrent et le nouveau propriétaire ne se présenta pas pour inspecter son acquisition. Aucune réclamation ne fut soulevée contre la caverne, de sorte que, après un certain temps, l'écriteau sembla faire partie du paysage et sa signification fut presque oubliée. Les chiens, les chats, les oiseaux, les souris, les lapins, les papillons et les insectes se partageaient le terrain avec les enfants du voisinage, et les mauvaises herbes continuaient de croître.

Mais, un matin, pendant que Douglas était en classe, un tracteur pénétra sur le terrain, et, en un clin d'œil, le toit de la caverne fut arraché. Lorsqu'il revint à la maison à l'heure du dîner, Douglas était abattu. Il demanda avec amertume :

— Pourquoi est-ce qu'ils ont prévenu personne ? On aurait pu, au moins, sortir nos affaires. La boîte à cigares a disparu. L'harmonica de Tipton aussi, et plein d'autres trucs.

— Je connais quelqu'un qui a dû faire une drôle de tête, dit Mr. Bridge, lorsqu'il a ouvert la boîte et qu'un serpent en est sorti en ondulant.

— Seigneur ! s'alarma Mrs. Bridge. Vous aviez un serpent ?

— On avait de l'argent, des billes, des bons de réduction, un canif de scout et plein d'autres affaires à nous, là-dedans. Ce sale vieux type sur son tracteur a tout volé.

— Qu'en sais-tu ? interrogea Mr. Bridge, en vérifiant la lame du couteau à viande.

— Ça a bien disparu quelque part, non ? Qui d'autre aurait pu nous le piquer ?

— Je crains que cet argument ne puisse être retenu devant un tribunal.

— Toi, tu t'en moques. On voit bien que tu n'as rien perdu.

— Tu y vas un peu fort ! Combien y avait-il dans la boîte ?

— Plus d'un dollar. Et le canif de scout valait très cher. Et puis on avait tous ces bons et nos billes. Et il y avait aussi une noix porte-bonheur et puis d'autres trucs.

— L'avez-vous bien cherchée partout ? Rien ne dit que le conducteur du tracteur l'ait volée. Il se peut qu'il n'ait jamais su qu'elle était là.

— Elle y est plus, fit Douglas, l'air buté.

— Quand même, il me semble qu'il a raison, intervint Mrs. Bridge. Ils auraient dû prévenir les garçons qu'ils allaient commencer les travaux.

— Passe-moi l'assiette de ta mère, dit Mr. Bridge à Ruth, puis il ajouta : En effet, il me semble qu'ils auraient dû, ou qu'ils auraient pu le faire. Cela ne leur aurait pas coûté grand-chose d'effectuer quelques recherches et de découvrir où habitaient les garçons.

— Pourquoi tu ne les traînes pas en justice ? demanda Carolyn à son frère.

— Pour toi, tout ça, c'est de la rigolade, rétorqua-t-il. Mais moi, ça me fait pas rire.

— Écoute-moi bien, jeune homme, commença Mr. Bridge.

Il s'arrêta un instant pour bien marquer ce qu'il allait dire, le couteau à viande et la lourde fourchette en argent en suspens au-dessus du rôti.

— Au cours de cette vie, nous perdons bien des choses. Bien des choses que nous aimons, que nous chérissons et que nous espérions garder à jamais nous sont arrachées malgré nous. Parfois, un recours au contentieux s'impose, mais, malheureusement, il n'existe aucun tribunal de justice à même de nous restituer ces biens auxquels nous attachons une profonde valeur. Ce que toi et tes camarades avez perdu aujourd'hui ou ce qui vous a, peut-être, été dérobé est, somme toute, sans importance.

— Peuh ! fit Douglas.

— En outre, je pense qu'il serait grand temps que tu fasses un effort pour apprendre à parler d'une manière articulée et intelligible.

— O.K. ! O.K. ! grommela Douglas.

37. *Le revolver*

— Il a trouvé ton revolver, lui dit Mrs. Bridge un soir, peu avant la fête d'Halloween.

Mr. Bridge venait de rentrer. Il se tenait devant le vestiaire de l'entrée et retirait ses gants.

— Pourquoi diable fouinait-il sous le matelas, je n'en sais rien, continua-t-elle. Mais je suis entrée dans notre chambre cet après-midi, et il était là.

— Qu'a-t-il dit lorsque tu l'as surpris ?

— Pas un mot.

Mr. Bridge ne bougea pas de là où il était quand elle avait commencé à parler. Il avait eu l'intention de montrer un jour le revolver à Douglas et de lui expliquer pourquoi on le gardait sous le matelas. Mais il avait prévu d'attendre que son fils soit beaucoup plus grand.

— Comment a-t-il su ?

— Je n'en ai aucune idée. Sincèrement, j'aimerais que tu ne le ranges pas à cet endroit. Il me donne la chair de poule.

— Quelqu'un a dû lui dire qu'il s'y trouvait.

— Ne me regarde pas comme cela, répondit-elle.

— Tu as dû y faire allusion sans t'en rendre compte.

— Certainement pas. En ce qui me concerne, c'est simple, il n'existe pas.

— Que faisait-il avec ?

— Il était assis sur la banquette, sous la fenêtre, visant diverses choses. Apparemment, il ne m'avait pas entendue entrer.

— Le revolver était-il armé ?

— Grands dieux ! Comment le saurais-je ?

— Douglas avait-il les cartouches ?

— Je ne lui ai pas demandé. J'espère bien que non.

— Tu n'as pas regardé ?

— Cela ne m'a même pas traversé l'esprit. Je lui ai simplement dit de le remettre là où il l'avait trouvé et que je t'en parlerais dès ton retour.

Mr. Bridge enleva son chapeau et le déposa lentement sur l'étagère du placard.

— Je ne vois vraiment pas l'utilité d'avoir un revolver, continua-t-elle sur un ton manifestement répété à l'avance. Il ne semble pas y avoir de cambrioleurs dans le quartier et, avec les rondes du gardien de nuit, je doute que tu aies jamais à t'en servir.

— Demande à Harriet de me préparer un long-drink, dit-il.

Il monta dans leur chambre, ouvrit le dernier tiroir de la commode et glissa une main sous la pile de pyjamas. Il sentit les deux boîtes en carton. Il les sortit et les ouvrit. Les petites balles dodues n'avaient pas été dérangées. Elles étaient soigneusement pressées les unes contre les autres comme des friandises, exactement comme à leur sortie de l'usine. De toute évidence, Douglas ne les avait pas trouvées. Du bout des ongles, il extirpa l'une des balles de sa boîte, l'examina quelques secondes, puis la glissa à nouveau à sa place. Il referma les boîtes, les remit sous les pyjamas, repoussa le tiroir de la commode et descendit.

Mrs. Bridge était dans le salon, choisissant quelques disques pour les passer sur le phonographe.

— Tu lui parleras, n'est-ce pas ?

Il acquiesça.

— Où est mon whisky soda ?

— Il arrive.

— Je n'avais pas besoin de cela aujourd'hui, bougonna-t-il.

Il s'enfonça dans son fauteuil avec le journal du soir. Mais il n'entama pas sa lecture avant qu'Harriet lui ait apporté son verre.

Après le dîner, il conduisit Douglas dans leur chambre, souleva un coin du matelas et prit le revolver.

— Je faisais que regarder, se défendit Douglas.

— Comment savais-tu qu'il était là ?

— Comme ça.

— Est-ce une de tes sœurs qui t'en a parlé ?

— Comment est-ce qu'elles sauraient ? demanda-t-il avec mépris.

— Elles aident parfois Harriet à faire les lits.

Douglas ne répondit pas.

— Alors ?

— J'ai oublié.

— Cette réponse ne me satisfait pas. Depuis quand es-tu au courant de l'existence de ce revolver ?

— Ça doit faire deux ou trois ans.

Déconcerté, Mr. Bridge abaissa le revolver.

— Est-ce Harriet qui te l'a montré ?

Douglas resserra les lèvres.

— Je vois ! murmura Mr. Bridge. C'est donc cela ! Que t'a-t-elle montré d'autre ?

— Rien.

— Et les balles ?

— Tu en as ?

— À présent, j'aimerais que tu me comprennes bien. Cet objet que je tiens n'est pas un jouet. Tu ne dois pas jouer avec. Jamais. Est-ce clair ? Tu me comprends ? Cette arme est extrêmement dangereuse. Tu ne dois pas y toucher. Tu as ta propre chambre. Je ne veux plus te voir fouiner ici.

— O.K. ! dit Douglas, remontant ses pantalons d'un coup sec.

— Tu dois me le promettre.

— Ouais, bon, d'accord. Je promets. Je faisais que regarder cinq minutes. À t'entendre, on croirait que j'allais braquer une banque ou quelque chose comme ça.

— Si jamais il t'arrivait de tirer et de blesser quelqu'un, j'aurais de très gros ennuis.

— Ah ouais, et moi alors ? Si je bute un type avec ça, c'est plutôt après moi qu'ils en auront.

Mr. Bridge eut un geste impatient.

— Tu ne dois pas toucher à ce revolver sans ma permission. Est-ce clair ?

— J'ai déjà promis.

— À présent, je vais te montrer où sont les balles. Ainsi, tu n'auras plus aucune raison d'être curieux. Et plus de raisons, non plus, de venir traîner par ici.

Il alla vers la commode, ouvrit le dernier tiroir et pointa un index.

— Elles sont là, sous ces pyjamas, dit-il.

Il souleva la pile de vêtements pour que Douglas puisse voir les deux boîtes.

— Veux-tu les voir ?

Douglas prit une profonde inspiration et fit oui de la tête. Mr. Bridge ouvrit l'une des boîtes, en sortit une balle et la lui tendit.

— Elle est pleine de graisse ! dit-il après un certain temps.

— La graisse empêche la corrosion du métal.

Douglas continuait d'examiner la balle.

— Regarde-la aussi longtemps que tu le désires, car je ne veux plus que tu reviennes ici, sauf si je t'accompagne.

— Et si je demande avant, je pourrai revenir les regarder, avec le revolver ?

— Si tu me demandes la permission. Mais en aucune autre circonstance. En outre, tu ne dois pas en parler à tes amis. Je veux que cela soit bien compris.

— Je dirai rien.

— Très bien. À présent, as-tu d'autres questions ?

— Comment ça se fait que tu l'as ?

— Il m'a été donné lorsque je servais dans l'armée.

— Tu as descendu combien d'Allemands avec ?

— Je n'ai jamais tiré un seul coup avec ce revolver, si ce n'est au cours de l'entraînement.

Il lut l'ahurissement sur le visage de Douglas.

— Peu d'hommes, au cours de leur service militaire, participent activement au combat. La majorité d'entre eux ont pour tâche de fournir des vivres, des vêtements et des munitions, ainsi qu'un certain nombre d'autres choses aux quelques malchanceux qui ont été assignés aux tranchées. On pourrait comparer l'armée à une grande compagnie productrice de bois : pour un petit groupe qui travaille dans la forêt, il lui faut employer dans ses bureaux un personnel considérable.

— C'est tout ce que tu faisais ?

— Oui, essentiellement.

— Alors, comment ça se fait qu'on t'ait donné un revolver ?

— Je me suis souvent posé la question. Comme je te l'ai déjà dit, il m'a été donné parmi un certain nombre d'autres choses dont je n'ai plus jamais eu besoin.

— Est-ce que tout le monde en a reçu un ?

— Je l'ignore.

— Tu n'as pas tué d'Allemands ? Même pas un seul ?

— Non, grâce à Dieu. Les seuls Allemands que j'aie vus étaient des prisonniers.

— Je croyais que tu t'étais battu pendant la guerre. J'ai raconté à Vandermeer et à Tipton que tu avais tué des tas d'Allemands.

— Je suis navré de te décevoir.

Douglas demeura silencieux un moment. Puis il dit :

— Tant pis, c'est pas grave.

— Je pourrais te montrer quelques-uns de mes souvenirs de guerre.

— Comme quoi, par exemple ?

— Eh bien, dit Mr. Bridge en haussant les sourcils, il faudrait que j'y réfléchisse. Oui, chef, il suffirait que j'essaie de me souvenir de ce qu'il y a dans ma malle.

— La marron en bois avec AEF[1] écrit dessus ?

— Celle-là même. J'ai rapporté un certain nombre de souvenirs. Mais, bien entendu, je ne suis pas sûr qu'ils puissent t'intéresser. Cependant, si c'est le cas, je crois pouvoir retrouver un couteau de tranchée, et peut-être aussi quelques baïonnettes. Puis il pourrait bien y avoir également plusieurs médailles militaires allemandes, et quelques photographies des hommes de mon unité, et, voyons voir, quoi d'autre ? Nous pourrions bien y trouver un casque d'officier allemand avec, dessus, une pique en métal, et mon vieil uniforme kaki avec ses bandes molletières. As-tu jamais vu des bandes molletières ? Ça, c'était quelque chose ! Je nous revois encore essayant de les enrouler autour de nos jambes lorsqu'il fallait faire vite.

1. American Expeditionary Forces : Troupes américaines en Europe pendant la Première Guerre mondiale.

— Quel genre de baïonnettes ?

— Toutes sortes. Des françaises, des allemandes, des américaines. Il y a encore des traces de sang dans les cannelures de la française.

— Où tu l'as eue ?

— Je l'ai achetée à un poilu français.

— On peut aller voir maintenant ?

— Non, non ! dit Mr. Bridge en riant.

— Pourquoi pas ?

— Parce que je n'ai pas envie d'ouvrir ma malle maintenant. Cela peut attendre. Je te promets de te les montrer un jour, puisque tu as juré de ne plus jamais toucher à ce revolver. Nous sommes d'accord ?

Lorsque Douglas eut acquiescé, il poursuivit :

— Très bien. À présent je vais remettre ceci exactement où il était. Il restera toujours là. Et un jour, plus tard, quand tu seras devenu un homme, il t'appartiendra.

— Et je pourrai le garder ?

— Tu pourras le garder, parfaitement. Mais les revolvers ne sont pas pour les enfants.

— C'est pas la peine de me le répéter cinq cents fois.

— Je tiens à m'assurer qu'il n'y ait aucun malentendu entre nous. Je veux dissiper toute ambiguïté à ce sujet. Je présume qu'Harriet l'a découvert pendant qu'elle changeait les draps, mais elle n'avait pas à te le montrer. Je vais lui en toucher deux mots. En attendant, ce n'est pas la peine d'en parler à tes sœurs.

— T'inquiète pas, dit Douglas. Elles sauraient même pas par où on tire.

— Tu ne dois plus jamais toucher aux balles.

— J'avais compris la première fois. Je ne les toucherai plus, même avec des pincettes.

— Très bien. Nous sommes d'accord.

— Quand est-ce que tu vas me montrer ce qu'il y a dans la malle ?

— Cela dépendra de ta conduite, répondit Mr. Bridge.

Il souleva un coin de matelas et déposa le revolver sur le sommier, sous le regard fasciné de son fils.

38. *Halloween*

Un officier du poste de police de Sixty-Third Street appela pour dire que Douglas avait été arrêté. Mrs. Bridge, qui avait répondu au téléphone, chancela.

— Ô mon Dieu ! gémit-elle.

Elle se précipita au salon où son mari était allongé sur le sofa, écoutant Nelson Eddy qui chantait : *Ah, doux mystère de la vie*. Elle savait combien il aimait Nelson Eddy et ne voulait pas l'interrompre. Il était éveillé, elle le savait, mais il avait fermé les yeux et allait être contrarié. Serrant ses perles d'une main, elle se pencha et murmura :

— Walter ?

Il ouvrit les yeux et la regarda. La sonnerie du téléphone l'avait irrité et il ne pouvait s'empêcher de la trouver, elle aussi, agaçante, bien qu'il sût qu'elle ne l'eût pas dérangé si l'appel n'avait été important.

Mrs. Bridge, espérant qu'il pourrait l'entendre, tout en continuant d'écouter Nelson Eddy, dit à voix basse :

— … la police.

Puis elle se redressa, l'air indécis.

Il lui lança un regard furieux car il n'avait pas saisi. À travers son demi-sommeil, il n'était pas sûr d'avoir bien entendu ce qu'il avait cru entendre. Puis, soudain, il se souvint que c'était le soir d'Halloween.

Il ramassa le combiné du téléphone de la petite salle à manger et dit : « Allô ? » et il entendit précisément ce à quoi il s'était attendu.

— Entendu, dit-il lorsque l'officier eut terminé. J'y serai dans dix minutes.

Mrs. Bridge l'avait suivi et se tenait près de lui, l'air anxieuse.

— J'espère que ce n'est rien de grave, souffla-t-elle.

— Ce satané trio, dit-il. J'aurais dû m'en douter.

— Ô Seigneur Jésus, encore !

Elle savait qu'il ne pouvait s'agir que de Douglas et ses amis, Rodney Vandermeer et Bobby Tipton.

— Ils ont déversé le contenu d'une poubelle sous le porche de Mr. Knapp.

— Ce n'est pas possible !

— Je crains, hélas, que ce ne soit que trop possible, répondit-il avec plus de sarcasme qu'il n'en avait eu l'intention.

Il était encore contrarié par l'interruption de la musique. Chaque semaine, à la même heure, il se faisait une joie d'écouter l'émission de Nelson Eddy et Jeanette MacDonald. À présent, sa soirée était gâchée.

— Veux-tu que je t'accompagne ?

— Non. Je vais m'en occuper, répondit-il, et il alla au placard de l'entrée pour mettre son chapeau et son manteau.

Het Vandermeer était déjà au poste. Le père du petit Tipton, que Mr. Bridge ne connaissait pas, arriva quelques minutes plus tard. La victime, Mr. Knapp, était également présente. Ils écoutèrent l'officier, puis Mr. Knapp, et il fut finalement convenu qu'aucune charge ne serait retenue contre les garçons si ces derniers présentaient des excuses et nettoyaient les ordures avant le lendemain matin, sept heures.

Sur le chemin du retour, Douglas dit d'un ton maussade :

— Je suppose que j'ai intérêt à me lever vers cinq heures.

— Tu peux t'estimer heureux, lui dit Mr. Bridge.

Ils n'échangèrent plus un mot. La nuit était fraîche et le vent soufflait. Des nuages couraient devant la lune. Des feuilles mortes, jaillissant hors de l'obscurité, voletaient comme des papillons de nuit et s'accrochaient un instant au pare-brise de la Chrysler avant d'être aspirées par les ténèbres. Douglas remonta le col de sa veste.

En arrivant en vue de la maison, Mr. Bridge lui demanda :

— N'es-tu pas soulagé d'être de retour à la maison ?

— C'est quand même mieux qu'au poste de police, reconnut Douglas. Il a vraiment du souffle, le vieux Knapp. J'aurais jamais cru que ce vieux machin pouvait courir si vite. Il doit avoir au moins cent ans.

— Il vous a poursuivis ?

— Comment tu crois qu'on s'est retrouvés au poste ?

— C'est ce que je me demandais. Comment a-t-il fait pour vous attraper tous les trois ?

— Moi et Vandermeer, il nous a pas eus. On a couru plus vite que lui. Mais il était en train de rattraper Tipton, alors Tipton a voulu prendre un raccourci en passant par le jardin derrière chez les McGreevy, sauf qu'il avait oublié qu'il y avait une corde à linge et il a failli s'étrangler. C'est comme ça qu'il s'est fait gauler.

Mr. Bridge entra la Chrysler dans le garage et éteignit le moteur.

— C'est une voiture de police qui vous a ramassés, toi et cet autre garçon ?

— Non. On est arrivés au bout du pâté de maisons et on a attendu. Comme Tipton n'arrivait toujours pas, on a pensé que le père Knapp l'avait attrapé. Alors, on est revenus sur nos pas.

— C'est là qu'il vous a pris ?

— Non. On l'a vu qui voulait pas lâcher le col de Tipton, alors on s'est rendus. Après, il a dit à Mrs. McGreevy d'appeler les flics.

— Pourquoi vous êtes-vous rendus ?

— Qui sait ? répondit Douglas en haussant les épaules. Comme ça.

Mr. Bridge resta silencieux quelques instants, puis il dit :

— Eh bien, nous y sommes. Rentrons.

Il ouvrit sa portière tandis que Douglas sortait de l'autre côté de la voiture, et ils se dirigèrent vers la maison.

— Papa… commença Douglas. Quand tu étais môme, tu as jamais fait des trucs pareils ?

— Je suppose que si. Je ne sais plus, cela fait tellement longtemps. Sans doute, oui, j'ai dû en faire du même genre. Mais une chose est sûre : je ne me suis jamais laissé prendre.

— J'aurais pu m'en tirer facilement.

— Je sais, dit Mr. Bridge.

Il chercha les clefs de la maison, ouvrit la porte et la tint pour laisser passer son fils.

— Un conseil : tu as intérêt à faire un travail impeccable demain matin avec les ordures.

— Pas la peine de me le dire, dit Douglas en entrant dans la maison. Au fait… Merci de m'avoir sorti de taule.

— De rien, dit Mr. Bridge.

39. *Un daiquiri pour Harriet*

Un dimanche après-midi, environ une heure avant le dîner, Harriet entra dans le salon en portant le plateau en argent sur lequel se trouvaient un petit verre de sherry pour Mrs. Bridge et un whisky sour pour Mr. Bridge. Après avoir goûté au whisky, il fit claquer ses lèvres et agita un doigt en direction d'Harriet en lui disant qu'elle passait à côté des bonnes choses de la vie. Harriet lui adressa un grand sourire, mais ne répondit pas. Elle ne buvait pas, pas même un petit verre de vin pour accompagner ses repas. Lorsqu'ils s'étaient entretenus avec elle la première fois, elle leur avait affirmé qu'elle ne buvait jamais d'alcool. Il avait reçu cette nouvelle avec scepticisme et, au cours des mois qui suivirent son embauche, il s'était attendu à trouver quelque preuve attestant qu'elle avait menti. Mais les mois passèrent, puis les années, et rien ne semblait indiquer qu'elle se servît jamais un verre. Il était intrigué. Dans sa chambre, elle gardait une bible qu'elle lisait souvent. Elle se rendait à l'église chaque semaine et aimait chanter des cantiques quand elle était à la cuisine. Pourtant, la religion ne semblait pas être à l'origine de cette abstinence. De toute évidence, c'était une décision d'ordre personnel : elle préférait ne pas boire, un point c'est tout. Il lui avait appris à préparer quelques cocktails rudimentaires, afin de ne plus avoir à aller dans la cuisine s'en occuper lui-même. Elle n'y voyait aucune objection, mais elle n'y goûtait jamais. Lorsqu'il la taquinait à ce sujet, elle répondait simplement que cela ne lui disait rien.

Ce jour-là, il observa, comme il l'avait constaté de nombreuses fois auparavant, qu'un apéritif lui ferait le plus grand bien. Sur quoi, Harriet répondit qu'un daiquiri ne serait pas de refus, et on eût dit qu'un sort venait de s'abattre sur la pièce.

Après un long silence, Mr. Bridge reposa son whisky à côté de lui, se leva et fit un signe à Harriet.

— Suivez-moi, dit-il. J'ai l'intention de vous concocter celui-ci de mes propres mains.

Il ouvrit la voie vers la cuisine, suivi d'Harriet, des enfants puis, finalement, de Mrs. Bridge. Ils se tinrent tous autour de lui à l'observer tandis qu'il préparait le daiquiri d'Harriet. Lorsque celui-ci fut prêt, il le plaça au centre du plateau, qu'il souleva, fit claquer ses talons et le présenta à Harriet.

Elle accepta le premier verre d'alcool de sa vie avec une grâce extrême et le but à petites gorgées, tandis que tout le monde attendait.

— Alors, qu'en pensez-vous ?

— C'est terriblement délicieux, répondit-elle.

— Alléluia ! lança-t-il.

Ils repartirent en file indienne au salon et reprirent leur place. Harriet s'assit à l'autre extrémité du sofa, tenant délicatement le daiquiri du bout de ses doigts effilés.

— Alors, vous aimez, n'est-ce pas ? répéta-t-il.

— Ma foi, répondit-elle. Je suis bien forcée de le reconnaître.

40. *Carolyn et Harriet*

Carolyn commençait à s'intéresser de près au statut d'Harriet. Que ses ancêtres aient été, disait-on, des esclaves amenés d'Afrique en Amérique faisait de la cuisinière un personnage d'autant plus fascinant. Un matin qu'elles étaient toutes deux seules à la maison, Carolyn lui ordonna de balayer les marches qui menaient à la cuisine, où quelques feuilles d'érable étaient tombées durant la nuit. Harriet refusa. Pire encore, elle rétorqua qu'elle le dirait à la mère de Carolyn.

Mrs. Bridge fut informée de la querelle dès son retour. Carolyn exigeait qu'on renvoyât Harriet. Harriet répliquait en menaçant de rendre son tablier. Elle n'avait aucune intention de partir. Elle était parfaitement satisfaite de sa situation et ne voulait pas la perdre. Mais elle estimait, vu les circonstances, que sa menace était justifiée. De plus, elle envisageait depuis un certain temps de demander une augmentation, et les tractations tourneraient sans doute à son avantage si ses patrons pensaient qu'elle était prête à les quitter. Quant à la possibilité d'un renvoi, elle connaissait suffisamment Mr. Bridge pour savoir qu'il n'y songerait même pas.

Ne sachant pas quoi faire, Mrs. Bridge remit l'affaire entre les mains de son mari.

Il l'écouta, puis réfléchit. Il soupçonnait Harriet de bluffer. Mis à part le comportement absurde de Carolyn, elle n'avait aucune plainte légitime à faire valoir. Elle était convenablement payée et le savait. Elle disposait d'une chambre confortable, près de la cuisine, d'un jour de sortie par semaine et, de temps en temps, d'un jour de liberté supplémentaire si elle pouvait avancer un motif sérieux. Elle recevait un cadeau substantiel à Noël et bénéficiait de deux semaines de congés payés chaque année. Certes, elle pourrait sans trop de difficultés trouver un autre travail dans le quartier, car elle avait bonne réputation. Il pensait tout de même qu'elle se prétendait plus offensée qu'elle ne l'était réellement. Elle devait avoir une autre raison pour menacer de partir. Il ne parvenait pas à comprendre laquelle, mais, pour le moment, la question n'était pas là. Le problème, conclut-il, ce n'était pas Harriet, c'était Carolyn.

Plus il pensait à son ordre inconsidéré, plus cela l'exaspérait, car le comportement de sa fille portait atteinte à sa fierté paternelle. C'était, d'une certaine manière, comme s'il avait échoué à lui communiquer son propre sens de la dignité humaine. Il l'envoya chercher, lui fit la leçon pendant un bon moment, puis il conclut :

— Tu traiteras Harriet avec courtoisie. Elle n'est pas ta propriété, pas plus que la mienne. Le Président Lincoln a dit un jour : « Je n'éprouve aucun plaisir à triompher d'autrui. » Souviens-t'en, Carolyn, tout le long de ta vie. Et à présent, l'incident est clos.

41. *En avant, soldats de Dieu !*

Une fois par an, on invitait le pasteur Foster à dîner. Il arrivait invariablement à sept heures et prenait congé à dix heures. Il n'oubliait jamais d'apporter un petit quelque chose : un bouquet de fleurs, une boîte de cacahuètes salées, des bonbons ou une bouteille de sherry fabriqué dans un monastère de Californie. Une année, il apporta un recueil d'essais de son propre cru publié par une maison d'édition locale. Mrs. Bridge l'avait déjà acheté et lu, et elle lui avait dit tout le bien qu'elle en pensait, mais il avait manifestement oublié. Ou alors, il y avait un surplus et il craignait que, sans délicatesse aucune, les invendus ne fussent soldés par quelque grand magasin. Bref, quelle qu'en fût la raison, il y avait à présent dans la maison deux exemplaires du livre du pasteur Foster, tous deux dédicacés. Mr. Bridge en avait lu quelques pages. Le pasteur y évoquait fréquemment l'Humanité et pratiquement chaque page contenait une allusion à l'espérance et à la foi. Le ton des essais était modestement expiatoire. Il y confessait des péchés tels que le désir, lorsqu'il était enfant, de s'enfuir avec un cirque, bien que ce fût là une tentation à laquelle, comme il le faisait observer, il était parvenu à résister. Mr. Bridge n'avait plus ouvert le livre. Il n'avait rien de particulier à lui reprocher, n'était son manque d'intérêt. On pouvait même parler de profond ennui. Le pasteur semblait posséder un talent rare pour raser les gens. Chacune de ses phrases semblait avoir été cherchée au fond d'un puits et hissée laborieusement à la surface. Comme la plupart des raseurs incurables, il se croyait plein d'entrain et ne doutait pas d'être le centre de toutes les conversations. Par conséquent, il était deux fois plus ennuyeux en privé qu'il ne l'était en haut de sa chaire ou lorsqu'il commençait un essai par : « Ainsi donc, je prends la plume… »

Ce dîner annuel était donc une soirée que l'on redoutait à l'avance. Passer trois heures en compagnie de cet homme vous prenait à la gorge. Mr. Bridge ne pouvait se rappeler ni comment ni pourquoi cette habitude avait été prise. Le pasteur recevant probablement des appointements très modestes, il devait mal se nourrir et très souvent prendre ses repas tout seul. Sans doute était-ce pour des raisons de cet ordre que Mrs. Bridge, par compassion, l'invitait à dîner. Il n'en voyait guère l'utilité. Cet homme avait choisi librement ce genre de vie. Puisqu'il l'avait voulu ainsi, qu'il l'assume !

Toutefois il se taisait et, chaque année, lorsque sa femme lui rappelait que, tel soir, le pasteur Foster viendrait dîner, il acquiesçait d'un vague mouvement de tête. Si encore le pasteur avait eu quelque préjugé brutal, si absurde fût-il, la conversation aurait eu un intérêt ! Mais il n'en avait aucun ou, s'il en avait un, il l'avait enfoui sous une montagne de piété. En vérité, il prenait un tel soin à n'offenser personne qu'il avançait rarement une opinion personnelle sur quelque sujet que ce fût. Chacune de ses paroles était nuancée et suivie d'un gloussement et d'un toussotement dans le creux de son poing fermé. Dire qu'il était mièvre n'était pas un vain mot. C'était un boy-scout de cinquante ans. Il n'avait pas plus de système nerveux qu'un plat de crème anglaise. On ne pouvait ni le mépriser ni le haïr, pas plus qu'on ne pouvait l'aimer ou le respecter. C'était un calvaire qu'il fallait endurer lorsque l'on ne pouvait faire autrement, et fuir chaque fois que cela était possible. Sa neutralité ingénue était écœurante mais, avant tout, ce n'était ni plus ni moins qu'un raseur. Il était ennuyeux au point de veiller à ne jamais parler de lui-même, mais uniquement de ce qu'il croyait devoir intéresser les autres. Les hommes étant censés s'intéresser aux sports et à la politique, il faisait donc une tentative dans ce sens à chaque dîner. Ensuite, avec Mrs. Bridge, il essayait le jardinage, les antiquités, l'argenterie, les activités mondaines paroissiales, les œuvres de bienfaisance ou l'association des parents d'élèves. Après quoi, bien entendu, il mettait un point d'honneur à échanger quelques mots avec les enfants. La seule chose dont on pouvait remercier le ciel était qu'il avait la délicatesse d'éviter de parler religion.

Trois heures de ce traitement une fois l'an, cela aurait dû être supportable. Mais, certaines années, c'était déjà trop, et Mr. Bridge flanchait avant dix heures, battant en retraite avec l'excuse de devoir se lever de bonne heure. Une fois dans sa chambre, il enfilait son pyjama, se lavait les dents, chaussait ses lunettes et s'installait au lit avec un roman policier ou les rapports de la Bourse, jusqu'à ce que le bruit de la porte d'entrée vînt lui indiquer que le pasteur était reparti pour un an.

42. *Le bureau, vu de la maison*

Un soir, peu de temps après la visite annuelle du pasteur Foster, Mr. Bridge rentra à la maison plus tard que d'habitude et fut accueilli à la porte de la cuisine par sa femme.

— Nous avons décidé de commencer sans toi, lui annonça-t-elle. J'espère que tu n'y vois pas d'objections. Les enfants mouraient de faim.

Il répondit d'une voix lasse qu'il avait espéré pouvoir s'échapper plus tôt de son bureau.

— Tu as l'air complètement éreinté, observa-t-elle en dénouant son tablier. Cette fois-ci, je vais vraiment appeler Julia et lui donner des ordres stricts pour qu'elle cesse de te surcharger de travail. Tu dois bien être le seul avec de tels horaires.

Depuis des années, elle menaçait d'appeler Julia – comme si Julia y était pour quelque chose. Elle aurait, sans aucun doute, été la première à apprécier de pouvoir rentrer chez elle plus tôt.

— Où est passée Harriet ? s'étonna-t-il.

— Elle a demandé à prendre sa soirée à la place du jeudi. Si j'ai bien compris, il y avait un grand tralala ce soir. Elle s'était pomponnée. Un homme est passé la prendre tout à l'heure.

— Traîne-t-elle encore avec ce type sur sa moto ?

— Celui-ci avait une voiture. Je ne sais pas s'il s'agit du même, je n'ai pas vu son visage. Il a donné un petit coup de klaxon et hop, ils étaient partis.

— Qu'y a-t-il au menu ?

— Gratin de macaronis et salade de fruits pour le dessert.

Il tenta de dissimuler sa déconvenue. Il se demanda s'il parviendrait à persuader Harriet de renoncer à sa soirée de sortie en échange d'une augmentation.

— Bon, prépare-moi un scotch, lui dit-il avant de monter se rafraîchir et se changer.

Lorsqu'il redescendit et entra dans la salle à manger, son fils l'accueillit avec un salut militaire.

— Ho ! ho ! cria Douglas, regardez qui vient dîner ce soir !

— La ferme, pauvre cloche, lui lança Carolyn.

— Allons, allons, vous deux, interrompit Mrs. Bridge.

Et, pour Douglas, elle ajouta :

— En voilà une manière d'accueillir son père !

— Maman, fit Ruth en se prenant la tête entre les mains, vu la manière dont tu t'y prends avec lui, c'est pas étonnant. Il voulait juste être amusant. Est-ce que c'est un crime ?

— Il a un humour complètement tarte, dit Carolyn. C'est un niais.

Mr. Bridge les écouta avec indulgence. Il était heureux d'entendre leurs voix et de voir leurs visages. C'était pour eux qu'il avait passé ces longues journées à son cabinet et, parce qu'il percevait l'affection sous leurs chamailleries, ces insultes feintes ne le dérangeaient pas.

— T'as ramassé beaucoup de fric aujourd'hui ? lui demandait Douglas.

— Pas assez, je le crains, pour te vêtir convenablement.

— Oh, et dire que cette chemise n'a pas six mois ! soupira Mrs. Bridge qui avait suivi son regard.

— Yuk, yuk, yuk, fit Douglas en étirant les bras au-dessus de sa tête pour montrer combien ses manches étaient trop courtes.

— Élu débile incurable à l'unanimité, conclut Carolyn.

— Alors papa, tu nous racontes comment s'est passée ta journée ? demanda Ruth.

— Je doute que mes journées intéressent quiconque à cette table, dit-il en riant.

— Allons, tu sais bien que ce n'est pas vrai, dit Mrs. Bridge, feignant la gronderie. Nous nous intéressons tous à ton travail. Je t'en ai demandé des nouvelles je ne sais plus combien de fois, et les enfants de même. Mais, pour avoir des informations, il faut te tirer les vers du nez.

— Ouais, c'est vrai, pap, c'est vrai, dit Douglas.

Il remarqua que les filles, encouragées par la réflexion de leur mère, le regardaient poliment. Il soupçonnait que les trois enfants avaient reçu la consigne de manifester quelque intérêt.

— Soit, dit-il, puisque vous en redemandez… Une citation latine résume assez bien la situation : « *Unius dementia dementes efficit multos.* »

Il adressa un sourire à Ruth qui étudiait l… au lycée, mais elle avait soudain plongé le nez … son assiette. Et, bientôt, la conversation dévia v… d'autres sujets.

Trop épuisé pour manger, il buvait lentement son verre, se demandant à nouveau pourquoi il ne parvenait pas à discuter de son travail avec sa famille. Autrefois, ce n'était pas possible à cause du jeune âge des enfants. Mais aujourd'hui ? Qu'y avait-il à dire ? Ils l'avaient, c'était vrai, souvent interrogé. Pourtant, chaque fois, que leur question fût sincère ou non, il avait répondu de manière elliptique, tournant leur invitation en dérision. Pourquoi cela ? Il avait indéniablement envie de se confier à sa famille. À présent, ils renouvelaient leur demande. Pourquoi avoir repoussé cette occasion ? Il sentit qu'il était sur le point de comprendre lorsque quelque chose vint se mettre en travers de son raisonnement, comme un store que l'on abaisse. Après tout, comment pouvaient-ils s'intéresser réellement au témoignage d'un conducteur de tramway impliqué dans un accident de la circulation, le 18 septembre de l'année précédente ? Son entretien avec le juge Hibbler n'avait plus aucun sens lorsqu'on le sortait de son contexte, tout comme la remarque de Julia au sujet du mécanicien dont le tatouage s'était infecté. Rien de cela ne serait intelligible à table, pendant le repas du soir. Peut-être l'écouteraient-ils, mais cela leur demanderait un effort considérable.

Non, non, pensa-t-il, le regard rivé au fond de son verre, il n'y a pratiquement rien que je puisse leur raconter. Ma vie est coupée en deux. Les deux moitiés demeurant côte à côte en un équilibre parfait, comme les deux moitiés d'un melon. Je suppose qu'il en est de même pour la plupart des hommes. Ou bien sont-ils, de quelque manière, différents ? Parviennent-ils à se partager ?

Cette question n'était pas nouvelle. Il se l'était souvent posée.

Je sais bien peu de chose sur les autres hommes, pensa-t-il, bien que je traverse la vie persuadé du contraire. Je ne connais que moi-même, mais je crois pouvoir prétendre bien me connaître. Je sais ce que je suis, ainsi que ce que je ne suis pas, même si je ne suis pas sûr de savoir ce que je voudrais être. Quoi qu'il en soit, tout ce que je ressens, pense, vois ou crois n'est le fruit que de ma propre intelligence, et celle de personne d'autre. Je crois ce que je crois. Je n'ai, à ce jour, jamais cru en une chose uniquement parce que d'autres y croyaient aussi, et je n'en ai pas l'intention. Je peux m'estimer heureux : du moins ai-je su me préserver. Jamais je n'ai porté de masque. Peut-être est-ce une piètre consolation, mais il n'en est pas beaucoup de meilleures. De toute manière, je ne pourrais pas mener une autre vie. Quelles qu'en soient les raisons, bonnes ou mauvaises, elles existent. De toute évidence, il n'est pas nécessaire d'aller chercher plus loin. Aussi, tôt demain matin, me lèverai-je pour répéter les gestes d'aujourd'hui. Il en sera de même après-demain et après-après-demain, et ainsi de suite, et il n'y a rien à redire.

43. *Ces quelques pièces...*

Cette nuit-là, avant de suspendre son pantalon dans la penderie, il vida ses poches, et, comme à son habitude, laissa la monnaie sur la commode. Le lendemain matin, il l'oublia. Lorsqu'il rentra che. lui dans la soirée, les pièces n'étaient plus là. Il pensa tout d'abord que sa femme les avait ramassées, mais elle répondit n'y avoir pas touché. Elle les avait effectivement aperçues, sur la commode, après son départ, mais les y avait laissées. Elle suggéra qu'Harriet aurait pu les ranger dans un des tiroirs en nettoyant la chambre, mais il avait déjà vérifié. L'argent avait disparu. Il se rendit à la cuisine et trouva Harriet en train de fourrer de crème pâtissière les éclairs au chocolat. Il lui demanda si elle avait vu les pièces. Elle réfléchit pendant une minute, puis affirma que non. Il n'y avait pas d'argent sur la commode lorsqu'elle était allée faire les lits. Elle en était sûre, ajouta-t-elle, parce que, ayant mis un peu d'ordre sur le dessus de la commode, elle aurait certainement remarqué les pièces si elles y avaient été. Il lui demanda si quelqu'un d'autre était entré dans la maison au cours de la journée. Harriet répondit que, à sa connaissance, il n'y avait eu personne excepté les enfants. Il ne voulait pas poser la question aux enfants. Si l'un d'eux avait pris l'argent, il ou elle devait le dire. Il attendit donc, pensant que, lorsqu'ils seraient tous à table pour le dîner, quelqu'un parlerait. Cependant, au cours du repas, personne ne dit rien, et il comprit qu'il avait trop attendu. À présent, sa question aurait un relent d'accusation.

Plus tard, cette même nuit, Mrs. Bridge le questionna à propos de sa monnaie. Il expliqua qu'il ne l'avait pas retrouvée, lui faisant comprendre, par son intonation, que l'incident était clos. Toutefois, la disparition des pièces continuait d'occuper ses pensées. Il voulait croire qu'Harriet les avait volées. Rien ne prouvait que ce ne fût pas le cas.

Cet incident le contrariait car il ne serait jamais résolu. Il en ressentait un léger picotement, comme une égratignure qui se referme sous une croûte. Cette dernière finit par disparaître, elle aussi, mais non sans laisser une petite cicatrice.

44. *Meilleurs vœux*

Le Noël de cette année-là resterait gravé dans leur mémoire grâce à la carte du sénateur Bailey. Jamais, auparavant, il ne leur avait fait parvenir ses vœux.

— Il prépare sa réélection, rétorqua Mr. Bridge lorsque sa femme s'étonna qu'ils aient été inscrits sur la liste du sénateur.

Le seul fait de voir la carte et de penser à Horton Bailey le mettait de mauvaise humeur.

— Cet homme est un mauvais payeur, je te l'ai déjà dit. Je ne veux pas en entendre parler. Je ne voterai pas pour Horton Bailey, fût-il le seul candidat de la planète. Cet homme ne vaut rien. Crois-moi, il ne vaut rien. Il n'a jamais valu grand-chose. Il ne vaudra jamais rien.

— Mon Dieu, quelle intransigeance ! dit-elle, et elle lui pinça le bras.

— Je n'ai aucun respect pour ceux qui disparaissent sans payer leurs dettes. Voilà sur quoi je ne transigerai jamais.

Il pouvait aisément imaginer la réaction de Bailey, au cas où il serait fait allusion à la dette : la feinte cordialité, le rire âpre et sonore, la tape vigoureuse et professionnelle dans le dos. Le tout suivi d'un second éclat de rire tonitruant s'échappant de son visage d'Irlandais couvert de taches de rousseur, comme s'il coulait de source que des hommes de leur qualité ne pouvaient s'abaisser à parler d'une chose aussi fruste qu'une ancienne dette. La dette ne serait jamais remboursée. Jamais Bailey ne l'honorerait et, chaque fois que Mr. Bridge y repensait, ses traits, déjà fins, semblaient s'aiguiser et l'on aurait dit qu'il était plongé dans la contemplation d'un spectacle repoussant.

Après un premier coup d'œil à la carte de vœux, il évita de la regarder. Il eut envie de la jeter dans le feu de cheminée, mais il sentit que sa femme en était flattée. Un sénateur n'envoyait pas ses vœux à n'importe qui. Elle ne l'aurait jamais admis ouvertement, pourtant il soupçonnait qu'elle le prenait ainsi, et donc il laissa la carte là où elle l'avait mise, sur le manteau de la cheminée, à côté de la petite crèche en bois peint et des anges en Celluloïd.

45. *L'écureuil*

Le jour de Noël, peu avant midi, Mr. et Mrs. Bridge se tenaient sous le vieil orme du jardin, devant la maison. Malgré les soins qu'était venu lui prodiguer un spécialiste pendant l'été, l'élaguant et faisant de son mieux pour le sauver, l'orme dépérissait. Ils étaient tous deux attachés à cet arbre. Ils ne connaissaient pas son âge exact mais cela faisait probablement plus d'un demi-siècle qu'il était enraciné à ce même endroit. Ils le contemplaient tristement et discutaient de la nécessité de le faire abattre avant qu'il ne se fende et vienne s'écraser contre la maison. L'écorce était sèche et épaisse, craquelée de stries brunes qui rappelaient le liège. Ses grosses branches saillaient, sans vie. À le voir ainsi qui se découpait sur le ciel bleu glacé, on ne pouvait douter que la mort l'habitait.

Tandis qu'ils le contemplaient, Douglas apparut au coin de la maison, portant un gros écureuil gris. Il le tenait par la queue, le laissant pendre comme un vieux chiffon. Avec ses pattes tendues et raides, ballantes aux extrémités de son corps flasque, l'animal semblait vouloir saisir quelque chose. Dans l'autre main, Douglas tenait le fusil à air comprimé qu'il avait reçu le matin même.

Mr. Bridge promena un regard étonné sur l'écureuil. Jamais il n'aurait pensé que ce genre de fusil pût tuer quoi que ce fût de plus gros qu'une chenille. Il vit une perle rouge se former au bout du museau de l'écureuil, puis sombrer, tel un rubis, dans la neige. Il prit alors conscience du regard de sa femme. Elle attendait de voir comment il allait régler cette affaire.

La porte d'entrée s'ouvrit et Carolyn sortit de la maison. En voyant que l'écureuil était mort, elle prit une mine dégoûtée et croisa les bras comme elle avait vu sa mère le faire lorsque quelque chose n'allait pas.

Quant à Douglas, il était décontenancé. Il ne s'était pas attendu à se retrouver face à un public. D'un geste un peu incertain, il leva l'écureuil pour mieux le montrer, au cas où quelqu'un voudrait y regarder de plus près.

Mr. Bridge savait qu'il était censé prononcer une sentence. Il y avait un fusil, un chasseur et le cadavre d'un animal. Toutefois, ne sachant trop lui-même ce qu'il en pensait, il n'était pas sûr de l'attitude qu'il convenait d'adopter. Seule la présence de sa femme et de sa fille, le forçant à prendre une décision à l'égard de son fils, occupait son esprit.

Cette coalition, féminine et silencieuse, l'agaçait. Il s'adressa à son fils sur un ton sec :

— Et maintenant que tu l'as tué, que comptes-tu en faire ?

Douglas réfléchit. Puis proposa :

— Si on le mangeait ?

Carolyn fit une grimace et laissa échapper un râle de haut-le-cœur.

— Nous ne manquons pas de viande, dit Mr. Bridge.

— J'ai pensé qu'on pourrait peut-être en faire un ragoût, si on voulait. Sauf que c'est moi qui garde sa fourrure.

— Tu imagines sans doute que tu vas le dépecer ?

Douglas murmura quelque chose et hocha la tête. Il agita légèrement l'écureuil et une autre goutte de sang s'enfonça dans la neige.

Mr. Bridge sentait la pression de plus en plus forte qu'exerçaient les deux femmes. Elles ne diraient rien. Elles se contenteraient d'attendre. C'était là leur manière de réagir lorsque quelque chose leur déplaisait. Selon elles, on avait tué, sans motif, un petit animal, il ne fallait pas chercher plus loin. Au-delà de ce fait, elles ne voulaient rien entendre, elles voulaient que l'assassin fût châtié. Mais Mr. Bridge sentait également croître peu à peu le pouvoir obstiné de son fils qui s'opposait à elles avec cette certitude toute masculine que de tuer les bêtes est juste. À présent, on attendait de lui qu'il tranchât en faveur de l'une ou l'autre de ces deux philosophies. Il dit à son fils :

— As-tu jamais essayé d'écorcher un écureuil ?

Douglas répondit qu'il avait déjà vidé des poissons. À Crystal Lake, avec ses amis et par l'entremise – à leur corps défendant – de quelques sauterelles et de vers de terre, il avait pêché un certain nombre de petites perches et de poissons-lunes. Certains de ces spécimens étaient suffisamment gros pour être mangés et Harriet les lui avait frits pour son déjeuner.

— Vider un poisson et écorcher un écureuil, ce n'est pas tout à fait la même chose, remarqua Mr. Bridge.

Douglas se fit plus têtu.

— Qu'est-ce que tu en sais ? Tu l'as déjà fait ?

Mr. Bridge répondit que oui.

— Eh bien alors, moi aussi je peux, défia l'enfant, et il serra la dépouille de l'écureuil avec assurance.

Un couteau de boy-scout à gaine pendait à sa ceinture.

— Qu'en feras-tu ensuite ?

— Comment ça ?

— Que feras-tu de la fourrure ?

— Je la tendrai sur une planche et je l'accrocherai dans ma chambre.

— Ah non ! lança sa mère. Ah non, il n'en est pas question, mon jeune ami. Je m'y oppose formellement.

— Ah non ? rétorqua-t-il, fièrement. Non ? Et pourquoi ça ? Il est à moi, non ? C'est moi qui l'ai tué, il m'appartient. Je peux en faire ce que je veux.

— Bouffe-le, dit Carolyn. Avec la fourrure, les griffes, la queue, les oreilles et tout le reste. J'espère que tu t'étoufferas. Et j'espère que tu en crèveras.

— Personne t'a demandé ton avis, marmonna-t-il. Va te faire voir.

— Il n'y a qu'à lui confisquer son fusil et lui supprimer son argent de poche !

Mrs. Bridge passa un bras autour des épaules de Carolyn.

— Allons, allons, calme-toi. C'est à ton père de décider ce qu'il convient de faire.

— Supposons que nous fassions un marché, toi et moi, mon fils, dit Mr. Bridge. Je t'autorise à dépecer cet écureuil et tu fais de sa fourrure ce que bon te semble. Cloue-la sur une planche et accroche-la dans ta chambre si c'est là ton désir. Cependant, j'y mets une condition.

Douglas leva les yeux vers son père, l'air méfiant.

Mr. Bridge croisa les bras et poursuivit :

— Elle devra y rester jusqu'à ce que je te permette de t'en débarrasser.

— C'est tout ?

— C'est ma condition.

— Où est le piège ?

— Il n'y a aucun piège.

Douglas y réfléchit. Il creusait des petits trous dans la neige avec la gueule de son fusil. Enfin, il dit :

— Et si jamais ça se met à puer dans ma chambre ?

— Tu m'as entendu. Tu l'y laisseras jusqu'à ce que je t'autorise à la jeter.

Soudain, les yeux de Douglas se remplirent de larmes. Il donna un violent coup de pied dans l'orme et dit, juste assez fort pour que tous puissent l'entendre :

— Si j'ai bien compris, j'ai plus qu'à l'enterrer quelque part.

46. *Jours heureux*

Une autre année touchait à sa fin. Elle avait été bonne et il regrettait de la voir se terminer, mais il était heureux qu'elle se close sans qu'aucun membre de la famille fût tombé malade et en laissant présager que le gros de la Dépression était passé. Les enfants grandissaient presque comme il l'avait espéré et sa femme était heureuse. C'étaient là les choses qui comptaient. Par ailleurs, le travail l'accaparait de plus en plus, ce qui était également une bonne chose.

Certes, l'élection de Roosevelt était fâcheuse. Cet homme qui avait déjà fait tant de torts à l'économie nationale serait probablement le pire président des États-Unis, après Ulysses Grant. Ceux qui l'avaient élu ne se rendaient certainement pas encore compte de leur erreur, mais ils ne tarderaient pas à s'en mordre les doigts. Les syndicats étaient devenus incontrôlables, des communistes avaient obtenu des postes au ministère du Travail et les impôts menaçaient d'augmenter. Tout cela découlait du New Deal de Roosevelt dont le contrecoup se faisait sérieusement sentir. Mr. Bridge se sentait concerné par l'avenir du pays et en discutait fréquemment. Il rencontrait des hommes aussi mécontents et frustrés que lui, et tous incapables d'endiguer ce torrent de socialisme. Cependant, si l'on parvenait à faire abstraction de Roosevelt et de ses conseillers gauchisants, ou à se persuader qu'ils seraient renversés aux prochaines élections, ou, du moins, qu'ils retrouveraient leur bon sens et modifieraient leurs projets, eh bien, somme toute, on ne pouvait pas se plaindre.

Les nuages qui planaient au-dessus de l'Europe n'étaient pas près de se dissiper, mais personne n'oublierait la leçon de la Grande Guerre. Personne n'oserait précipiter une autre guerre. Et, même si l'on osait, il y avait peu de risques pour que l'Amérique s'en mêle. Trop de gens se souvenaient.

En attendant, on avait toutes les raisons de s'estimer heureux. L'argent ne coulait pas à flots, bien entendu, et la souffrance n'avait pas été rayée du vocabulaire des hommes. Mais pour la majorité de ceux qui ne craignaient pas le travail, pour ceux qui ne traînaient pas aux coins des rues à geindre et à attendre que le gouvernement les nourrisse, il y avait de quoi faire.

Lorsque sonna minuit, au réveillon du Nouvel An du Country Club, une flûte à champagne vint se briser dans l'âtre de la cheminée et l'orchestre entama : « Ce n'est qu'un au revoir, mes frères… » Répondant aux toasts que l'on portait ici et là, Mr. Bridge leva son verre et, balayant d'une main une pincée de confettis tombée dans ses cheveux, il déclara :

— Aux jours heureux !

47. *La succession de la cousine Lulu*

Peu après le Nouvel An, ils reçurent la lettre d'un notaire du Tennessee les informant que Mrs. Bridge et ses enfants avaient été nommés colégataires de Lulubelle Watts, récemment décédée. Mrs. Bridge en fut profondément affligée.

— Pauvre Lulu, répétait-elle encore et encore. Je ne savais même pas qu'elle nous avait quittés.

— C'était celle qui était un peu timbrée ? demanda Douglas.

— Elle-même. Tu ne crois pas si bien dire, répondit son père.

— Voyons ! Elle était charmante, contesta Mrs. Bridge. Mon Dieu, j'aurais dû être plus gentille avec elle. La pauvre. J'ai honte de moi.

— Tu as été aussi gentille avec elle qu'on pouvait l'être. Tu n'as rien à te reprocher. Cette femme était un cas limite. Si tu veux mon avis, elle aurait été plus à sa place dans un asile psychiatrique.

— Combien est-ce que je touche ? demanda Carolyn.

— Enfin, Corky ! J'ignore combien tu « toucheras » ou ce que chacun d'entre nous « touchera ». Cela n'a pas d'importance. Nous avons largement de quoi nous nourrir et nous devrions en remercier le ciel. L'argent n'est pas tout dans ce monde. Pauvre Lulu ! J'ai tellement mauvaise conscience. Dans toutes ses lettres, elle demandait des nouvelles de chacun d'entre nous. Elle avait une telle estime pour nous tous. Pas une seule fois elle n'a oublié nos anniversaires. Elle n'a jamais eu de famille à elle. J'aurais vraiment dû l'inviter plus souvent.

— Une fois nous a suffi amplement, coupa Mr. Bridge.

— Il est vrai que son séjour fut un peu agité, reconnut Mrs. Bridge. Mais il faut dire aussi qu'elle n'était pas en très bonne santé. Quand même, il me semble n'avoir pas fait tout ce que j'aurais dû faire.

— Vu les circonstances, tu as fait tout ce que l'on pouvait raisonnablement attendre de quiconque.

— Je suppose que tu as raison. Mais cela me fait tellement de peine.

— C'est fort regrettable, en effet, mais cela nous arrivera à tous, un jour ou l'autre.

— Y en a assez de ces têtes d'enterrement ! grommela Douglas.

Mrs. Bridge soupira et secoua la tête. À contrecœur, elle reprit la lettre.

— Comment dois-je y répondre ?

— Donne, dit-il.

Il la lui prit et la glissa dans sa poche.

— Je demanderai à Julia de taper une réponse demain matin et je te la rapporterai pour que tu la signes.

Peu après, un complément d'information leur parvint du Tennessee : Mrs. Bridge héritait de la somme de 2 222, 22 $, et chaque enfant de 333, 33 $.

— Non mais, vraiment ! dit Mr. Bridge en apprenant la nouvelle. J'ai dû te le dire vingt fois déjà et je persiste à le croire, cette femme aurait dû être internée.

— Je crois me souvenir qu'elle s'intéressait à l'astrologie, dit Mrs. Bridge.

— Moi, je sais ce que je veux, déclara Douglas. Un vélo de course.

— Je voudrais, corrigea sa mère.

— C'est ton argent, lui répondit son père. Si c'est ce que tu veux.

— Et vous deux ? demanda-t-il aux filles.

Ruth répondit qu'elle s'achèterait des vêtements.

— Et toi ? demanda-t-il à Carolyn. Puisque les autres sont incapables de voir plus loin que le bout de leur nez, que comptes-tu faire de cet argent tombé du ciel ? Le dilapider, toi aussi ?

— Je veux un puits de pétrole, dit Carolyn.

— Tu n'es pas la seule !

Cette observation ne l'amusa pas.

— Un jour, tu as dit à maman que tu avais failli gagner un million de dollars.

— J'ai dit cela, moi ? J'en doute. Tu dois faire erreur. Je suis sûr de n'avoir jamais rien dit de la sorte à ta mère.

— Si, tu l'as dit, répéta Carolyn.

— Oh, attendez, je crois me souvenir, dit Mrs. Bridge. Cela fait des années. Mais voyons, Corky, tu ne peux pas te souvenir de quelque chose qui s'est produit il y a aussi longtemps, c'est impossible.

— Si, je peux, insista Carolyn.

— Eh bien, moi pas, dit Mr. Bridge. Pourriez-vous me rafraîchir la mémoire ?

— Je me rappelle vaguement que cela avait un rapport avec ton ami Henry Gutekunst. Lorsqu'il est allé s'installer en Oklahoma, la première fois.

— Henry Gutekunst ! s'exclama-t-il, lançant un regard incrédule vers Carolyn. Tu n'avais pas cinq ans lorsque cela s'est passé.

— Encore plus jeune que cela, dit Mrs. Bridge en tapotant fièrement le dos de Carolyn.

— Je me souviens, s'obstina Carolyn. Tu as dit à maman que, si tu avais eu un peu de bon sens, tu serais millionnaire.

À présent, cela commençait à lui dire quelque chose. Il écouta Carolyn lui répéter ce qu'il avait dit. Il n'en croyait pas ses oreilles. Elle semblait lire ou réciter plutôt que de chercher dans sa mémoire. Elle hésitait à peine. Il reconnut certains mots qu'il utilisait souvent, le rythme de ses phrases, et il revit un moment du passé qu'il avait presque oublié. Il avait lu à voix haute un article de la page financière du *Star*. Henry Gutekunst avait découvert du pétrole dans un champ, à quelques kilomètres au sud de Tulsa. Ce fut son premier puits, il allait y en avoir beaucoup d'autres. Aujourd'hui, Gutekunst était multimillionnaire. Six mois avant le premier coup de pioche, il avait proposé à Mr. Bridge de s'associer avec lui.

Carolyn poursuivit :

— Tu as dit à maman que prospecter le pétrole était la façon la plus expéditive de perdre de l'argent. Tu as dit que c'était pour ça que tu n'avais pas donné un sou à Mr. Gutekunst quand il t'a proposé de t'associer avec lui.

— Il se peut que tu aies raison, dit-il. Je dois reconnaître que ta mémoire m'impressionne beaucoup. Et il est vrai que, si j'avais accepté son offre à l'époque, aujourd'hui je serais riche. Cependant, cela s'est passé il y a fort longtemps et n'a aucun rapport avec la situation actuelle. Mon ami, Mr. Gutekunst, a effectivement fait fortune, mais c'est là un cas exceptionnel et heureux. Pour chaque Henry Gutekunst qui trouve du pétrole, il y a des centaines et des centaines d'hommes qui y laissent leur chemise, qui gaspillent toute leur fortune pour courir après une chimère. Crois-moi, je ne l'ai vu se produire que trop souvent.

— Mais tu as dit que tu regrettais de ne pas lui avoir avancé l'argent.

— Si j'avais su à l'avance que, là où Henry Gutekunst pensait le trouver, il y avait effectivement un immense gisement de pétrole, j'aurais bien évidemment investi. Certes, Carolyn, je regrette sincèrement de ne pas l'avoir su. Le problème est qu'il n'y a aucun moyen de prévoir ces choses. Il aurait aussi bien pu se mettre sur la paille.

— C'était une idée charmante, Corky, dit Mrs. Bridge, mais ton père est mieux renseigné que toi. Tu ne voudrais pas perdre ton argent, n'est-ce pas ? De plus, bien que trois cent trente-trois dollars représentent beaucoup, beaucoup d'argent, je doute que ce soit suffisant pour exaucer ton vœu.

— Je crois que j'ai une idée, dit Mr. Bridge. Il y a peut-être une solution. Cork pourrait devenir copropriétaire de plusieurs milliers de puits de pétrole. Qu'en pensez-vous ?

Carolyn se tenait sur ses gardes.

— Il se trouve que je connais un certain nombre de bonnes compagnies pétrolières fermement implantées. Standard of Indiana en est une, Texaco une autre. Nous pourrions te prendre quelques actions dans une de ces compagnies. Ton argent sera en sécurité et, chaque fois que ta compagnie acquerra un nouveau puits, tu en posséderas une partie. Qu'en penses-tu ?

— Mais cela me semble être une très bonne idée ! s'exclama Mrs. Bridge.

Tous les regards se tournèrent vers Carolyn.

— Alors ? demanda-t-il.

— J'en veux un à moi.

Mr. Bridge commençait à s'échauffer.

— Je suis désolé, mais tu ne peux pas avoir un puits de pétrole à toi toute seule. Tu n'as pas assez d'argent. Et, même si tu en avais assez, je ne t'autoriserais pas à investir dans une opération aussi périlleuse, alors tu peux te faire une raison. L'argent, cela ne se gaspille pas comme ça. Cela ne pousse pas sur les arbres. J'ai travaillé dur pour avoir ce que j'ai aujourd'hui et, quand tu seras plus grande, tu comprendras que c'est ainsi que cela se passe habituellement. Des Henry Gutekunst, il ne s'en trouve pas à tous les coins de rue. Et, si tu veux le savoir, Henry a travaillé dur, lui aussi, pour rassembler le capital qui lui a permis de se lancer ; de plus, il n'a pas localisé sa nappe de pétrole du jour au lendemain. Il n'y a pas seulement investi ses économies, mais également beaucoup de temps et d'efforts. Il a dû travailler longtemps comme géologue au service des autres avant de pouvoir s'installer à son propre compte. Je suis bien placé pour savoir combien cela a été difficile. Il a bien mérité sa fortune. Mais il ne faut pas oublier qu'il a eu une chance énorme. Il est fort probable qu'il ne connaîtrait pas cette aubaine une deuxième fois. Aujourd'hui, il est solidement implanté dans l'industrie pétrolière de l'Oklahoma, et l'on peut raisonnablement envisager que sa société continuera à exploiter des puits rentables, mais rien n'est sûr, et il est tout à fait concevable qu'il essuie un revers de fortune. Quoi qu'il en soit, Carolyn, indépendamment de la réussite de cet homme, ta situation est totalement différente. La cousine de ta mère t'a laissé une jolie petite somme, et je pense que, si nous l'investissons à terme dans une société sérieuse, bien gérée, possédant de bons antécédents, tu en tireras quelques profits rondelets.

— Oh bon, d'accord, convint mollement Carolyn.

— À la bonne heure ! La question est donc réglée.

Il se tourna à nouveau vers Ruth.

— Vas-tu gaspiller tout ton héritage en achetant des vêtements ?

Ruth répondit qu'elle voulait y réfléchir. Il la regarda quelques instants et il se rendit soudain compte que peu lui importait l'usage qu'elle ferait de son argent. Il ne savait pas pourquoi. Logiquement, c'était elle, plus que Carolyn, qui avait besoin qu'on lui fasse la leçon. Carolyn n'était ni dépensière ni irresponsable, et, bien que vouloir acheter un puits de pétrole avec trois cents dollars ne fût pas très réaliste, on ne pouvait rien reprocher à son raisonnement. À vrai dire, cela trahissait même une façon de penser remarquablement mûre. Une telle idée n'aurait jamais traversé l'esprit de Ruth.

— Fais comme bon te semble. Réfléchis, ajouta-t-il. Tu n'es plus une enfant.

Leurs regards se croisèrent un instant et il décela dans celui de sa fille une ombre qu'il ne pouvait pas comprendre. Il sentit que la passion qu'elle lui portait était presque sensuelle. Son amour était différent de celui de Carolyn.

À son fils, il dit :

— Va pour un vélo de course, mais après, que feras-tu du reste ?

Douglas haussa les épaules. Mis à part sa bicyclette, ce qu'on pourrait faire de son argent ne lui faisait ni chaud ni froid. Ils convinrent donc de le mettre en banque.

Ensuite Mr. Bridge se tourna vers sa femme, curieux de savoir comment elle souhaitait employer son héritage. Elle faisait souvent les boutiques, mais ses dépenses étaient modiques. Toutefois, maintenant qu'elle possédait de l'argent bien à elle, elle pouvait s'acheter pratiquement tout ce dont elle avait envie. Il attendit, les mains enfoncées dans les poches, lui souriant d'un air indulgent, et elle commença à montrer des signes d'inquiétude. Elle se creusait la tête pour trouver une chose dont elle aurait envie.

Il se dit brusquement qu'elle n'allait dans les boutiques que pour tuer le temps. Les enfants étaient, soit à l'école, soit occupés à leurs propres affaires. Harriet prenait soin de la maison, cuisinait et passait les commandes à l'épicerie. Une blanchisseuse venait une fois par semaine laver le linge et le repasser. Cela ne lui laissait plus grand-chose. Elle était dégagée de toute préoccupation. À mesure qu'il en prenait conscience, la situation lui sembla grotesque. Lui-même avait trop à faire. Ses journées étaient trop courtes, et celles de sa femme, trop longues. Voilà pourquoi elle faisait les boutiques. Cela lui apparut avec une telle clarté qu'il ne voyait pas comment il ne l'avait pas perçu plus tôt.

Il patienta encore. Elle cherchait toujours ce dont elle avait envie. Finalement, il proposa :

— Veux-tu que je m'en occupe pour le moment ?

— Oh oui ! Cela ne te ferait rien ?

De toute évidence, elle était soulagée.

— Voudrais-tu que je les place en Bourse ?

— Bonne idée. Fais pour le mieux.

— Bien, je crois que nous avons réglé le problème de la cousine Lulu, observa-t-il.

Ce n'était pas vraiment la chose à dire, mais personne ne releva.

48. *Nevacal*

Le lendemain, Avrum Rheingold, semblant avoir flairé l'argent, apparut au déjeuner du Muehlebach. Le docteur Sauer l'avait invité. Mr. Bridge, essayant de dissimuler l'aversion que lui inspirait cet homme, parla peu et l'évita du regard. Il le trouvait, si cela était possible, encore plus répugnant qu'au cours de leur première rencontre. Son teint avait la couleur du veau bouilli et il empestait l'eau de Cologne. Sur sa cravate, une épingle en diamant scintillait. Son crâne veiné reflétait les lumières électriques de la rôtisserie. Les rares cheveux qui lui restaient semblaient avoir été teints en bleu et ramenés vers l'avant dans une étrange tentative pour dissimuler sa calvitie. Il ressemblait à un sénateur romain décadent ou, tout simplement, à un homme gras et onctueux qui se trouvait des airs sénatoriaux. Avrum Rheingold se pourléchait les babines. Ses petits yeux bruns luisaient en inspectant la nourriture. Ses bajoues frémissaient. Il lâchait des rots d'anticipation. Il avait les dents jaunes. C'était là l'homme auquel Alexis Sauer confiait ses opérations boursières.

Sans cesser de mastiquer des radis, d'avaler du café, de beurrer des petits pains, d'entasser à l'aide d'un couteau haricots et purée de pommes de terre sur sa fourchette, ne s'interrompant que le temps de se curer les dents, Avrum Rheingold vantait les mérites d'une société du nom de Nevacal. Avec un revenu annuel équivalant à un quart de son capital, des perspectives plus que prometteuses et trois dollars et cinquante cents l'action, c'était donné. Des mines d'or dans le Nevada, du terrain en Californie… un véritable petit bijou florissant à première vue.

Mr. Bridge ne posa aucune question. Il n'avait jamais entendu parler de Nevacal. Il savait d'avance qu'elle ne figurerait pas dans l'indice Standard and Poor's, qu'elle ne serait pas cotée sur la Bourse de New York et qu'elle ne paierait certainement pas de dividendes. Cela étant, et indépendamment de sa méfiance à l'égard du courtier, il n'y investirait jamais le moindre dollar. Il se demanda si Sauer l'avait fait. Ce n'était pas impossible. En fait, il était même probable que Sauer, non content d'avoir mis de l'argent dans une entreprise aussi fantaisiste, eût invité le courtier à prêcher la bonne parole.

Quelques jours plus tard, Mr. Bridge fut sidéré d'apprendre les effets que les conseils d'Avrum Rheingold avaient produits : quatre des membres de la table ronde avaient acheté des actions Nevacal. Seul Virgil Barron s'était abstenu. Lorsqu'ils en discutèrent tous les deux, ils convinrent que cette opération était, au mieux, une dangereuse spéculation, voire une escroquerie. Barron détenait des informations concernant Avrum Rheingold. La réputation du courtier allait de pair avec son apparence physique.

Ce soir-là, Mr. Bridge regarda dans le journal. Comme il s'en était douté, la société n'était pas répertoriée. Le lendemain, il appela sa propre maison de courtage pour de plus amples informations. Après une longue attente au cours de laquelle on lui demanda à deux reprises d'épeler le nom, il obtint enfin une cotation. Le prix de l'action avait grimpé à quatre dollars. Il leur répondit qu'il voulait simplement se renseigner mais qu'il n'avait pas l'intention d'en acheter.

Il les rappela une semaine plus tard. Les actions Nevacal s'échangeaient à environ six dollars. Il raccrocha de mauvaise humeur. Les valeurs allaient dégringoler aussi rapidement qu'elles étaient grimpées, cela ne faisait aucun doute.

Il ne téléphona plus au bureau de courtage, il aurait été embarrassant de se renseigner par trois fois sans rien acheter. En revanche, lorsque, à la table ronde, la conversation dévia vers la Bourse, il demanda sur un ton badin si quelqu'un savait où en était Nevacal. Tout le monde le savait. Il était le seul à l'ignorer : les actions s'échangeaient à présent à neuf dollars. Virgil Barron était revenu sur ses positions et en avait acheté.

Mr. Bridge éclata de rire. Il leur conseilla de vendre le tout pendant qu'il était encore temps.

Alex Sauer leur dit qu'Avrum Rheingold le tenait régulièrement au courant. Ce dernier pensait qu'elles continueraient de grimper.

— À votre aise, mais ne venez pas dire plus tard que je ne vous avais pas prévenus, observa Mr. Bridge, et il frappa du doigt sur la table pour marquer ses mots.

Le vendredi suivant, il y avait un article dans le *Wall Street Journal* : au cours de l'exercice précédent, la société Nevacal avait enregistré une hausse de ses bénéfices de l'ordre de trois cents pour cent. La direction prévoyait que les revenus allaient encore augmenter pendant l'année à venir. Les titres, qui n'étaient toujours pas répertoriés, étaient cotés à onze dollars l'action.

Mr. Bridge savait que les prix chuteraient. Ils allaient essuyer un sérieux revers.

Mais le cours des actions poursuivit son ascension, jusqu'au jour où, enfin, Avrum Rheingold passa la consigne. Il était temps de vendre. Tous les membres du groupe suivirent son conseil, plus que satisfaits d'avoir quadruplé leur mise, sauf Virgil Barron qui avait pris le train en marche.

— Vous vous en êtes bien sortis, leur déclara Mr. Bridge. Puissiez-vous toujours avoir autant de chance ! Si vous voulez mon avis, continuez à faire ce genre d'acrobaties et vous aurez des ennuis.

Il n'avait pas parlé de Nevacal à la maison, car cela ne regardait pas la famille. Cependant, il avait eu l'intention, au cas où les titres auraient perdu de la valeur, de la citer comme une bonne illustration de ce qu'était un investissement irréfléchi. Malheureusement, Nevacal avait fait tout le contraire, donc en discuter n'avait aucun sens. En en parlant, il n'aurait pu qu'encourager les enfants à se lancer dans des spéculations du même ordre, le jour où ils seraient en âge de s'intéresser à ce genre de choses. En revanche, lorsque au cours d'une soudaine reprise du marché boursier il constata que Kansas City Power & Light avait enregistré une hausse de cinquante cents, il le signala aux enfants, en leur rappelant qu'il ne fallait jamais perdre de vue les valeurs fondamentales.

49. *Fleur de lis*

Il ne voyait pas la nécessité d'instruire ses filles ou de les préparer à leur avenir, si ce n'est en s'assurant qu'elles soient propres, polies, franches, modestes et convenablement éduquées. Quant au reste, leur mère y pourvoirait. Leur scolarité terminée, elles pourraient trouver un petit emploi quelconque en attendant de se marier. Et si elles consacraient une année, ou un peu plus, à quelque activité sans intérêt, cela ne signifiait pas nécessairement une perte de temps. Bien au contraire, mieux valait passer quelques années dans un bureau à taper des lettres à la machine ou à s'affairer à de menues besognes, plutôt que de se précipiter dans un mariage hâtif qui se solderait par un divorce. En revanche, que Douglas perde son temps à des tâches insignifiantes n'avait aucun sens. En conséquence, il projetait de discuter avec son fils de son avenir et de l'encourager à commencer d'y réfléchir. Il espérait lui fournir des points de référence utiles en lui dépeignant, non seulement les rétributions, mais également les aléas de sa propre carrière. Il souhaitait imprégner son fils de trois objectifs qu'il estimait avoir lui-même atteints : la sécurité financière, l'indépendance et le respect de soi-même. Dans son esprit, ils étaient d'une importance capitale. Ils étaient liés, tels les trois pétales d'une fleur de lis.

50. *L'arbre généalogique*

Sur un mur de leur chambre à coucher, dans un cadre noir ordinaire, on voyait une lettre nommant Henry Thompson Bridge colonel d'infanterie. La lettre était datée de 1812 et signée de la main de

James Monroe, alors secrétaire d'État. Mr. Bridge ne pouvait se rappeler quand il avait vu cette lettre pour la première fois. Elle avait appartenu à son oncle, mais, comme elle semblait l'avoir toujours fasciné, celui-ci la lui avait léguée. Aujourd'hui, bien qu'elle fût restée accrochée au même endroit dans leur chambre depuis bon nombre d'années, il était toujours conscient de sa présence et il pensait que c'était sans doute ce document qui avait, le premier, aiguisé sa curiosité à l'égard de ses ancêtres. Il avait même loué les services d'un généalogiste pour effectuer quelques recherches. Après un certain temps, celui-ci lui avait apporté un bref historique de ses ascendants. Il l'avait contemplé et lu maintes fois, puis il l'avait montré à sa femme et aux enfants. Il était quelque peu déçu qu'ils ne partagent pas sa fascination. Que sa femme s'intéressât moins aux ancêtres de son mari qu'elle ne se serait intéressée aux siens, c'était compréhensible. Il avait d'ailleurs envisagé de faire à nouveau appel au généalogiste pour qu'il dresse un dossier similaire concernant la famille de Mrs. Bridge. Cela pourrait lui faire une jolie surprise pour son anniversaire. Mais les enfants, eux, auraient dû s'y intéresser, et il espérait que ce serait le cas lorsqu'ils seraient plus grands. Carolyn avait bien donné quelques signes de curiosité, mais Ruth et Douglas s'étaient montrés singulièrement indifférents.

Il leur avait raconté qu'au Delaware, il y avait une ville qui portait le nom de son arrière-arrière-grand-père et que le frère de cet homme avait été, un temps, vice-gouverneur de l'Ohio. Parmi ses ancêtres, il y avait eu également un aristocrate écossais, propriétaire d'un château que l'on pouvait toujours admirer près du village d'Auldearn, dans les environs de

Moray Firth. Épatant, non ? Un autre de ses ancêtres avait été major pendant la guerre d'Indépendance. Un autre, le quatrième président de l'université d'Hamilton. Un autre encore avait été recommandé auprès du président Hayes pour le poste d'ambassadeur des États-Unis à Mexico, bien que, pour des raisons inconnues, il n'y eût jamais été nommé.

Ils écoutaient tout cela sans dire grand-chose. Finalement, Douglas demanda si la famille comptait également quelque voleur de chevaux.

— Eh bien, sans doute, répondit Mr. Bridge. Quelle famille n'a pas sa brebis galeuse ? Toutefois, leurs noms n'ont pas été retenus pour la postérité. Pourquoi ? Pourquoi cette question ?

— Comme ça. Pour savoir, fit Douglas.

51. *Les nouveaux voisins*

Sur le terrain vague où les garçons avaient autrefois creusé leur caverne se dressait maintenant une maison en briques rouges de style colonial avec des portes-fenêtres, un portique soutenu par six colonnes blanches et carrées, et, sur la porte, un heurtoir de laiton en forme de gueule de lion. Il y avait également un garage, réplique de la maison en plus petit et sans les colonnes, pouvant accueillir trois voitures. Les ouvriers y avaient travaillé tout l'hiver malgré les intempéries. Maintenant, la maison était presque achevée.

— Je me demande vraiment qui va venir s'installer ici, dit Mrs. Bridge. Personne ne semble le savoir.

— En tout cas, ils ne sont pas dans le besoin, répondit-il. Grands dieux ! Cette maison a dû coûter une petite fortune.

Carolyn leur demanda s'ils avaient remarqué la girouette, un coq de cuivre perché sur le conduit de cheminée. Douglas, lui, leur annonça que les ouvriers construisaient un barbecue dans le jardin, derrière la maison.

— J'espère qu'ils sont plus passionnants que les autres gens du quartier, déclara Ruth.

— Nous ne devrions pas tarder à le savoir, dit Mrs. Bridge.

La nouvelle famille emménagea le premier jour de mai. Ils s'appelaient Snapper. Leo Snapper était un petit homme basané, avec un long nez droit et des yeux de renard, rouges et vifs. Sa femme, Édith, était plus grande que lui. Sa silhouette évoquait celle d'un mannequin et la coiffure de ses cheveux gris perle était savamment élaborée. Elle se promenait avec une canne, comme si elle n'y voyait pas très clair. Ils avaient deux filles, de quelques années plus âgées que Ruth, répondant aux noms de Judith et Olivia. Il y avait également un chauffeur oriental.

— Ils sont juifs ? demanda Carolyn.

— Je ne vois pas ce que cela peut faire. Y verrais-tu un inconvénient ? objecta Mrs. Bridge.

— Non, dit Carolyn. Je me posais simplement la question.

— Pourquoi est-ce qu'ils disent jamais bonjour à personne ? s'inquiéta Douglas.

— Cela ne nous regarde pas, lui répondit sa mère. Mais cette coiffure, tout de même ! On croirait l'impératrice Joséphine, vous ne trouvez pas ?

— Je me demande ce que fait cet homme, murmura Mr. Bridge, s'adressant plus à lui-même qu'aux autres.

— C'est justement ce que je demandais à Lois, dit Mrs. Bridge. Je crois qu'il est dans l'import-export.

— Ils ont un chien, observa Douglas. Seulement, c'est un caniche.

Il était déçu car le caniche était un chien d'intérieur plutôt impersonnel. À l'exception de la girouette, qui lui plaisait, et de la possibilité lointaine d'être un jour convié à un barbecue, il trouvait les nouveaux voisins, dans l'ensemble, décevants.

— J'ai aperçu leurs voitures, annonça Carolyn.

C'était là, selon elle, l'élément marquant de la famille Snapper.

— Ils laissent les portes du garage ouvertes pour être sûrs que tout le monde les verra. Il y en a une que je n'ai pas reconnue, mais les deux autres sont des Cadillac.

— Y en a qu'une de Cad, rectifia Douglas d'un ton las. L'autre, c'est une Buick, et la troisième une Oldsmobile. Ça se voit à des kilomètres rien qu'au pare-chocs.

Ruth, elle, était déçue que les Snapper n'aient pas de fils. Néanmoins, la sophistication hautaine de Judith et d'Olivia palliait presque cet inconvénient. Elle désirait faire leur connaissance, espérant ainsi qu'elles lui présenteraient les hommes qu'elles fréquentaient.

— Enfin ! conclut Mr. Bridge, tant que ce sont des gens convenables, c'est le principal.

— Oh, je ne doute pas que ce soient des gens convenables, répondit Mrs. Bridge. Je trouve que le quartier que nous habitons est tout à fait charmant.

— Moi de même, dit Mr. Bridge. Il faut espérer qu'il le restera.

52. *L.S.*

Quoiqu'il ait parlé des Snapper sur un ton badin, il ne voyait pas ce voisinage d'un très bon œil. Posséder trois voitures était inutile et donc prétentieux. Ce coq de cuivre était parfaitement absurde et la coiffure de cette femme, une excentricité tapageuse. Une famille moins aisée mais plus traditionnelle et cultivée aurait été préférable à un millionnaire au comportement vulgaire. Puis, quelques jours à peine après qu'ils eurent emménagé, le temps se réchauffa et on vint leur poser des stores aux portes-fenêtres. Leo Snapper y avait fait inscrire ses initiales. Elles étaient visibles à cent mètres à la ronde.

— Bonté divine ! que nous réservent-ils encore ? soupira Mr. Bridge en secouant la tête.

Sa femme leva les mains au ciel.

— Seigneur ! Tu ne pourrais pas mieux dire ! Ils dépassent les bornes !

— Je ne serais pas le moins du monde surpris, continua-t-il, si ces gens dressaient un mât dans leur jardin pour y faire flotter leur drapeau.

En entendant cela, Douglas, qui n'avait pas suivi attentivement la conversation, le regarda soudain avec intérêt : un mât pouvait faire l'objet d'une escalade palpitante ; puis, en voyant l'expression du visage de son père, il comprit enfin ce qu'il avait voulu dire.

— Moi je les trouve pas si mal, dit-il. Mr. Snapper est plutôt gentil.

— Ah oui ? demanda Mr. Bridge. Qu'est-ce qui te fait dire cela ?

— L'autre jour, le planeur de Vandermeer est passé par-dessus leur grille et, au lieu de se fâcher, Mr. Snapper le lui a relancé.

— Soit, dit Mr. Bridge avec un léger sourire. Le temps nous le dira. Le goût de cet homme ne m'enchante guère. Autrement, je n'ai rien contre lui.

Méditant sur cette dernière affirmation, il estima qu'il avait été sincère : certes, les nouveaux voisins étaient m'as-tu-vu, mais, après tout, ce n'était pas là un crime impardonnable. S'ils ne lui inspiraient aucune cordialité et s'il n'avait pas envie de mieux les connaître, cela ne signifiait pas pour autant que leur arrivée dans le voisinage allait bouleverser l'ordre des choses.

53. *La régate de Ward Parkway*

Pour Douglas, le grand événement du mois de mai n'était pas l'arrivée de la famille Snapper, mais la course de voiliers qui devait avoir lieu sur l'étang de Ward Parkway. Elle était prévue pour le dimanche 31 mai et ouverte à tous les bateaux construits dans les classes de travaux manuels des écoles communales. Les douze premiers voiliers à traverser l'étang se verraient attribuer un ruban. Douglas travaillait à la construction du sien depuis le mois de février mais ne l'avait toujours pas achevé. Il avait déjà demandé plusieurs fois à sa mère si, le dimanche 31, elle le conduirait à l'étang, et chaque fois elle le lui avait promis.

— Encore faut-il que tu aies terminé ton bateau, lui disait son père pour le taquiner.

Douglas maintenait qu'il serait prêt. Lorsqu'on lui demanda de quelle couleur il allait le peindre, il répondit que ce serait en blanc, comme si cela coulait de source. Les bateaux voguent bien plus vite lorsqu'ils sont peints en blanc. Son père en doutait et voulait savoir d'où il tenait cette information. Douglas l'ignorait, mais c'était pourtant la vérité. Tout le monde savait que les bateaux blancs étaient plus rapides. On lui demanda combien de garçons de sa classe construisaient un bateau. Ils étaient huit ou neuf, pensait-il. Il n'en était pas sûr.

— Vandermeer en construit un, ajouta-t-il, mais je crois pas qu'il le finira à cause qu'il arrête pas de faire des boulettes.

— On ne dit pas « à cause que », mais « parce que ».

— O.K. ! O.K. ! En tout cas, Mr. Teale s'est mis en rogne après lui l'autre jour, et il lui a lancé une gomme, sauf qu'il l'a raté et c'est un autre qui l'a reçue.

Mrs. Bridge lança un regard inquiet vers son mari. De temps à autre, elle entendait parler de maîtres d'école qui lançaient des objets à travers la pièce, giflaient un enfant ou avaient un comportement quelque peu étrange, et, chaque fois que ce genre de rapport lui parvenait, elle s'alarmait.

— Mr. Teale, il a un caractère pas possible, poursuivit Douglas, apparemment désireux de dépeindre la classe de travaux manuels comme des plus périlleuse. Chaque fois qu'on fait une bourde, il nous lance un truc. D'un seul coup : pan ! La semaine dernière, il a eu Tipton avec un morceau de craie.

— Il pourrait crever un œil, s'inquiéta Mrs. Bridge. T'a-t-il déjà lancé quelque chose ?

— Ouais, bien sûr. Il lance des trucs sur tous les mômes de la classe. Généralement, c'est une boulette de papier, sauf quand il s'énerve pour de bon. Quand il a l'air furax, moi, je me planque.

— Voilà une attitude sensée, dit Mr. Bridge.

— Dis, papa, tu viendras à la régate ?

— Suis-je invité ?

Douglas fit une grimace et Mr. Bridge se mit à rire.

— Soit, finis ton bateau et je viendrai.

Douglas répondit avec dédain qu'il pouvait très bien finir en deux ou trois jours, mais qu'il voulait faire du bon travail.

— Y en a qui font ça n'importe comment, dit-il. Sutton Boggs a fini le sien hier, mais s'il le met en course, il va sûrement couler.

Mr. Bridge commençait à comprendre à quel point ce voilier était important. En y réfléchissant et en se remémorant le nombre de fois où Douglas en avait parlé, il se demanda si le bateau n'avait pas revêtu quelque signification dont l'enfant n'avait pas conscience. Jamais, auparavant, il ne s'était attelé à une tâche avec autant d'acharnement. Jamais, auparavant, il n'avait montré le moindre orgueil dans ce qu'il entreprenait. Pourtant, c'était bien de la fierté qu'on lisait dans ses yeux tandis qu'il décrivait la manière dont il avait conçu les espars ou la façon dont il s'y était pris pour construire le pont, puis pour le passer au papier de verre jusqu'à ce qu'il fût fin au point de laisser filtrer la lumière. Il avait découpé la quille dans une feuille de fer-blanc, et Mr. Bridge se souvenait du soir où il leur avait dessiné cette quille et expliqué comment il avait vissé des plombs au fond du bateau, comblé les trous de vis avec du mastic, puis poncé le mastic jusqu'à ce qu'il n'en reste plus une trace. À présent, en écoutant à nouveau son fils parler du voilier, il se dit que, sans le savoir, Douglas prenait peu à peu sa vie en main.

Il décida de ne plus taquiner son fils.

— Si tu tiens à le terminer à temps, conseilla-t-il, peut-être devrais-tu rester à l'école après les cours ?

Douglas répondit gravement qu'il y avait songé mais qu'il n'osait pas demander la permission à Mr. Teale.

— Tu crains qu'il se moque de toi ?

— J'ai pensé qu'il allait se fâcher.

— Je ne crois pas, dit Mr. Bridge. Pourquoi ne lui demandes-tu pas ?

Douglas répondit qu'il y réfléchirait.

— Y a-t-il d'autres enfants qui restent après les cours pour travailler à leur bateau ?

— Non, répondit-il. Ils se fichent pas mal de ce qu'ils font. Ils décampent dès qu'ils entendent la sonnerie.

— Si tu veux un produit de qualité, tu dois être prêt à en payer le prix. La bonne marchandise ne se trouve pas au rayon des soldes des grands magasins. L'ouvrier qui se contente de faire le strict minimum ne produit que de la camelote. Ce n'est pas un crime. En fait, il se trouve que c'est ainsi que la plupart des gens mènent leur vie, en en faisant le moins possible. Le moins possible et rien de plus.

— Ouais, approuva Douglas.

— Je ne veux pas t'inciter à rester après les cours, tu comprends ? Si tu préfères jouer aux billes, au basket-ball ou à autre chose, c'est ton droit. Tant que tes notes sont satisfaisantes, je n'en demande pas plus. Pour le reste, fais comme bon te semble.

On n'en reparla plus, mais Mr. Bridge prêtait l'oreille et, plus tard dans la semaine, Douglas laissa entendre qu'il restait à l'école après les cours pour travailler à son bateau. Lorsqu'il acheta un morceau de tissu blanc chez le marchand de couleurs et emprunta les grands ciseaux de sa mère pour y découper les voiles, ses parents surent que le voilier était presque achevé. Mrs. Bridge offrit de les ourler sur sa machine à coudre, mais il refusa. Il déclara qu'il le ferait à la main, ce qu'il fit, puis il parvint à coudre, tout seul, les anneaux de rideaux qui retiendraient les voiles. Harriet l'instruisit dans le maniement du fer afin qu'il pût repasser le tissu froissé et aplatir les coutures qui plissaient. Ensuite il roula soigneusement les voiles terminées et les emporta à l'école.

— Il meurt d'envie de remporter cette course, dit Mrs. Bridge.

Mr. Bridge n'avait pas beaucoup réfléchi à la régate. Douglas espérait gagner, bien entendu. Cela n'avait rien de surprenant. Mais il n'en avait pas parlé, il parlait surtout du bateau. Il commença à trouver cela étrange.

— Oh, il m'en a parlé, lui confia Mrs. Bridge. Il est obsédé par l'idée de recevoir un ruban bleu. Franchement, Walter, cela commence à m'inquiéter. Il y aura tant de bateaux, je ne sais pas ce qui va se passer s'il ne gagne pas.

— Eh bien, dit Mr. Bridge en faisant tinter des pièces dans sa poche, Abraham Lincoln a dit un jour que, dans ce triste monde qui est le nôtre, le chagrin n'épargne personne, et il plonge la jeunesse dans des affres d'autant plus douloureuses que celle-ci se laisse prendre au dépourvu, alors que les adultes ont appris à le voir venir. Si Douglas perd cette régate, il devra accepter sa défaite avec élégance et la tête haute.

— Peut-être, répondit-elle.

Mais il la soupçonnait de ne pas l'avoir écouté.

L'après-midi de la régate, Ruth et Carolyn avaient mieux à faire. Donc, Mr. et Mrs. Bridge ainsi que Douglas, son bateau sous le bras, grimpèrent dans la Chrysler et remontèrent Ward Parkway jusqu'à l'étang. Ils y trouvèrent une foule étonnamment nombreuse, constituée presque en totalité de garçons accompagnés de leurs parents. Une multitude de bateaux jonchaient l'étang. D'autres gisaient sur l'herbe, tels des pélicans captifs. Chaque minute il en arrivait d'autres.

— J'avais pas imaginé qu'il y en aurait autant, avoua Douglas, l'air consterné.

— Je suis sûre que tu vas gagner, lui dit sa mère, mais son ton manquait de conviction ; ils étaient trop nombreux.

— Je ne comprends pas comment ils comptent organiser une régate avec tous ces engins. Sacrebleu ! Ils vont se rentrer dedans.

Douglas acquiesça.

— Ouais, surtout avec ce vent.

— N'est-ce pas Bobby Tipton ? demanda Mrs. Bridge.

— Ouais, j'ai vu. Ça l'est bien.

— C'est bien lui, corrigea sa mère.

— O.K. ! O.K. ! grommela Douglas, et il baissa les yeux vers le bateau qu'il tenait dans ses bras.

Bob Tipton s'approcha en mastiquant un bout de chewing-gum rose.

— Tu mets ton bateau en course ?

— Maintenant que je suis là.

— Qu'est-ce que t'en as fait ?

— Mes vieux ont un œil dessus. Qu'est-ce qu'y en a ! Pfut ! Doug, j'aurais jamais cru qu'y en aurait autant, pas toi ?

— Ça non, dit Douglas. Boggs met le sien aussi ?

Tipton acquiesça tout en soufflant une grosse bulle de chewing-gum. Elle creva et des lambeaux de gomme rose restèrent accrochés à sa lèvre supérieure.

— Je te parie que Boggs coule, observa Douglas, l'air songeur.

— Possible, dit Tipton.

Il tira sur le chewing-gum collé à sa lèvre et le fourra dans sa bouche.

— Y a un type de l'autre côté qui en a un super.

— Quelle école ?

— Chais pas, répondit Tipton. Il a dû se faire aider. Y a pas un môme de notre âge qui pourrait faire un pont pareil. Ça doit être son prof de travaux manuels qui lui a fait. Ça m'en a tout l'air.

— Il l'a déjà mis à l'eau ?

— Crois pas, dit Tipton.

— Peut-être que c'est juste qu'il est beau. Y a des bateaux comme ça qui sont super beaux, mais ça veut pas dire qu'ils vont vite.

— Possible.

— Ils distribuent douze rubans, alors on a notre chance.

— Faudrait qu'ils en distribuent cinquante, dit Tipton.

Quelques minutes plus tard, Douglas dit à ses parents :

— Moi et Tipton, on va faire le tour par l'autre côté et se préparer. Je vous retrouve après. Peut-être que si vous avancez plus près de la berge, vous verrez mieux.

Mrs. Bridge répondit qu'ils voyaient très bien de là où ils étaient, mais Mr. Bridge la prit par le bras.

— Bonne idée, nous allons nous approcher.

Tandis que Douglas et son ami s'enfonçaient dans la foule, il cria :

— Bonne chance à tous les deux !

La course ne commença pas avant une demi-heure. Mais quand le départ fut donné, peu de spectateurs furent certains qu'elle avait réellement commencé. La flotte miniature se détacha de la rive opposée dans un ensemble plus ou moins groupé. La brise avait forci. Les petits bateaux jouèrent des coudes, puis se mirent à flotter dans diverses directions, ballottant et gîtant, à l'exception de quelques-uns qui, les voiles empêtrées, restaient accrochés les uns aux autres, hébétés par leur propre impuissance. Ici et là, un voilier versait et gisait sur le flanc, tandis que d'autres se retournaient entièrement de sorte que, tels des cygnes cherchant leur nourriture, l'on n'en voyait plus affleurer que la coque et la quille. Mais certains gros navires se dégagèrent de cette armada hésitante sous les acclamations de la foule, le cap volontaire et les voiles gonflées. Ils fendaient les flots, leur beaupré plongeant dans le creux des vagues, semblant faire route vers le Nouveau Monde. Parmi eux, le bateau que Douglas avait construit demeurait introuvable.

On l'aperçut finalement au beau milieu de l'étang où il se tenait planté, aussi auguste et figé qu'une cigogne. De temps à autre, ses voiles frémissaient, les anneaux de rideaux en cuivre cliquetaient gracieusement contre le gui, et le voilier s'inclinait de quelques degrés, paraissant contempler la régate et s'interroger sur l'éventualité d'entrer en lice. Puis, avec un petit frisson, il reprenait sa position initiale.

Pendant quelques minutes, on le vit dériver, mais il refusait de naviguer. Il se balançait de droite à gauche et d'avant en arrière, bercé par les vagues. Un moment, il fit même volte-face. Mais rien de plus. En raison de la confusion qui avait régné au moment du départ de la régate, personne ne savait s'il était arrivé au centre de l'étang de lui-même, s'il y avait été poussé, traîné, ou s'il avait simplement suivi un autre bateau. Quoi qu'il en soit, il était là, et il avait manifestement l'intention d'y rester, peut-être à jamais. Le constructeur se tenait sur la berge, seul, avec un béret en feutre vert parsemé de boutons posé légèrement de travers sur la tête, un sweat-shirt neuf arborant un drapeau et la devise triomphale « All America », et un pantalon de golf en velours côtelé. Pieds nus dans ses tennis usés, il attendait, le regard rivé vers le grand large, les bras comme cassés, ballants le long du corps.

La grande régate s'acheva sans plus de cohésion qu'elle n'avait commencé. Elle se désagrégea. La rumeur courait selon laquelle il y avait un désaccord au sujet du vainqueur, car plusieurs bateaux avaient touché la rive en même temps. Mais rien de tout cela ne concernait Mr. et Mrs. Bridge. Ils firent le tour de l'étang et vinrent se poster de chaque côté de leur fils. Ce dernier salua leur présence sans un mot et continua à fixer des yeux le fruit de son labeur. Celui-ci avait fait un nouveau demi-tour et semblait jauger les périls du retour.

— En tout cas, dit-il, il a pas coulé.

— Et c'est le plus joli, ajouta Mrs. Bridge en passant un bras autour de la taille de son fils.

Quinze minutes plus tard, le voilier avait dérivé vers le côté sud de l'étang, mais sans s'approcher davantage de l'une ou l'autre rive. Mr. Bridge, Mrs. Bridge et Douglas le suivaient sur la berge.

— Beaucoup n'ont pas réussi à traverser l'étang, observa-t-elle.

À ces mots, le voilier leur fit soudain face, battant des voiles avec stupéfaction.

— Je suis persuadée qu'il reviendra d'ici peu, dit-elle encore.

— Tôt ou tard, répondit Douglas d'une voix calme.

Ainsi, ils attendirent, observant les autres voiliers qui dérivaient tout autour de l'étang, faisant des commentaires à leur sujet. Ils regardaient les navires gisant sur le flanc comme des épaves torpillées, et les carènes blanches se dressant ici et là telles des pierres tombales fraîchement peintes.

— Y en a deux ou trois qui ont dû couler, dit Douglas.

— Oh, quel dommage ! répondit sa mère.

Ôtant le béret de la tête de son fils, elle lissa ses cheveux emmêlés, puis le lui remit d'aplomb.

Soudain, contre la brise mourante, comme animé par une perversité surnaturelle qui pouvait ou non lui avoir été insufflée par son créateur, le bateau de Douglas sembla prendre vie. Ses deux voiles inclinées et gonflées, le pavillon battant au vent, le bateau merveilleux mit le cap droit sur eux. Il semblait que quelque vieux marin s'était emparé de la barre et ne pourrait trouver le repos tant que le navire n'arriverait à bon port.

— Le voilà qui arrive ! s'écria Mrs. Bridge en battant des mains.

Douglas hocha la tête.

Ils ne le quittaient pas des yeux. Tandis qu'il approchait, le voilier ralentit sa course ; cependant il ne faisait plus aucun doute qu'il entendait accoster.

Mr. Bridge demanda à Douglas s'il avait faim.

— Faim ? répondit-il sans lever les yeux.

— Je pensais que, lorsque ton bateau serait là, nous pourrions aller tous les trois manger quelque part un banana split.

— O.K. ! dit Douglas.

Et il s'agenouilla sur la berge pour attendre.

54. *Le semi-pro*

Mr. Bridge se sentait coupable depuis la régate tout en sachant qu'il n'était en rien responsable du vague à l'âme de ce fameux après-midi. Il ne savait pas très bien de quoi, au juste, il se sentait fautif, mais il ne pouvait s'en défendre. Cela l'amena à relever un défi qu'il savait perdu d'avance : voilà des semaines que Douglas le harcelait pour qu'il le rejoigne dans la rue avec une batte de base-ball et lance quelques balles basses à Rodney Vandermeer. Le père de Rodney avait été joueur de base-ball semi-professionnel et, de temps à autre, il frappait dans la balle pour entraîner son fils, Douglas, Bobby Tipton et n'importe quel autre garçon du quartier voulant se joindre à eux. En conséquence, Douglas souhaitait fortement prouver que son père n'avait rien à envier à quiconque quant au maniement de la batte.

Mr. Bridge ne pouvait se rappeler quand, pour la dernière fois, il avait touché une balle de base-ball. Cela pouvait bien faire vingt ans. Il avait épuisé tous les prétextes imaginables pour éviter de se donner en spectacle au beau milieu de la rue. Il avait espéré tenir bon jusqu'à la fin de l'été, en pensant que, peut-être, l'été suivant, Douglas aurait changé d'idée. Mais, peu après la régate, Douglas revint à la charge et Mr. Bridge céda. La mort dans l'âme, il accepta la batte et, après un dernier regard désespéré vers sa femme, il suivit Douglas à l'extérieur.

La sensation de la batte dans sa main lui parut très étrange. Il la soupesa et caressa le petit manche lisse. Il chercha la marque du fabricant. Tandis qu'ils approchaient de la rue, il la souleva à bout de bras et esquissa quelques moulinets. Il savait que la demi-heure qui allait suivre serait pénible. Le tout était, évidemment, de toucher la balle. Personne ne lui demanderait de l'envoyer plus loin que le père du petit Vandermeer. Non, aucun des garçons ne s'attendrait à cela.

— Le voilà ! hurla Douglas.

Mr. Bridge vit, outre Rodney Vandermeer, trois autres garçons affalés dans l'herbe à l'ombre d'un chêne. Au même instant, un cinquième glissa de l'une des grosses branches où, imitant le paresseux, il s'était laissé pendre. Mr. Bridge vit les cinq enfants qui l'examinaient intensément, comme s'ils n'avaient jamais de leur vie rencontré une telle curiosité.

Douglas courut les rejoindre, l'abandonnant avec la batte et la balle.

Les garçons se levèrent sans grand enthousiasme et l'un d'eux le regardait avec un mépris sans bornes. Mr. Bridge crut un instant que l'enfant souffrait de quelque déformation des articulations, car il se tenait debout comme s'il avait été fait de caoutchouc. Il avait le dos voûté, les jambes arquées et un faciès de mouton. Il mâchonnait une brindille. Un gant de première base se balançait au bout de son bras gauche en s'ouvrant et se refermant lentement comme une pince de homard.

— On est prêts, pa ! brailla Douglas.

Les garçons avancèrent sur la rue. Nonchalamment, ils prirent position. Ils ne trépignaient pas d'impatience. Ils se contentaient de rester plantés sur la chaussée et d'attendre.

Mr. Bridge examina la balle. Il comprit soudain que personne ne la lui lancerait. C'était à lui de l'envoyer en l'air et de la frapper. Il se souvint de l'avoir déjà fait lorsqu'il était enfant, mais, à présent, il ne savait plus très bien de quelle main il devait la lancer et de quelle main il devait tenir la batte. Il décida d'envoyer la balle de la main droite, et, si cela ne marchait pas, le coup suivant il essaierait de la gauche.

— Rod, c'est toi qui prends la première, énonça Douglas très distinctement.

Mr. Bridge envoya la balle en l'air puis saisit fermement la batte des deux mains. La balle retomba par terre plus tôt que prévu.

— Pas de problème ! cria Douglas, frappant du poing dans son gant. Quand tu veux, pa.

Mr. Bridge ne voulait pas regarder le curieux garçon mais il ne pouvait s'en empêcher. Il semblait simplement posé sur ses longues pattes d'araignée. Son visage ne trahissait pas la moindre trace d'intelligence.

— Envoie-nous une chandelle, lança Douglas et il s'accroupit, prenant une pose ramassée, une main sur chaque genou, pour montrer qu'il était prêt à bondir dans n'importe quelle direction.

Les autres garçons se tenaient en ligne. Leur attitude était respectueuse mais ils ne semblaient pas pour autant sur le qui-vive.

Mr. Bridge renvoya la balle en l'air, cette fois plus en hauteur pour avoir le temps de se préparer avant sa chute. Lorsqu'elle retomba, il frappa d'un coup sec et sentit une douleur vive lui traverser le poignet, tandis que la balle s'écrasait entre ses pieds, comme un oiseau mort.

Douglas resta coi. Un silence lugubre régnait dans la rue. Il n'y avait pas le moindre bruit.

Mr. Bridge remua le poignet pour vérifier s'il était blessé. Il n'avait rien et il fallut donc se résoudre à continuer. Cette fois-ci, avec un indescriptible soulagement, il toucha la balle. Elle rebondit en remontant la rue et, lorsque Douglas hurla : « C'est pour toi, Clyde ! » Mr. Bridge comprit avec horreur que le Clyde en question n'était autre que l'étrange garçon.

La balle roula jusqu'aux pieds de Clyde. Puis elle s'arrêta. L'enfant se pencha, cueillit la balle dans le creux de son gant et, d'un petit geste expert, la relança d'où elle était venue en lui faisant décrire un arc au-dessus de la rue. Mr. Bridge lâcha sa batte et, l'entendant heurter le macadam, il sut qu'il n'aurait jamais dû. Il se souvint, trop tard, qu'il était admis de laisser tomber une batte sur un terrain de base-ball, en aucun cas sur le macadam. Mais il n'était plus temps de songer à la batte, car la balle arrivait sur lui. Elle rebondit une fois sur la chaussée et l'atteignit à la poitrine.

— Envoie-nous une autre balle basse ! cria Douglas.

Apparemment, il avait renoncé à toute chandelle spectaculaire.

Mr. Bridge balança à nouveau la batte et la balle remonta la rue par petits bonds en direction de Douglas. Celui-ci fit mine d'être incapable de l'attraper et hurla à un autre garçon de s'en charger. Cela ne posa pas grand problème. La balle reprit les airs et Mr. Bridge parvint à l'arrêter du pied.

À présent, avec deux échecs sur trois lancers, sans compter la fois où il avait oublié de frapper dans la balle, il commençait à se sentir plus à l'aise. Après une nouvelle balle basse, il réussit enfin à en envoyer une dans les airs, à une hauteur convenable. Certes, elle n'atteignit aucun des joueurs, mais, quand même, cela témoignait d'un certain progrès. Rodney Vandermeer l'attrapa et la frappa à plusieurs reprises dans le creux de son gant, ce que Mr. Bridge interpréta comme un compliment. Il rit et fit signe aux garçons de reculer. Il lui semblait qu'il avait simplement manqué d'un peu d'entraînement. Il était convaincu que, dorénavant, il frapperait régulièrement la balle. Très prochainement, il allait pouvoir leur envoyer une longue chandelle.

Mais il rata la balle suivante et sentit très nettement que quelque chose se passait au niveau de sa colonne vertébrale. Il décida sur-le-champ que tout cela était ridicule. Il ne pensait pas s'être blessé, mais tout de même, il n'avait plus l'intention de toucher à cette batte.

— Désolé, les garçons ! cria-t-il. Je crains que vous ne deviez trouver quelqu'un d'autre.

Leur fournir des explications ne servirait pas à grand-chose. Il aurait eu l'air de chercher des excuses.

Douglas avança vers lui et, s'arrêtant à mi-chemin, lui dit :

— Je crois qu'on va rester ici encore un peu et faire le batteur chacun à son tour. En tout cas, merci quand même.

— Nous allons dîner tôt, dit Mr. Bridge. Ne tarde pas trop.

Il posa la batte contre un arbre, salua les joueurs de la main et se dirigea vers la maison. En chemin, il exerça sa colonne, se penchant légèrement en avant et tournant précautionneusement le torse d'un côté et de l'autre.

— Déjà de retour ? demanda Mrs. Bridge lorsqu'il apparut à la porte.

Il se laissa tomber dans un fauteuil et ôta ses lunettes.

— Oui, cela fait bien trop longtemps. J'ai essayé de prévenir Douglas, mais il ne voulait rien entendre.

Elle sourit.

— Je suis sûre que cela t'a fait le plus grand bien.

— Non, cela ne m'a pas fait le plus grand bien du tout, répondit-il sèchement. Je l'ai embarrassé devant tous ses amis. J'en étais sûr. J'ai essayé de le lui dire. Il refusait de me croire.

— Enfin, je doute que cela soit si grave.

— Oh si, c'est grave, lâcha-t-il. Oui, c'est très grave. Ne t'y trompe pas.

— À ce point ? Je ne comprends vraiment pas en quoi.

— Tu n'as jamais été un garçon, voilà pourquoi.

55. *Les gants d'or*

Douglas passa presque tout l'été à jouer au baseball, mais il se mit également à la boxe. Bien qu'il en eût parlé à la maison, personne n'y prêta guère attention jusqu'au jour où il entra dans la cuisine avec un œil poché et demanda à Harriet de lui donner un morceau de steak cru. Au lieu de cela, celle-ci s'empressa d'aller tout raconter à Mrs. Bridge. Cette dernière, après avoir examiné l'œil et effleuré timidement la peau du bout du petit doigt, le conduisit dans le bureau de Mr. Bridge qui était plongé dans son travail. Celui-ci examina l'œil à son tour. Puis il s'enfonça dans son fauteuil.

— Tiens, tiens, tiens, dit-il, voilà ce qui s'appelle un « coquard ».

— C'est terriblement enflé, s'inquiétait Mrs. Bridge. Ne crois-tu pas que nous devrions appeler le docteur Stapp ?

— Ton œil te fait-il mal ? demanda Mr. Bridge.

— Ça va, dit Douglas. J'ai juste besoin d'un steak.

— Et qu'as-tu fait pour mériter pareille décoration ?

Douglas venait déjà d'expliquer à Harriet, puis à sa mère, qu'il avait boxé avec Huggins, le chauffeur des Tipton, dans leur garage. Il estimait qu'une nouvelle explication était inutile. Cependant il s'exécuta, sachant que, sans cela, personne n'accéderait à sa requête. Il avait boxé avec Huggins et Huggins lui avait assené un direct du gauche. C'était aussi simple que cela.

Mr. Bridge n'appréciait pas du tout que son fils fît de la boxe avec le chauffeur de quiconque. Douglas répondit qu'il n'était pas le seul. Bob Tipton et Rodney Vandermeer avaient également boxé avec Huggins, puisqu'ils faisaient un tournoi. Puis il ajouta que Rodney Vandermeer avait saigné du nez après que le chauffeur lui eut donné un coup.

Le sourire sur le visage de Mr. Bridge s'évanouit.

— Continue, dit-il.

Douglas haussa les épaules. Il n'y avait rien d'autre à ajouter.

— Qui a lancé cette idée de tournoi ?

— C'est moi. On allait faire un tournoi juste entre nous trois, mais quand Huggins a eu fini de laver la voiture, il est resté là assis à nous regarder, alors on lui a demandé s'il voulait pas boxer avec nous.

Au début il a dit non mais, finalement, on a réussi à le convaincre.

— C'était ton idée ?

Un grand sourire éclaira le visage de Douglas.

— Ouais, tu penses ! C'était une chouette idée. Huggins a un gauche d'enfer. Mais c'est Tipton qui en a pris le plus plein la tronche. Il s'est fait aplatir comme une crêpe. Il tenait plus debout et faisait des zigzags dans le garage, il était complètement sonné.

— Où se trouve cet homme à présent ?

— Quel homme ?

Mr. Bridge fit un geste agacé.

— Le chauffeur.

— J'en sais rien, moi. Il vit pas chez les Tipton. Il a dû rentrer chez lui, ou alors il est encore là-bas. Qu'est-ce que j'en sais ? Qu'est-ce que ça peut bien faire ?

— Quel est le numéro de téléphone de ces Tipton ?

Douglas hésita. Il sentait qu'il avait dit une bêtise. Il voyait que son père était en colère mais ne comprenait pas encore très exactement pourquoi. Cela avait un rapport avec le chauffeur.

— Mais quoi, enfin ! c'est pas la faute à Huggins, gémit-il.

— Tu rentres avec un œil amoché, ton ami Rodney Vandermeer avec le nez en sang, quant au petit Tipton, il a frôlé le coma. C'est plus qu'assez. Si tu connais le numéro des Tipton, donne-le-moi, sinon je le chercherai moi-même.

— Minute ! dit Douglas. Tu veux bien te calmer et m'écouter cinq minutes ?

— Sois bref.

— C'est pas Huggins qui a dérouillé Tipton. C'est Rodney.

— Mettons les choses au clair. Le fils Tipton a été pratiquement assommé : qui l'a frappé ?

— Je viens de te le dire. C'est Rodney. Rodney lui a flanqué un uppercut.

— Je vois. Cela dit, ton ami Tipton a également boxé avec le chauffeur. C'est exact ?

— Bien sûr, sinon ça serait plus un tournoi. Tout le monde doit boxer contre tout le monde. Combien de fois il faut que j'explique ? Sauf qu'ils ont pas fait grand-chose, à part s'envoyer des coups pour rire. Ils se sont à peine touchés. Huggins y est pour rien si Tipton s'est presque fait mettre K.-O. J'veux dire, purée, si t'as toujours pas compris, moi, j'abandonne.

Il disait la vérité, cela ne faisait aucun doute. Cela dit, Mr. Bridge n'était toujours pas satisfait. Que ce ne fût pas le chauffeur qui ait blessé le troisième garçon semblait indiquer qu'il n'avait pas délibérément voulu leur faire du mal. Mais c'était quand même très suspect.

— Je n'aime pas cela, dit-il, je n'aime pas cela du tout.

— Mais nom d'une crotte de bique ! Quand on veut boxer, faut s'attendre à se faire amocher une fois de temps en temps, à moins qu'on soit une espèce de champion du monde professionnel !

— Ce n'est pas non plus à mon goût, dit Mrs. Bridge.

Douglas poussa un soupir.

— Personne voulait tuer personne. On s'entraînait juste à donner des coups, sauf que, comme j'ai déjà dit, c'est normal qu'on s'en prenne un sur la tronche de temps en temps. Vous auriez vu celui que j'ai flanqué dans le ventre de Vandermeer ! Ça lui a coupé le sifflet. Il est resté plié en deux pendant dix minutes.

Mr. Bridge se balançait dans son fauteuil de gauche à droite en réfléchissant.

— J'ai comme l'impression que ce tournoi a quelque peu dégénéré, dit-il finalement.

— Ben… peut-être bien un peu, convint Douglas.

— Maintenant, écoute-moi bien. Je ne vois pas d'objection à ce que tu boxes avec tes amis, des gens de ton âge et de ta taille. Mais je ne veux plus entendre parler d'œil poché et de nez qui saigne, tu m'entends ? Et il est hors de question de boxer à nouveau avec ce chauffeur, ni avec aucun autre domestique, quelles que soient les circonstances. Est-ce clair ? M'as-tu bien entendu ?

— Je ne suis pas complètement sourd.

— Très bien. Admettons que l'incident soit clos. Et maintenant, si tu permets, j'ai du travail.

— Euh, c'est que… fit Douglas.

— Quoi ? Qu'y a-t-il ?

— Tu pourrais pas dire à Harriet qu'elle me donne un steak cru ?

— Si tu es persuadé que c'est là ce dont tu as besoin, soit.

Lorsqu'il eut quitté la pièce, Mrs. Bridge demanda à son mari si le steak serait d'aucune utilité. Il répondit qu'il en doutait.

56. *Bing Crosby*

Le 1er du mois, il remarqua en parcourant les factures que Douglas avait fait porter huit disques de Bing Crosby sur son compte au magasin de musique de la Plaza. Il en parla à sa femme.

— Vraiment ? dit-elle. Il n'aurait pas dû. Je vais lui en toucher deux mots. Après tout, tu lui donnes de l'argent de poche. Il n'aura qu'à te rembourser.

— Laisse, cela n'a pas d'importance, répondit-il en ouvrant une nouvelle enveloppe.

Quelques minutes plus tard, elle leva le nez de sa revue et dit :

— Mais, j'y pense, c'est étrange. Il ne les écoute jamais.

— S'il ne les écoute pas, pourquoi les a-t-il achetés ?

— Je n'en sais rien. Peut-être les écoute-t-il, mais, bizarrement, il semble que ce soit toujours Carolyn qui les mette sur le phonographe.

Mr. Bridge reprit le relevé du magasin de musique et regarda à nouveau le reçu que Douglas avait signé. Puis il le tendit à sa femme, et, tandis qu'elle l'examinait, une expression abasourdie se dessina sur son visage.

— Que se passe-t-il ? demanda-t-il.

Elle ne répondit pas.

— C'est bien là sa signature, non ?

— C'est que… sans doute, dit-elle sur un ton si faible qu'il l'entendit à peine.

— Est-ce sa signature, oui ou non ? Tu connais son écriture mieux que moi. Alors ?

Elle hésitait encore.

— La reconnais-tu ? insista-t-il.

— Je ne suis pas experte en la matière, dit-elle en se tenant le front.

Elle semblait sur le point de défaillir.

— Réponds-moi, qui a signé ce reçu ?

— Il doit y avoir une explication.

— Il y en a forcément une, et j'ai bien l'intention de la découvrir. Où est Douglas ?

— Dans sa chambre, je crois.

Mr. Bridge se leva et se dirigea vers l'escalier. Elle le rappela. Il se retourna.

— Que comptes-tu faire ?

— Avant de faire quoi que ce soit, j'ai l'intention de poser quelques questions.

— Je suis sûre qu'il y a eu un malentendu.

— Je l'espère bien. Je ne tolérerai pas ce genre d'embrouille dans ma maison.

Douglas était allongé sur le dos, sur son tapis de Peaux-Rouges, les deux jambes tendues en équerre, le visage crispé et les paupières fermées, plissées par l'effort.

Mr. Bridge lui demanda ce qu'il était en train de faire.

Il répondit entre ses dents qu'il essayait de voir combien de temps il pouvait tenir cette position.

— Pourquoi ?

— Parce que, haleta-t-il, puis il reprit une profonde inspiration.

— Pourrais-tu m'expliquer pourquoi tu n'écoutes jamais tes disques de Bing Crosby ?

Douglas ramena lentement ses jambes vers le sol. Pendant quelques instants il resta étendu, avec un visage d'agonisant. Puis son front se plissa, semblant indiquer qu'il réfléchissait.

— Ça prend vraiment aux tripes, ce truc, dit-il.

Puis il ajouta :

— Qui dit que j'ai des disques de Bing Crosby ?

— Tu en as acheté huit le mois dernier.

Après un long silence, Douglas répondit :

— Non, c'est pas moi, monsieur le commissaire.

— Tu n'en as pas acheté ?

— Des disques… (Il s'éclaircit la gorge.) Des disques de Bing Crosby ?

— Des disques de Bing Crosby, en effet.

— Ce vieux boo-boop-y-doo ?

— As-tu récemment, oui ou non, fait mettre plusieurs disques sur ton compte au magasin de musique de la Plaza ?

Pour afficher sa perplexité, Douglas se gratta la tête. Puis il gémit :

— Mais non, c'est pas moi. C'est quoi, cette histoire ?

— Où sont tes sœurs ?

— Mystère et boule de gomme !

— Sont-elles sorties ?

— On s'en fiche !

Les filles n'étaient pas dans leur chambre. Mr. Bridge redescendit et poussa les portes battantes qui donnaient sur la cuisine. Harriet était seule. Elle essuyait la vaisselle en écoutant du jazz à la radio. Elle descendit le volume jusqu'à ce qu'il fût inaudible et continua de sécher un plat tout en posant sur Mr. Bridge un air détaché.

— Je cherche les filles. Les auriez-vous vues ?

— En aucune façon, répondit-elle promptement, d'un ton presque joyeux, fort soulagée que ce ne soit pas le programme de radio qui l'ait attiré dans la cuisine. Sauf que, attendez voir, laissez-moi réfléchir. Ruth est partie quelque part, y a pas longtemps. Voir un film, si je m'en souviens bien, elle et sa copine Dodie. Carolyn, ça, je ne sais pas. Sauf que, attendez voir. Voilà, ça me revient. Elle est chez les voisins d'en face.

— Lorsqu'elle rentrera, dites-lui que je veux lui parler.

— Mais bien sûr, sans faute. Dès qu'elle aura passé la porte.

Il sortit de la cuisine et traversait la petite salle à manger quand, sur le point de remonter dans son bureau, il aperçut de la lumière au sous-sol. Il descendit quelques marches et jeta un regard dans la salle de jeux. Carolyn était allongée sur la chaise longue, les mains derrière la tête et les pieds croisés.

— Je suis rentrée il y a juste une minute, dit-elle. Je suis passée par la porte d'entrée.

— Que faisais-tu en face ? demanda-t-il sur un ton enjoué.

— Je discutais avec Patsy. Tu veux quelque chose ?

— Non, répondit-il malgré lui.

Il ne savait pas pourquoi il avait dit cela ni pourquoi il avait souri. Il vit qu'elle l'observait attentivement. L'air grave, il descendit les dernières marches et s'approcha de la chaise longue.

— Dis, papa, je t'ai entendu au sujet des disques.

— Ah oui ?

Il sentit qu'elle essayait de prendre les rênes de la conversation.

— Pourquoi tu n'es pas venu me trouver en premier ?

— Oh là, attends un peu… commença-t-il.

— Je suis désolée. Tu ne me croiras peut-être pas, mais je suis sincèrement désolée.

— De quoi es-tu désolée ?

— Tu le sais bien.

Elle était parvenue à confesser sa faute, sans réellement avouer quoi que ce fût et avant même d'être accusée. Il lui lança un regard agacé.

— De quoi veux-tu parler ?

Elle tendit le bras et lui saisit la main.

— N'ai-je pas demandé pardon ? Qu'attends-tu d'autre de moi, papa ? Veux-tu que je rapporte ces disques au magasin ? Si c'est ce que tu veux, je le ferai. Je ferai tout ce que tu me demanderas de faire.

Elle avait imité la signature de son frère sur le reçu. Appeler cela de la « contrefaçon » pouvait paraître absurde, pourtant c'était bien ce dont il s'agissait. Il se demanda si, dans le cas où son délit n'aurait pas été découvert, elle y aurait fait allusion.

Elle le dévisageait attentivement.

— Je voulais t'en parler. Sincèrement, papa, j'allais le faire. Mais, par moments, tu es impossible.

Il voulait retirer sa main mais ne pouvait pas. D'ici peu, elle serait grande. Bientôt, elle appartiendrait à un autre.

— Carolyn, gémit-il, comment as-tu pu faire une telle chose ?

Aussitôt, elle retira sa main et détourna le regard, comme si celui qui avait trahi un pacte secret n'était autre que lui.

57. *Les beaux mâles*

Depuis un certain temps, Ruth tapissait l'intérieur de son armoire de photos de vedettes de cinéma. En les découvrant, Mrs. Bridge fut doublement contrariée : d'une part, parce que après avoir arraché les photos il faudrait repeindre l'armoire et, d'autre part, parce que sur toutes les photos il n'y avait que des hommes. Ça la chiffonnait tellement qu'avant même d'en parler à Ruth, elle décida de consulter son mari. La manière dont sa fille décorait son armoire était le dernier des soucis de Mr. Bridge. Mrs. Bridge évoqua alors le coût et l'embarras que représentait le fait de faire repeindre l'armoire. Il doutait que cela fût nécessaire. Afin qu'il puisse mieux percevoir l'ampleur de la situation, elle l'invita à venir se rendre compte par lui-même, et il la suivit dans la chambre des filles. Mrs. Bridge ouvrit les portes de l'armoire et commença à pousser pull-overs, chemisiers, combinaisons, jupes, manteaux et tout ce que Ruth y avait entassé. Enfin, il put constater qu'elle avait dit vrai : il était cerné par les regards des acteurs de cinéma. Certains étaient en costume de bain, quelques-uns jouaient au golf, d'autres posaient chez eux, d'autres encore se contentaient d'offrir un visage radieux à l'appareil photo. Ils étaient là, par dizaines, collés aux cloisons. Il les contempla, étourdi par ces rangées de dents d'une blancheur aveuglante, par la bêtise affable et universelle qui luisait sur les visages insignifiants de ces idoles. Il déclara qu'il ne voyait aucune raison de les arracher. Ruth s'en lasserait. D'ici un an ou deux, elle ne les supporterait plus et demanderait, d'elle-même, que son armoire fût repeinte. Tandis que si l'on s'en débarrassait aujourd'hui, elle ferait un esclandre. Laisse-la donc tranquille, conseilla-t-il à sa femme. Après tout, Ruth était la seule à être obligée de les regarder.

Mrs. Bridge, conservant son air grave, reconnut finalement qu'il avait peut-être raison, mais non sans ajouter que, à son avis, c'était là un piètre exemple pour Carolyn.

Aussi la collection demeura-t-elle à sa place. Et, petit à petit, elle s'agrandit, comme si tous ces beaux messieurs se multipliaient spontanément.

58. *La rixe*

Lorsque Mr. Bridge rentra à la maison, tout était déjà fini, et il ne l'aurait jamais appris s'il n'y avait eu ces traces de griffures sur la joue de Carolyn.

Elle avait commis l'erreur de traiter sa sœur de salope, pour quelle raison, il ne le demanda pas, et la bagarre avait immédiatement éclaté. Ruth, elle, ne portait aucune marque sur le visage et, de plus, elle arborait le masque complaisant du vainqueur. Mr. Bridge était surpris. Il ne lui était jamais venu à l'esprit que, malgré leurs disputes fréquentes, elles puissent en venir aux mains. Mais c'était pourtant ce qui s'était passé. L'issue du combat le surprenait encore davantage. Ruth avait deux ans de plus que sa sœur et était plus grande, mais Carolyn était plus robuste et bien plus forte. En outre, c'était toujours Carolyn qui piquait des rages et lançait des objets à travers la pièce, tandis que, lorsqu'elle était en colère, Ruth se repliait sur elle-même comme une chauve-souris dans sa grotte. Pourtant, cette fois-ci, elle s'était ruée hors de sa tanière et c'était Carolyn qui s'était enfuie en poussant des petits cris perçants. De toute façon, la crise était passée. Carolyn en garderait les cicatrices pendant plusieurs jours, souvenir de son manque de discernement. L'incident le laissait étrangement indifférent. Peut-être était-ce parce qu'il n'y avait pas assisté et qu'il n'avait pas entendu les hurlements de Carolyn. Aucun des partis n'avait souffert de lourdes pertes et, puisqu'un châtiment quelconque ne pourrait que raviver la scène, il choisit de passer la main sans faire trop de commentaires. En y repensant plus tard, il était, au fond, assez content. Il ne pouvait se résoudre à lever la main sur Carolyn lorsqu'elle devenait insupportable et il soupçonnait que Ruth lui avait donné une bonne leçon. Que cette leçon ait, ou non, un effet indélébile, cela restait encore à voir.

59. *Au jardin*

Un samedi matin, il aperçut Ruth s'apprêtant pour une séance de bronzage dans le jardin derrière la maison. Elle avait étalé une grande serviette de bain sur l'herbe, près du treillis de roses. À force de se prélasser au bord de la piscine du Country Club, son hâle lui donnait déjà des allures de Mexicaine, mais, manifestement, elle n'était pas encore satisfaite. Tandis qu'il l'observait depuis la fenêtre de sa chambre à coucher, elle défit les bretelles de son costume de bain, ouvrit une bouteille d'ambre solaire et commença à huiler ses bras et ses jambes. Il n'avait jamais encore remarqué qu'elle était devenue une femme : son corps s'était allongé et ses formes s'étaient faites plus douces. Il la regarda attentivement laisser couler l'huile dans le creux de sa main, puis en oindre sa peau. Sa chair, satinée par la lumière matinale, faisait penser au bois de cerisier verni. Lorsqu'elle eut fini de se huiler, elle s'allongea sur la serviette, les bras étendus loin du corps. Elle semblait avoir dansé tout son saoul avant de tomber d'épuisement dans cette position.

Au même instant, Mrs. Bridge pénétra dans la chambre. Il s'écarta de la fenêtre, la saisit par les épaules et l'embrassa, forçant sa langue entre ses dents. Elle voulut se dégager de son étreinte. Il la saisit à nouveau et l'entraîna vers le lit tandis qu'elle laissait échapper un murmure d'incertitude.

60. *Te souviens-tu... ?*

— Te souviens-tu de ce soir-là, sous le porche de la maison de mes parents, avant notre mariage ? demanda-t-elle.

C'était une question qui appelait une forme de réponse. Il était rentré tard de son cabinet et il était fatigué. De plus il n'aimait pas qu'on lui force la main de la sorte. Il tenta de réfléchir à ce qu'il pourrait bien dire. Il ignorait de quel soir elle voulait parler. Il y en avait eu un certain nombre sur la balancelle du porche de la maison de ses parents. Ils y avaient passé des moments agréables et c'était là qu'il avait pris la décision de la demander en mariage. Cependant il s'était déclaré dans le petit salon, il devait donc s'agir d'une autre soirée. Mais laquelle ?

Elle sourit, les yeux mi-clos.

— Tu me parlais de Robert Ingersoll. Tu l'admirais, disais-tu. C'était, d'après toi, un des plus grands hommes de la planète.

— Grands dieux ! fit Mr. Bridge, agitant une main dans les airs pour dissiper tout ce qu'il avait pu dire à une époque aussi lointaine.

— Tu étais si jeune. Jamais, je n'ai pu l'oublier. Avant de rentrer chez toi, tu m'as lu quelques vers des quatrains d'Omar Khayyam. Tu avais ce petit recueil de poésies, avec une couverture en cuir et un ruban vert pour signet. Je me suis souvent demandé ce qu'il était advenu de ce petit livre. Qu'en as-tu fait ?

— Je n'en ai aucune idée, dit-il.

Il espérait qu'elle en aurait bientôt terminé avec ses réminiscences. Il s'assit sur le bord du lit pour enlever ses chaussures.

— Depuis ce soir-là, j'ai toujours aimé Omar Khayyam.

— Les jeunes hommes, surtout à un certain âge, ont tendance à se laisser emporter facilement.

Elle poursuivit, comme si elle ne l'avait pas entendu :

— Walter, je suis sûre qu'il y a un exemplaire des quatrains sur l'étagère de la petite salle à manger.

— Oh là ! un petit instant, dit-il, redressant les épaules d'un air las et une chaussure à la main.

— Tu dois me trouver bien sotte.

Elle attendait de lui qu'il fît revivre un moment qui était passé depuis vingt ans. Il y réfléchit. Bien entendu, rien ne l'empêchait de descendre au rez-de-chaussée, de chercher le livre et de lui en lire quelques vers. Personne n'en saurait jamais rien et elle serait contente. Mais comment savoir où tout cela allait les mener ? Il lui lança un regard de biais, se demandant si elle ne commençait pas à céder aux fantômes du passé. Si c'était le cas, c'était une habitude malsaine. Il n'est jamais bon de remuer les vieux souvenirs.

— Tant pis ! soupira-t-elle. Je vois bien que tu n'en as pas envie.

— J'y vais, dit-il, puisque tu y attaches tant d'importance.

— Non, non.

Elle était gênée.

— Comme tu veux. C'est oui ou c'est non ?

— Non, je ne veux plus. C'était idiot de ma part.

— Si tu y tiens, j'irai le chercher.

— Non, oublions cela. Je n'aurais jamais dû en parler. Je ne sais pas ce qui m'a pris.

Il ôta son autre chaussure et traversa la chambre jusqu'à l'armoire où il les déposa juste derrière la porte, comme il le faisait tous les soirs. Il sentit qu'il devait dire quelque chose. Il se frotta le menton et toussa.

— Je ne savais pas que ces vers t'avaient touchée à ce point.

Elle semblait s'être reprise.

— Cela devait être un ensemble de choses. C'était une si jolie soirée, et puis, c'était l'été. Te souviens-tu des azalées près du porche ?

— Les azalées près du porche ? Non, cela ne me dit rien.

— Je ne sais pas ce qui m'avait autant émue. Peut-être était-ce parce que tu étais le premier garçon qui s'intéressait réellement à moi.

Il n'aimait pas l'entendre parler ainsi. Il se souvint combien il avait été inquiet à l'idée qu'elle pût en voir un autre. À l'écouter aujourd'hui, l'on aurait cru que personne n'avait voulu d'elle.

— India, cesse de dire n'importe quoi. Je pourrais citer d'emblée le nom de plusieurs jeunes hommes qui te trouvaient extrêmement séduisante.

Pendant quelques instants elle demeura silencieuse. Elle semblait réfléchir. Puis elle dit :

— Walter, dis-moi la vérité. Tu me trouvais belle ?

Il fronça les sourcils.

— Mais que diable t'arrive-t-il ? D'un seul coup, sans raisons apparentes, tu te comportes comme si… je ne sais quoi. Tu étais une jolie jeune fille et, aujourd'hui, tu es une belle femme.

— Tu es sincère ?

— Absolument.

Elle le regarda d'un air taquin.

— Cela te serait-il si difficile de me le dire de temps en temps ?

— Je crains de ne pas être très doué pour ce genre de choses.

— Tu l'as été, pourtant.

C'était à la fois flatteur et embarrassant. Il fit mine de chercher quelque chose. C'était une nuit inhabituellement calme. En jetant un regard à la fenêtre, il aperçut des filets d'eau ruisselant le long de la vitre.

— Dis-moi, Walter. J'ai besoin de savoir. Est-ce que tu m'aimes ?

— Si je t'aime ? Mais bien sûr, répondit-il.

Au même instant, il entendit le grondement du tonnerre éclater au-dessus de leur tête. La maison en fut presque ébranlée, et la pluie redoubla d'intensité.

— Avant notre rencontre, avais-tu déjà été amoureux ?

— Non.

— Et après ?

— Comment ? lâcha-t-il, abasourdi.

Elle se précipita vers lui et se blottit dans ses bras.

— Je suis sotte, lui chuchota-t-elle.

— Je ne te le fais pas dire.

— Cela t'ennuie-t-il ?

— India, mais que se passe-t-il dans ta petite… ?

Avant même qu'il eût terminé, elle le libéra. Elle alla à sa coiffeuse, s'y assit et retira ses épingles à cheveux. Les épingles tombaient dans un cendrier de porcelaine en forme de cœur qu'elle conservait sur sa coiffeuse depuis leur mariage. Il ignorait d'où elle le tenait et supposait qu'il avait appartenu à sa mère ou à sa grand-mère. Il n'y avait jamais fait très attention. À présent, il le fixait des yeux ainsi que les épingles, qui résumaient vingt ans de vie conjugale.

— Le temps file à une telle allure ! soupira-t-elle. Voilà probablement pourquoi cela m'a pris.

Il regardait ses doigts agiles qui cherchaient les épingles à l'aveuglette, les extrayaient délicatement, puis les laissaient tomber dans le cendrier. Il était désorienté. Pourquoi avait-elle choisi ce soir-là pour se livrer à la nostalgie ? Ils avaient passé la soirée à lire et à écouter la radio, tandis que Carolyn assemblait un puzzle sur la table de jeu et que Douglas construisait une maquette d'avion dans sa chambre. Ruth et son amie Dodie étaient allées au cinéma. Harriet était restée dans la cuisine à bavarder avec quelqu'un. Cette soirée n'avait été en rien inhabituelle, elle avait été identique à des centaines d'autres.

61. *Joyeux anniversaire !*

Avant de partir au travail, il fit un chèque qu'il déposa sous la serviette de sa femme sur la table de la petite salle à manger. Le soir, lorsqu'il rentra, elle le remercia, lui montra ce que les enfants lui avaient offert et déclara qu'elle avait eu un très charmant anniversaire. Il lui en souhaita de nombreux autres tout aussi charmants. Ensuite, il lui proposa de faire une petite balade après dîner. Il faisait lourd et un petit tour en voiture serait agréable. Elle était d'accord.

Ils prirent Ward Parkway, tournèrent à gauche dans Huntington Road et roulèrent jusqu'à la frontière de l'État voisin. Puis ils se dirigèrent lentement vers le nord, passant devant le terrain de golf et les cours de tennis de Mission Hills, et débouchèrent sur la grand-route. Là, ils bifurquèrent vers la Plaza. Il gara la voiture devant le salon d'exposition de United Motors. Dans la vitrine, sous un projecteur, se tenait une Lincoln verte aux lignes pures.

Elle comprit immédiatement qu'il la lui avait achetée. Le chèque qu'il lui avait laissé sur la table ce matin n'était que de cinq dollars, ce qui l'avait rendue perplexe pendant toute la journée, car, d'ordinaire, il n'était pas si chiche en matière de cadeaux. À présent, tout s'éclaircissait. Il avait voulu lui faire une surprise.

Il lui tapota le genou et dit :

— Joyeux anniversaire, India.

Elle regarda l'automobile avec une expression qui voulait indiquer qu'elle ne pouvait pas en croire ses yeux.

— Walter, tu veux me faire marcher ! Tu n'es pas sérieux !

Il se mit à rire.

— Si elle ne te plaît pas nous pouvons la rendre.

— Jamais de la vie ! s'écria-t-elle. Ô mon Dieu ! Je n'en reviens pas ! Je croyais que le chèque était mon cadeau, je n'attendais rien d'autre.

— C'était un petit piège pour mieux te surprendre. Il semblerait que cela ait réussi.

— Doux Jésus ! Tu ne crois pas si bien dire.

Il éclata à nouveau de rire.

— Enfin, j'espère que cette voiture te conviendra.

— Oh, Walter, elle est magnifique. Absolument magnifique. Je ne sais plus quoi dire pour te remercier.

Elle se pencha vers lui et l'embrassa sur la joue.

— Merci !

— Mais de rien.

Il ouvrit la boîte à gants de la Chrysler et en sortit une enveloppe brune.

— Voilà les papiers.

— Ah ! fit-elle en prenant l'enveloppe. Eh bien, merci encore.

Il sortit une autre enveloppe de la poche intérieure de son veston.

— Et voici ton assurance. Ton assureur s'appelle Herbert Scott.

— Je le connais ?

— Tu as déjà dû le rencontrer. Il a un bureau dans le même immeuble que le mien, au huitième étage.

— Son nom me dit quelque chose. N'est-ce pas cet homme dont nous avons fait la connaissance au cocktail des Barron il y a quelques mois ?

— Je ne me souviens pas l'y avoir vu, mais c'est bien possible.

— Celui auquel je pense revenait d'un séjour de pêche au Canada.

— Il s'agit alors de Gene Herbert. Celui dont je te parle s'appelle Herbert Scott. Il n'y a aucun rapport.

— J'ai dû confondre à cause des noms.

Mr. Bridge déplia la police d'assurance et la tint à la lumière de la vitrine pour pouvoir l'examiner.

— Je pense que cela devrait te fournir une garantie plus que satisfaisante. Tu seras pleinement couverte en cas de blessures d'une ou plusieurs personnes. Dégâts matériels, frais médicaux, tous risques, collision : tout y est. Ces autres clauses ne sont pas importantes.

— Cela me semble être une couverture tout à fait adéquate, dit-elle, fixant le contrat des yeux pour prouver que, dorénavant, rien de ce qui concernait la Lincoln n'échapperait à son attention.

— Si on ne les surveille pas, ces gens des assurances sont capables de mettre dans leur police tout ce qui leur passe par la tête. Les seules clauses vraiment importantes sont celles qui concernent les blessures et les dégâts matériels. À l'avenir, si quelque chose devait m'arriver, je tiens à ce que tu ne négliges jamais ces deux points. Je connais Herbert Scott depuis bon nombre d'années et on peut tout à fait lui faire confiance, mais il se fait vieux, et le temps viendra sans doute où tu auras affaire à un homme plus jeune qui ne s'intéressera qu'à la prime. Tant que je serai en vie, c'est moi qui m'en chargerai, mais lorsque tu devras te débrouiller seule, il faudra te souvenir de conserver toujours une garantie maximale contre blessures et dégâts matériels. Il est probable que tu n'auras jamais d'accident grave, cela dit, il est toujours bon d'être prémuni.

— Tu as raison, admit Mrs. Bridge.

— Bien, à présent il faut que tu signes ici.

Il lui désigna du doigt la ligne d'émargement, décapuchonna son stylo à plume, le lui tendit, puis il tint le contrat à plat sur le siège tandis qu'elle apposait sa signature. Lorsque ce fut chose faite, il souffla sur l'encre fraîche, replia la police d'assurance, la glissa dans l'enveloppe et remit celle-ci dans sa poche.

— Je la déposerai au bureau d'Herbert demain, à l'heure du déjeuner. Voilà, il me semble que tout est réglé. Il ne te reste plus qu'à revenir ici demain avec la Reo. Tu n'auras qu'à donner ton nom au vendeur et il te tendra les clefs pour que tu partes avec. Tu leur laisseras la Reo. Ils nous la reprennent en échange.

Il se retourna une dernière fois pour regarder la Lincoln.

Elle fit de même.

— Walter, elle est magnifique. Jamais je ne pourrai te remercier assez.

— Je suis content qu'elle te plaise, dit-il.
Après quoi ils reprirent le chemin de la maison.

62. *Combien ?*

De temps à autre, sa famille s'informait de son travail. Ce n'était que pour la forme, à n'en pas douter, mais ils y mettaient un point d'honneur et il estimait qu'il se devait de répondre à cette manifestation d'intérêt.

— Eh bien, voilà... commença-t-il, comme si la question venait de lui être posée. L'autre jour, il s'est produit un incident qui vous intéressera peut-être. Aimeriez-vous l'entendre ?

— Oh, mais comment donc ! répondit Mrs. Bridge, reposant son couteau pour montrer toute l'importance qu'elle attachait à la révélation qui allait suivre.

Les enfants continuèrent de manger.

— Vous ne me croirez peut-être pas, les mit-il en garde, mais le fait est que, jeudi dernier, un homme, que je ne connaissais ni d'Ève ni d'Adam, m'a abordé dans la rue. Je crois du moins pouvoir affirmer que je ne l'avais jamais vu auparavant. Il est venu vers moi, comme cela, avec un sans-gêne éhonté. Apparemment il me connaissait, bien que je ne puisse m'expliquer comment. Quelqu'un avait dû lui donner mon nom.

— Et... ? Il voulait quoi ? La pièce ? demanda Douglas.

— Minute ! J'y viendrai dans un instant. Comme je le disais, je crois pouvoir affirmer n'avoir jamais vu cet homme auparavant. Et pourtant, avant même de savoir ce qu'il m'arrivait, il était là, marchant à mes côtés, comme s'il était tombé tout droit du ciel.

— Seigneur ! s'exclama Mrs. Bridge en choisissant un petit pain dans le panier en argent qu'Harriet lui présentait.

Elle posa son morceau de pain dans la petite soucoupe devant elle.

— Dis-nous vite ce qui s'est passé ensuite.

— Je vais tenter d'être concis, dit Mr. Bridge. Bref, en un mot, cet homme voulait me soudoyer. Alors, vous qui m'interrogez parfois au sujet de mon travail, que pensez-vous de cela ?

— Quelle abomination ! lança dédaigneusement Carolyn.

Il tourna son regard vers elle en secouant énergiquement la tête.

— Je ne plaisante pas. Il m'a proposé de l'argent : deux mille dollars.

Douglas se balança sur sa chaise et se donna une tape sur la joue.

— Oh, la vache ! Deux mille tickets !

— Grands dieux, quelle histoire ! Tu les as refusés, bien entendu, dit Mrs. Bridge, tout en beurrant son petit pain.

— Cela va de soi !

Ruth demanda ce qu'il était censé faire en échange de l'argent.

— Opprimer les pauvres, marmonna Douglas.

Carolyn lui envoya un coup de coude.

— On me demandait de faire une chose que je n'ai pas la moindre intention de faire, ni aujourd'hui ni à l'avenir.

— Ah, ah, ah ! lâcha Douglas.

— Maman, gémit Carolyn. Tu ne pourrais pas le laisser sortir de table ? Pourquoi doit-on toujours le supporter ? Papa essaie de nous raconter ce qui lui est arrivé et ce crétin est toujours en train de l'interrompre.

— Non mais, oh ! Pour qui elle se prend, celle-là ! rétorqua Douglas. C'est ce boudin avec un gros derrière qui la ramène.

— Assez ! coupa Mrs. Bridge. Tu peux sortir de table immédiatement.

Douglas joignit les mains.

— Moi êtle désolé, vénélable mèle, plofondément désolé. Veuillez paldonner misélable enfant, je vous plie.

— Tiens-toi convenablement, lui ordonna sa mère.

Puis, se tournant vers son mari, elle reprit le fil de leur conversation :

— Quelle épreuve cela a dû être pour toi ! On a beau lire ce genre de choses dans les journaux, on ne croit jamais que cela se produise dans la réalité.

Ruth demanda s'il y avait eu des témoins.

— Pas que je sache, répondit-il.

— Pourquoi t'as pas accepté ? interrogea Douglas.

Mr. Bridge scruta le visage de son fils. Puis il répondit :

— On ne traite jamais avec ces gens-là, en aucun cas.

— Pour deux mille dollars ? Tu parles !

— Explique-toi.

— Tout le monde s'achète.

— D'où tiens-tu cela ?

— J'en sais rien, mais c'est vrai. Tout le monde s'achète. C'est quoi ton prix ? Cinquante mille ?

— Je n'ai pas de prix. Je ne suis pas à vendre.

— Alors, cent mille ?

Douglas et son père se dévisagèrent longuement.

— Purée ! marmotta enfin Douglas. C'était qu'une blague.

— Je n'apprécie pas beaucoup ce genre d'humour. Dorénavant, veille à mieux choisir tes sujets de plaisanterie.

— Moi êtle désolé. Veuillez excuser encole une fois, tlès vénélé pèle.

63. *« La Patrouille de l'aube »*

Avec ses amis Tipton et Vandermeer, Douglas alla au cinéma voir *La Patrouille de l'aube*, et, avant même la fin du film, tous trois s'étaient juré de devenir pilotes. Il ne faisait aucun doute dans leur esprit que les aviateurs étaient, en tout point, infiniment supérieurs aux autres hommes.

Pour devenir pilote, il suffisait de deux choses : de l'argent, bien sûr, pour payer les leçons de pilotage, et, en outre, l'autorisation des parents. En sortant du cinéma, ils se mirent d'accord pour faire chacun les arrangements nécessaires afin de prendre, le samedi suivant, leur première leçon à l'aéroport de Fairfax.

Tout en flânant sur le chemin du retour, Douglas réfléchit et en arriva à la conclusion que, à partir du moment où il obtiendrait la permission, la question de l'argent serait facilement résolue. Il ne lui restait plus grand-chose de l'héritage de Lulu la timbrée. Toutefois, il y avait toujours les dix actions de la société Kansas City Power & Light. Cela devait suffire. Donc, le tout était de convaincre ses parents. En parcourant le trajet de l'arrêt du tramway à la maison, Douglas débattait à voix haute avec son père. Ses arguments l'emportaient : non seulement son père lui donnait son autorisation, mais, en plus, il offrait de payer les leçons. Cela allait marcher, il ne pouvait en être autrement. Néanmoins, il estima qu'il valait mieux aborder sa mère en premier. Elle l'enverrait voir son père, car c'était toujours ainsi qu'elle réagissait lorsqu'elle était confrontée à certaines questions. Cela dit, s'il parvenait à la persuader, cela faciliterait les choses. Dans le cas contraire, cela ne ferait pas grande différence.

Elle ne le prit pas au sérieux. Elle lui répondit que si, lorsqu'il aurait vingt et un ans, il avait toujours autant envie de devenir pilote, eh bien… on en reparlerait. Il lui rappela qu'il n'aurait pas vingt et un ans avant neuf ans. Alors, elle lui suggéra d'en discuter avec son père.

Il sortit de la maison et grimpa sur un arbre pour méditer. Il arrachait des petits morceaux d'écorce, balançait ses pieds dans le vide et révisait ses arguments. De là où il était, il pouvait voir le bureau de son père. Ce dernier était, comme à son habitude, assis derrière sa table de travail, examinant des documents et tournant les pages d'un gros livre. Sans savoir précisément pourquoi, il sentit qu'en proposant de vendre ses parts de Kansas City Power & Light pour payer ses leçons, il commettrait une erreur. Il fallait trouver l'argent par d'autres moyens.

Près de quinze minutes plus tard, il descendit une moitié de l'arbre en s'agrippant le long du tronc, en dégringola l'autre moitié, se reçut à quatre pattes, se redressa, secoua son pantalon et retourna dans la maison.

Mr. Bridge, l'air grave, écouta la proposition de son fils : si celui-ci pouvait emprunter suffisamment pour les leçons de pilotage, il rembourserait grâce à son argent de poche à un taux d'intérêt de cinquante pour cent. De plus, il se ferait un peu d'argent en ramassant des feuilles mortes après les cours ou en balayant la neige sitôt qu'il en tomberait. Par conséquent, l'emprunt serait remboursé en un rien de temps. Douglas parlait à toute allure. Sa première requête, concernant l'autorisation, avait été subrepticement glissée dans la conversation comme une chose sans conséquence, comme s'il était entendu entre eux qu'elle serait accordée d'office. L'essentiel du discours portait sur l'argent.

— Tout cela m'a l'air tout à fait passionnant, observa Mr. Bridge lorsque son fils eut terminé. Je ne doute pas un instant que toutes tes promesses de remboursement seront honorées. Cependant, il y a un aspect de la question sur lequel il nous faudrait peut-être revenir.

Douglas s'efforça de prendre un air très surpris.

Mr. Bridge s'enfonça dans son fauteuil. En joignant ses index et ses pouces, il forma un triangle, puis il demanda :

— Quel âge as-tu ?

Douglas fit un geste vague. Il s'y était attendu. Il glissa les doigts sous sa ceinture pour se donner du courage et répliqua :

— Y a une chose que tu oublies.

— C'est-à-dire ?

— Si Tipton, Vandermeer et moi, on prend des cours de pilotage, on deviendra peut-être les pilotes les plus jeunes du pays.

— Je crains d'avoir une mauvaise nouvelle.

— Quoi ?

— Douglas Bridge ne sera jamais le plus jeune pilote des États-Unis.

Tout était fini, cela ne faisait plus aucun doute. Il comprit que la bataille avait été d'emblée vouée à l'échec. Mais, n'ayant plus rien à perdre, il décida de ne pas capituler sans une dernière tentative. Il demanda à son père s'il connaissait *La Patrouille de l'aube*. Mr. Bridge ne l'avait pas vu. Cette réponse acheva de dissiper tout espoir. Il se gratta la nuque et prit une profonde inspiration. Il ne trouvait plus rien à dire. Il frotta le tapis du bout de son orteil.

— Ah, dit Mr. Bridge. Ha, ha ! Je commence à comprendre.

— Ça se joue au cinéma Uptown. Y a ces types anglais et tous ces Allemands. J'ai pensé que tu l'avais peut-être vu.

— Ta mère et moi allons rarement au cinéma. Quand as-tu été le voir ?

— Tout à l'heure.

— Et il s'agissait d'avions, n'est-ce pas ?

— Ouais, c'était pendant la guerre. Y avait ces types dans des avions de chasse qui tiraient dans tous les sens et puis un Allemand est passé en rase-mottes au-dessus du champ et il a jeté l'écharpe et le casque de l'Anglais après l'avoir descendu.

— Ce devait être un spectacle captivant.

— Ouais, ils avaient ces vieux zincs bringuebalants… Mais toi, les avions, tu t'en fiches.

— Pourquoi dis-tu cela ?

— Je crois pas que tu les aimes, c'est tout, dit Douglas sans relever la tête.

Mr. Bridge examina son fils quelques instants.

— Je n'ai pas l'âme d'un romantique. C'est cela que tu veux dire ?

Douglas enfonça les mains dans ses poches revolver. Le mot « romantique » le mettait mal à l'aise.

— Tout ce que je demandais, c'était de prendre des leçons de pilotage. Je vois pas où est le mal.

— Il n'y a absolument rien de mal à cela, si ce n'est ton âge. Quand tu seras grand, tu prendras toutes les leçons de pilotage que ton estomac sera capable de supporter. Il se pourrait, d'ailleurs, que tu t'aperçoives alors que voler ne t'emballe pas. Un voyage en avion peut s'avérer une expérience particulièrement désagréable.

— Qu'est-ce que t'en sais ? rétorqua Douglas. Et puis d'abord, qu'est-ce que tu sais de rien ?

— Si on modérait un peu ce ton ? dit Mr. Bridge. Je n'aime pas beaucoup la manière dont tu viens de me parler.

— Pardon, marmonna Douglas. Mais t'y connais rien, toi, aux avions, alors comment tu peux savoir ?

— Je suis déjà monté dans un avion.

— Je te dis pas un gros avion. Je veux dire des avions comme dans *La Patrouille de l'aube*, avec lesquels ils font des tonneaux d'Immelmann et des loopings, et tout. Monter dans un gros avion, ça compte pour du beurre. C'est comme si t'étais monté dans une grosse automobile.

— Je ne te parle pas de cela, corrigea Mr. Bridge. Je te parle d'un avion d'observation français.

Douglas dévisagea son père, cherchant à comprendre s'il était sérieux ou s'il plaisantait. Lorsqu'il constata qu'il disait la vérité, il en resta muet de stupeur.

— Mais parfaitement, assura Mr. Bridge. C'est un jeune officier de l'aviation française qui m'a emmené. Nous avons survolé Paris. À vrai dire, j'ai été à deux doigts d'y laisser ma peau.

Pour dissimuler son effroi et sa stupéfaction, Douglas s'essuya le nez du revers de la main.

Mr. Bridge poursuivit :

— Je vois encore les insignes sur le fuselage, et j'entends le bruit du moteur aussi distinctement que si c'était hier. Veux-tu que je te raconte ?

Douglas fit oui de la tête.

— Alors, voilà : c'était pendant la guerre. Mon régiment se trouvait basé près d'un aérodrome et j'avais très envie de faire un tour en avion. Jamais, de ma vie, je n'avais quitté le sol. À l'époque, ce n'était pas chose courante. Donc, un matin, j'achetai plusieurs paquets de cigarettes, je demandai à un chauffeur de taxi de m'emmener sur le terrain d'aviation, et, là, j'expliquai ce que je voulais à un officier français qui parlait anglais. Il me présenta à un jeune lieutenant qui avait plus ou moins mon âge. Ce dernier accepta de me prendre dans son avion en échange des cigarettes. Cependant il ne parlait pas un mot d'anglais et cela faillit me coûter la vie. Je n'avais jamais entendu parler de ceinture de sécurité, ou peut-être en avais-je entendu parler, mais j'en avais déduit qu'elles n'étaient d'aucune utilité. Toujours est-il que je grimpai tout simplement dans un des cockpits, et lui dans l'autre. Quelqu'un actionna la manivelle du moteur et nous voilà partis. Figure-toi que, à peine avions-nous quitté le sol, le pilote français se mit à faire toutes sortes de cabrioles, faisant apparemment de son mieux pour que ma promenade en vaille la peine. Je m'aperçus très vite que quelque chose n'allait pas, mais je ne pouvais plus rien faire. Je n'avais aucun moyen de lui dire que je n'étais pas attaché. Il ne me restait plus qu'à m'accrocher à une des barres en métal du cockpit et prier le ciel. Donc, comme je le disais, le Français en question devait manifestement penser que je trouvais cela très drôle, car, chaque fois que je lui criais d'arrêter, il se lançait dans une nouvelle acrobatie. Un moment, il retourna le petit avion sens dessus dessous, et nous nous mîmes à voler sur le dos ! Je n'ai pas honte d'avouer que j'ai cru mourir de peur. Je vois encore aujourd'hui la Seine défiler au-dessus de ma tête. Je t'assure que cela faisait un drôle d'effet ! J'ai bien cru que mes bras allaient être arrachés. Tant que je vivrai, je n'oublierai jamais ces quelques instants.

Mr. Bridge s'interrompit, se remémorant son vol. Douglas le contemplait avec un profond respect.

64. *Le verre pilé*

Pat, le setter irlandais des Tipton, avala une boulette de viande hachée mélangée à du verre pilé. C'était le troisième chien du quartier à être tué de la sorte au cours des derniers mois, et il faisait donc peu de doute que celui qui perpétrait ces crimes vivait ou, du moins, travaillait dans le voisinage. La police vint sur les lieux, s'arrangeant pour être vue en train d'interroger les gens et de faire des allées et venues en voiture, comme elle l'avait fait les fois précédentes, puis elle disparut et tout le monde sut que l'enquête n'irait pas plus loin. Ce setter avait un côté un peu canaille, avec un gentil aboiement qui n'inquiétait personne. Tous les matins il suivait le facteur et était bien connu dans le quartier. Il n'y avait aucune raison de vouloir le tuer.

Il arrivait parfois aux enfants d'insister pour avoir un chien, mais Mr. Bridge était réticent. Lorsque les chiens ne se faisaient pas écraser par une voiture, ils succombaient à la maladie de Carré ou à quelque chose du même genre. Il repensa à la triste fin qu'avaient connue les poussins, au petit lapin et à la tortue que Douglas avait un jour ramassée quelque part et ramenée à la maison. Elle avait rampé dans sa boîte en faisant des ronds et des ronds, puis elle avait fini par mourir, probablement d'ennui. Il y avait eu d'autres petites créatures que les enfants avaient tenu à garder : des oisillons tombés du nid, des crapauds, des sauterelles, des petits poissons… Mais, les uns après les autres, ils se sauvaient ou mouraient. Il était difficile d'avoir des animaux en ville. C'est pourquoi il tenait bon chaque fois qu'ils le suppliaient d'adopter un chien. Lorsqu'une tortue ou un crapaud mourait, on en ressentait tout au plus un léger regret. En revanche, avec un chien… Lorsque, après avoir longtemps partagé la vie d'une famille, un chien disparaissait, cela provoquait un profond traumatisme. Il se souvint du chagrin qu'il avait éprouvé étant enfant quand, un été, le sien était devenu fou et avait dû être abattu. Il ne pensait pas que le plaisir d'avoir un chien compensât la douleur causée par sa mort, douleur dont il sentait encore la force trente ans plus tard. Il ne voulait pas que ses enfants traversent une épreuve similaire.

Et voilà qu'on avait tué le setter irlandais. Il avait joué avec lui, lui avait lancé des morceaux de bois à rapporter. Cet incident le peinait, mais ne le surprenait pas. Lorsque sa femme en parlait, il hochait la tête sans prendre parti. Elle était atterrée et ne pouvait comprendre comment on pouvait commettre un tel acte.

Il n'essayait pas de lui répondre, si ce n'est en répétant ce qu'il avait déjà dit : il était pratiquement impossible de garder des animaux en ville. Quant à celui qui avait tué le chien des Tipton, il n'en savait pas plus que la police et donc se gardait de donner son opinion. Toutefois, il soupçonnait que ce devait être un des Nègres qui travaillaient dans le quartier.

65. *Arts et lettres*

— Oh, j'oubliais de te dire, observa Mrs. Bridge. Harriet a reçu aujourd'hui des nouvelles fort captivantes.

Étant donné qu'Harriet était en train de leur servir de la purée de pommes de terre, une forme de reconnaissance s'imposait.

— Vraiment ? interrogea-t-il. Eh bien, qu'attendez-vous pour tout nous raconter ?

— En fait, répondit Harriet, c'est trois fois rien.

— Mais comment, c'est une grande nouvelle au contraire ! insista Mrs. Bridge.

— Bon, si vous tenez vraiment à le savoir, dit Harriet en présentant les pommes de terre à Carolyn, c'est mon neveu, Junior Dewes.

— J'en veux plus, dit Carolyn.

Avec grâce, Harriet souleva le plat et contourna la table jusqu'à Ruth.

— Non merci, je suis au régime, expliqua Ruth.

Elle présenta les pommes de terre à Douglas qui, lui, se resservit copieusement.

— Eh bien, comme je disais à Mrs. Bridge tout à l'heure, j'ai reçu cet appel interurbain de ma sœur, Dorothy Dewes, qui habite à Cleveland dans l'Ohio. Elle est tombée malade il y a un certain temps et, depuis, elle n'est plus dans son assiette. Cependant, il semblerait que son état s'améliore. Enfin, c'est ce qu'on dit.

Mr. Bridge beurrait un toast.

— Tant mieux, Harriet, vous m'en voyez ravi, dit-il.

— Oui, bien sûr, j'en suis bien contente. Cela dit, les bonnes nouvelles en question sont rapport à mon neveu qui est devenu le bénéficitaire d'une bourse de quatre ans pour la faculté ou l'université qu'il veut. Alors, vous comprenez pourquoi ma sœur, Mrs. Dewes, et son mari sont fous de joie.

— Comme cela se comprend ! lâcha Mrs. Bridge avec enthousiasme, comme si elle l'entendait pour la première fois. Et où m'avez-vous dit qu'il comptait s'inscrire ?

— C'est à Harvard qu'il veut aller. Mais comme il est très difficile d'être accepté là-bas, il ne sait pas s'ils le prendront. Bien que, naturellement, il soit plein d'espoir.

— Harvard ? demanda Mr. Bridge. C'est à Harvard que ce garçon compte aller ?

— Oui, Junior considère que c'est une université d'extrêmement bonne qualité, avec des professeurs tout à fait compétents et tout le reste.

— Oh, je pense bien ! convint Mrs. Bridge. Et que compte-t-il étudier ?

— Les lettres. C'est dans ça qu'il voudrait se licencier.

— J'espère pour lui qu'il sera accepté, dit Mr. Bridge.

— On pense que ça devrait marcher, parce qu'il a les notes les plus élevées qu'on a enregistrées dans son école à Cleveland depuis 1921.

— Si ce que vous dites est vrai, votre neveu doit être exceptionnellement intelligent.

— Oh, oui, ça, pour l'être, il l'est. Junior a toujours été très intelligent et extrêmement scolastique. On lui a fait faire ces tests qu'on fait passer aux enfants prodigues, et ses scores sont très hauts. Il s'est appris à lire un peu tout seul, quand il avait six ans.

Ayant fait le tour de la table avec les pommes de terre, elle demanda si l'on désirait autre chose. Puis, personne ne voulant plus rien pour le moment, elle repartit à la cuisine.

Plus tard dans la soirée, Mr. Bridge arpentait nerveusement la chambre, tandis que sa femme, assise devant sa coiffeuse, s'appliquait un masque de beauté sur le visage.

— Je ne pensais pas qu'elle avait un neveu aussi grand, dit-il. Il doit presque avoir le même âge qu'elle.

— Pas tout à fait. Harriet fait plus jeune que son âge. Si je ne m'abuse, elle doit avoir vingt-quatre ou vingt-cinq ans, répondit Mrs. Bridge d'une voix songeuse. Bien entendu, sa sœur peut bien avoir n'importe quel âge.

— Il y a beaucoup d'universités tout à fait correctes réservées aux gens de couleur.

— Oh, mais certainement, dit-elle en plongeant le bout des doigts dans le pot de crème.

— Pourquoi ce garçon ne choisit-il pas une de ces universités ? Pourquoi diable tient-il à aller à Harvard ?

— Seigneur, ce n'est pas à moi qu'il faut le demander, répondit-elle sans cesser de se masser le visage. Mais ce n'est pas sorcier à comprendre. Harvard a bonne réputation.

— Je pense bien ! C'est une très bonne université. C'est même une université excellente.

Au ton de sa voix, elle s'arrêta, lui lançant un regard à travers le miroir.

— Si le neveu d'Harriet désire aller à Harvard, ne penses-tu pas que c'est son droit le plus strict ?

— Ce garçon, Junior Dewes, si c'est ainsi qu'on l'appelle, a le droit de faire une demande d'inscription à Harvard. Cela ne lui donne pas obligatoirement le droit d'y entrer.

— Enfin, soupira-t-elle. Bien entendu, ce n'est pas à moi d'en juger. Je ne sais pas du tout s'ils l'accepteront ou non. Je suppose que cela dépend du conseil d'administration ou de quiconque est habilité à prendre ce genre de décision.

— Si tu veux mon avis, ce garçon cherche les ennuis. Pourquoi veut-il aller à Harvard ? Il y a beaucoup de Nègres qui sont devenus des hommes respectés et influents, sans passer par une école de Blancs. Regarde George Washington Carver ! Regarde Booker T. Washington ! Dieu sait que ces hommes sont parvenus à recevoir une bonne éducation sans aller aussi loin que ce gamin de Cleveland.

Elle s'arrêta de nouveau, le fixant par l'entremise du miroir. Puis elle exprima son regret :

— Je ne pensais pas que cela te mettrait dans un tel état. Sinon, je n'aurais pas abordé ce sujet.

— Cela ne mènera à rien de bon, répéta-t-il.

Il continuait de faire les cent pas dans la pièce en tiraillant sur les glands de sa robe de chambre.

66. *L'album de fin d'année*

Mrs. Bridge, qui pensait sans doute que son mari s'appelait Salomon, lui soumit une querelle de famille à résoudre. Bien qu'elle lui expliquât fort longuement tout ce qui s'était passé, l'histoire demeurait confuse. Autant qu'il put en déduire,

Carolyn, sans en demander la permission, s'était emparée d'une paire de ciseaux et avait découpé plusieurs photographies dans l'album du lycée de Ruth. Cinq photos. Toutes du même garçon. On lui présenta les pièces à conviction et il les examina : il s'agissait de cinq photographies de la taille d'un timbre-poste, représentant un adolescent blême et potelé avec des oreilles décollées et un sourire retors, répondant au nom d'Hayden Seitz. Sur chacune d'entre elles, Hayden Seitz arborait le même sourire. À mesure que Mr. Bridge méditait sur le goût de sa fille en matière de jeunes hommes, l'affliction le gagnait. On aurait difficilement pu trouver, dans tout l'album, un spécimen aussi peu prometteur. Quoi qu'il en soit, elle s'en était entichée, cela ne faisait aucun doute. Sinon, pourquoi avoir mutilé l'album de Ruth ? Cette dernière avait giflé sa sœur cadette et était folle de rage. À présent, Carolyn était en larmes, mais elle était, elle aussi, furieuse, non seulement à cause de la gifle et du fait que sa sœur lui ait tiré les cheveux, mais aussi parce que, comme le lui expliqua Mrs. Bridge, ne se contentant pas de violence physique, Ruth avait également qualifié Carolyn d'un « nom effroyable ». Ainsi donc, le chaos et le désordre régnaient dans la maison, comme cela s'était déjà produit lorsque les filles ne pouvaient plus se supporter, et c'était à lui qu'il incombait de faire le nécessaire. C'était aussi simple que cela.

L'expression qu'avait employée sa femme l'intriguait, bien qu'étant donné les circonstances il n'y eût qu'un ou deux mots qui pussent convenir. Il pensa lui demander d'être plus précise, mais il se ravisa. Après tout, le nom en question n'avait pas d'importance. L'important était son caractère effroyable et, à en juger par le qualificatif qu'elle avait utilisé, il en déduisit que sa femme n'avait pas l'intention de le répéter à voix haute. Donc, tout en se disant qu'il pourrait, dans un futur proche, lorsque toute cette agitation serait retombée et presque oubliée, demander à Ruth de quoi exactement elle avait traité Carolyn, il se balança de droite à gauche sur sa chaise et délibéra. La question était de décider qui, des deux, il convenait de punir et comment. Ou encore si elles méritaient toutes les deux d'être punies. La situation semblait sans issue. Sa femme n'avait pas été capable d'intervenir, et maintenant, ayant prévenu les filles que tout serait rapporté à leur père, on attendait de voir ce qu'il allait faire.

Il demanda où elles étaient. Elles se tenaient dans le couloir, derrière la porte du bureau. Elles ne se parlaient plus. Carolyn reniflait. Elles attendaient d'être reçues, ne doutant pas que justice serait faite et impatientes, chacune, d'assister au châtiment de l'autre.

Après avoir ordonné qu'on les fasse entrer, il écouta deux nouvelles versions relatant l'atrocité commise par Carolyn et la vengeance perpétrée par Ruth, puis il annonça qu'il n'avait l'intention de les punir ni l'une ni l'autre, car elles s'étaient punies elles-mêmes. Cette idée lui était venue tandis qu'il les écoutait, et il n'en était pas mécontent. Salomon aurait, sans nul doute, trouvé mieux, mais, somme toute, ce n'était pas si mal. Non, ce n'était pas mal du tout.

Ses filles le fixaient d'un œil dubitatif. Elles étaient prises de court. Leur affaire avait été portée devant l'autorité suprême, dans l'attente d'une décision qu'elles pourraient accepter ou à laquelle elles pourraient faire appel. Mais l'autorité suprême leur refusait ce service : elle leur renvoyait leurs péchés au visage et les abandonnait à la contemplation de leurs torts. Elles n'étaient pas certaines de trouver ce procédé très correct.

Mr. Bridge, se balançant de droite à gauche sur sa chaise pivotante, deux doigts joints formant un clocher sur lequel son menton reposait, le regard posé sur ses deux filles frustrées et pugnaces, fut, l'espace d'un instant, traversé par la grâce. En leur renvoyant leurs fautes, il avait cru n'avoir été que rusé, il avait voulu s'extirper d'une situation délicate. Au lieu de cela, il avait touché du doigt une vérité à moitié enfouie en travers de son chemin et sur laquelle il venait de trébucher : la futilité de tout châtiment. Mais, aussitôt, cet instant de lumière s'effondrait en poussière, tandis que la logique reprenait le dessus, lui rappelant que, depuis la nuit des temps, l'être humain croit au bien-fondé du châtiment, l'élevant au rang de loi. Par conséquent, ce principe de notre société devait avoir sa raison d'être.

Ainsi, la vision lui apparut, puis disparut, et il se retrouva confronté à un problème qui dépassait de loin la dispute de ses deux filles.

67. *Pause musicale*

La plupart de ses programmes radiophoniques préférés étaient diffusés, fort à propos, les samedis et dimanches soir : Jack Benny, George Burns et Gracie Allen, « Gang Busters », « The Chase and Sanborn Hour » avec Don Ameche et Edgar Bergen, « The Kraft Music Hall » avec Bing Crosby et l'orchestre de John Scott Trotter et « The American Album of Familiar Music », dont la vedette était Frank Munn.

Lorsque Mrs. Bridge et lui étaient invités l'un de ces deux soirs, il en ressentait un léger agacement, car rien ne pouvait lui faire plus plaisir que de rester dans le salon après le dîner à se détendre et d'écouter la ronde familière et rassurante de ces programmes. Chaque semaine, des artistes différents participaient aux émissions : Grace Moore, Deanna Durbin, James Melton, Dennis Day, Jessica Dragonette, Lanny Ross, Rosa Ponselle, John Charles Thomas, Lawrence Tibbett, et il les aimait tous. Ils chantaient *Le Ruisseau de Bendermeer* et *L'Île de Capri* ou *Ave Maria*, ainsi que des morceaux choisis d'opérettes célèbres, telles que *La Cueillette du coton*, *La Chanson du désert*, *Vilaine Marietta*, *Le Soldat de chocolat*, *Roberta*, *Le Roi vagabond* et *Gentils amoureux*. Mais, à tous ces programmes, il préférait « The Bell Telephone Hour », où l'on pouvait compter sur la présence de Nelson Eddy. Il estimait, et le faisait souvent remarquer, que Nelson Eddy avait la plus belle voix qu'il avait jamais entendue. Et, de fait, il éprouvait un tel plaisir à écouter « The Bell Telephone Hour » que, certains soirs, il avait du mal à contenir son émotion.

Calé dans la chauffeuse, près de la cheminée, il écoutait, sans mot dire et les yeux mi-clos, les voix qui jaillissaient de l'imposant meuble de radio. Il lui arrivait parfois d'avoir envie d'écrire aux responsables de ces émissions à New York pour leur dire tout le bien qu'il pensait de leurs programmes. Mais l'idée de devoir se présenter à des inconnus lui était intolérable et, par conséquent, il n'écrivait jamais. Dans son fauteuil, confortablement vêtu, parfois en pyjama et en pantoufles, entouré de sa famille après un repas dominical de poulet froid et de bière ou, si l'on était en hiver, de chili fait maison et d'œufs brouillés au bacon, il écoutait en somnolant et rien ne pouvait perturber son bien-être, n'était de savoir que l'émission ne durerait pas éternellement. De temps à autre, il jetait un coup d'œil à sa montre pour vérifier combien de temps il restait avant la fin du programme.

Il savait qu'un jour cette heure se terminerait pour toujours. La station rencontrerait des difficultés financières, ou bien l'émission serait annulée pour diverses raisons, ou encore l'on engagerait quelqu'un pour remplacer Nelson Eddy. Mais, même dans l'éventualité où rien de tout cela ne se produirait, cette heure se terminerait quand même, car les enfants grandissaient. Bientôt, ils voudraient passer leurs dimanches soir ailleurs et rien ne serait plus tout à fait comme avant.

Ruth fut la première à donner des signes d'agitation. Elle examinait ses ongles et s'humectait les lèvres. Puis, un soir, elle s'excusa avant la fin du programme, disant qu'elle voulait passer voir Dodie.

Après qu'elle eut quitté la pièce, Mr. Bridge observa qu'elle semblait se désintéresser de la musique, mais Mrs. Bridge répondit que, bien au contraire, au cours des derniers mois, leur fille était devenue mélomane. Elle empruntait des disques à la discothèque de son lycée, les rapportait à la maison et les écoutait les après-midi.

Il demanda de quelle sorte de musique il s'agissait. Mrs. Bridge répondit que c'était du classique. Il s'étonna alors qu'elle ne les passât pas pendant la soirée lorsqu'il était là. Elle expliqua qu'elle avait sans doute peur de l'importuner. Mais c'était ridicule, affirma-t-il, cela lui ferait plaisir, au contraire. Mrs. Bridge lui dit qu'elle en parlerait à leur fille.

Lorsque Ruth fut informée que son père désirait entendre un peu de musique classique, elle ne tint plus en place et, au cours des jours qui suivirent, elle passa des heures entières à écouter ses disques, essayant de sélectionner ceux qu'elle lui ferait entendre. Sa mère lui rappela qu'il se couchait souvent de bonne heure, car il partait travailler tôt le matin et aimait à lire quelques pages avant d'éteindre la lumière. Elle ne devait donc pas compter passer trop de disques. S'il en redemandait, alors, ce serait autre chose.

Le dimanche soir qui suivit, après « The Bell Telephone Hour » qui se termina par un duo extrait de *La Veuve joyeuse*, Ruth mit quelques-uns des disques qu'elle avait choisis.

Au milieu du *Calm Sea and Prosperous Voyage*, Douglas se leva et quitta la pièce.

Aux premières mesures de *Eine Kleine Nachtmusik*, ce fut le tour de Carolyn.

Mr. et Mrs. Bridge faisaient de leur mieux pour maintenir leur attention, assis sur le canapé comme deux poupées de cire. Ils écoutèrent le prélude de *Tristan*, puis *È grave il sacrificio*. Suivit une sonate pour deux pianos. Ce martèlement était plus que Mr. Bridge n'en pouvait supporter. Grâce à « The Bell Telephone Hour », ils avaient passé un moment très agréable, mais la musique de Ruth ne se contentait pas d'être ennuyeuse, ce qu'il aurait pu endurer, elle le hérissait. Il devait se retenir pour ne pas se précipiter sur le phonographe et en arracher le disque. Il plaça les deux mains sur ses genoux pour indiquer qu'il allait bientôt se lever et partir. Puis il se leva.

Ruth était restée allongée sur la moquette devant le phonographe, tel un léopard. Lorsque son père se redressa sur ses jambes, son corps se raidit.

Il attendit quelques secondes pour montrer qu'il n'avait pas cessé d'écouter la sonate. Puis il dit :

— Eh bien, mes enfants, je dois vous dire bonsoir, car une longue journée m'attend demain.

Mrs. Bridge emprunta une mine contrite.

— Oh, le faut-il vraiment ?

Il se mit à rire.

— Le travail passe avant le plaisir, malheureusement. Et Julia m'attend de pied ferme de bon matin.

— Je suppose que c'est plus sage, en effet. Tu as besoin de sommeil. Je suis sûre que Ruth ne t'en voudra pas pour autant, n'est-ce pas, ma chérie ? demanda-t-elle à sa fille avec un sourire.

Ruth fit semblant de ne pas les avoir entendus. Elle était occupée à régler le bouton du volume.

Il se sentait mal à l'aise. Il envisagea de se rasseoir, mais cela n'aurait fait qu'empirer la situation.

— J'aimerais en entendre davantage un de ces soirs, lorsque j'aurai plus de temps.

Ruth faisait toujours la sourde oreille, semblant absorbée par la musique. Il affecta un bâillement, desserra sa cravate et ajouta :

— Bonne nuit, tout le monde.

— Bonne nuit, répondit Mrs. Bridge. Je monte sitôt ce disque terminé, à moins que Ruth n'en ait d'autres à me faire écouter. C'est tellement beau.

— Reste aussi longtemps que tu le voudras, fit-il d'une voix suave.

Sa fille ne faisant toujours pas attention à lui, il quitta le salon et se dirigea vers l'escalier. À l'entresol, il s'arrêta pour remonter l'horloge et, au même moment, la sonate prit fin. Il entendit sa femme disant :

— Merci ma chérie, c'était charmant.

Ruth dit quelque chose mais d'une voix trop faible pour qu'il puisse l'entendre, et sa mère répondit :

— Cela me ferait grand plaisir. Hélas, il faut maintenant que j'aille recoudre les boutons sur la chemise de ton père. Tu sais comment il est, dès que ses boutons sont un peu lâches.

Ruth n'ajouta rien.

En arrivant à l'étage, il s'arrêta de nouveau pour regarder par la fenêtre. Entre les feuilles de l'érable, la lune luisait et, dans la maison, tout était tranquille.

68. *« Coppélia »*

Il était très rare qu'une troupe de ballet se déplaçât jusqu'à Kansas City, ce qui laissait d'ailleurs Mr. Bridge profondément indifférent. Il n'avait jamais vu un ballet, ni même songé en voir un, et, lorsqu'il lut par hasard dans le *Star* qu'une compagnie new-yorkaise allait donner deux représentations à l'auditorium municipal, il se dit qu'elle allait perdre de l'argent. Ce genre de spectacle n'attirerait pas suffisamment de monde pour que l'affaire fût rentable. L'annonce l'avait beaucoup surpris. Celui qui avait engagé la troupe connaissait bien mal les habitants de Kansas City.

Quelques jours plus tard, il s'aperçut qu'il continuait de penser à ce ballet. Il se demandait pourquoi, puis il lui vint à l'esprit qu'il aimerait faire plaisir à Ruth. Non pas qu'il pensât avoir mal agi en allant se coucher avant la fin de sa séance musicale, mais, néanmoins, la situation avait été un peu gênante et il cherchait une manière de se faire pardonner. Elle serait probablement ravie d'aller voir un ballet.

Lorsqu'il le lui demanda, elle lui envoya un regard qui l'atteignit droit au cœur. Il ressentit la même émotion qui l'avait rempli le jour où il l'avait vue allongée dans l'herbe, sa peau luisant au soleil matinal.

Elle adorerait y aller, lui dit-elle. Ses yeux étincelaient. Elle demanda s'il pouvait réserver des places pour la deuxième soirée, pour *Coppélia*. Il accepta, quelque peu perplexe. Apparemment, elle s'y connaissait. Il ne pouvait concevoir comment, ni depuis quand, car, pour autant qu'il sache, on n'avait jamais parlé ballet à la maison. Peut-être était-ce au programme de l'un de ses cours au lycée ?

— Et ta mère ? demanda-t-il. Aimerait-elle venir avec nous ?

Mais, lisant la déception qui s'inscrivait sur son visage, il l'assura qu'ils iraient tous les deux.

La représentation n'eut pas lieu dans le grand amphithéâtre, comme il l'avait pensé, mais dans un des petits auditoriums habituellement réservés aux congrès d'affaires. Contrairement à son attente, le spectacle ne traîna pas en longueur et ne ressemblait à rien qu'il ait déjà vu. Il le trouva plutôt agréable. Les filles était jolies et gracieuses, avec leurs cheveux tirés sous un petit chignon, la musique était plaisante, et les costumes et les décors, assez pittoresques. Les hommes, en revanche, l'incommodèrent profondément. Il ne savait pas très bien ce qu'il devait en penser. Ils étaient tout à fait compétents, certes, mais chaque fois qu'il les regardait, il se sentait mal à l'aise.

Sur le chemin du retour, elle lui demanda ce qu'il en avait pensé. Il lui répondit que le ballet lui avait plu.

Il n'en reparla plus, mais il ne pouvait chasser de son esprit ces jeunes hommes musclés bondissant de-ci de-là sur la scène. Il se surprenait souvent à y repenser et, chaque fois, son front se plissait.

Il semblait parfaitement naturel que des jeunes filles passent leur vie à danser, elles étaient charmantes, et bien qu'il n'eût pas l'intention de retourner voir un ballet, il reconnaissait qu'il avait pris du plaisir à les voir évoluer sur scène au rythme de la musique. Mais les danseurs, eux, le laissaient perplexe. Ils avaient sans nul doute leur utilité dans le spectacle, et il ne trouvait aucune raison particulière à ce qu'un jeune homme ne dansât pas pour gagner sa vie, mais, quand même, cela ne lui plaisait pas beaucoup.

69. *« Laurent, serrez ma haire »*

Le soir du ballet, il y eut un autre élément qui poursuivit longtemps Mr. Bridge : le spectacle du docteur Sauer arborant des chaussettes d'un jaune éclatant. Le psychiatre avait pris place au milieu de la première rangée de l'orchestre. Pendant toute la représentation, il était resté assis les jambes croisées dans des chaussettes d'un jaune si vif qu'elles hurlaient presque. Elles n'étaient pas bêtement jaunes, elles étaient d'un jaune plus jaune que tous les jaunes imaginables. Mr. Bridge, qui portait invariablement des chaussettes de soie noire, avec des porte-chaussettes et des chaussures noires, en eut le souffle coupé, mais sans que cela le surprenne pour autant. En effet, le docteur Sauer s'était déjà présenté à la rôtisserie de l'hôtel Muehlebach dans un gilet vert à carreaux avec des boutons de verroterie, des mocassins en cuir de Cordoue, des pantalons italiens à rayures et autres vêtements du même genre. En outre, il portait souvent un grand béret basque bleu et mou qu'il avait acheté au cours d'un été à Valence.

Ils se croisèrent dans le hall pendant l'entracte et Mr. Bridge lui présenta Ruth.

— Il est fou ! lui dit-elle plus tard.

Mr. Bridge se mit à rire car il était du même avis.

— Tu as remarqué ses chaussettes ? lui souffla-t-il.

— Elles sont fantastiques ! Si seulement tu pouvais, toi aussi, te mettre des trucs gais, de temps en temps ! répondit Ruth.

Il essaya de s'imaginer portant des chaussettes jaunes. Dans la maison, cela passait encore, pour faire une plaisanterie, mais sans plus. Ensuite, il essaya de s'imaginer les portant à son cabinet, et il put sans peine deviner la tête que ferait Julia.

Peut-être était-ce la réflexion de Ruth ou, tout simplement, le souvenir des chaussettes, mais plusieurs jours encore après le ballet il ne cessait de rencontrer des choses qui les lui rappelaient. Il lui suffisait de voir une paire de chaussettes, de quelque couleur que ce fût, pour penser à celles du docteur Sauer. Il en allait de même pour tout ce qui était jaune, y compris les bananes. C'était agaçant. Et, bien entendu, plus il s'efforçait de les oublier, plus il se surprenait à y penser.

Afin de s'en débarrasser une fois pour toutes, il décida d'y songer délibérément et, ce faisant, il se souvint qu'un jour, au cours d'un déjeuner, le psychiatre avait déclaré que ce qu'un homme regrettait le plus de son passé, ce n'étaient pas les actes qu'il avait commis, mais ses désirs refoulés.

Mr. Bridge en déduisit donc qu'Alex Sauer avait probablement eu une envie de chaussettes jaunes et que, plutôt que d'en faire une montagne, il était allé directement en acheter une paire. Il les avait achetées pour éviter d'en avoir, un jour, le regret. Il devait y avoir là un principe psychologiquement fondé. Sans doute était-ce même, pensa-t-il, un acte considérablement méritoire. Il se souvint du nombre de fois où il s'était refusé un objet sans importance qui lui faisait envie, un tout petit plaisir ou une satisfaction quelconque, sans raison dûment réfléchie, mais uniquement parce que, par atavisme, il s'opposait à ce que l'on fît preuve de complaisance envers soi-même. Toutefois, à quel point cet argument était-il rationnel ?

Sans confier ses intentions à personne, il se mit à contempler les vitrines des magasins dans l'espoir de trouver quelque chose qui l'attirât et qu'il entendait acheter sur-le-champ. Il espérait bien que l'objet de son désir ne serait ni trop coûteux ni trop ridicule. Cela dit, il fallait quand même qu'il fût légèrement absurde et suffisamment cher pour que ses finances s'en ressentent. Ce devait être une chose qu'il n'aurait, auparavant, jamais envisagé d'acheter, tout en demeurant désirable, car il s'agissait d'un petit exercice d'émancipation et non d'un acte de contrition supplémentaire.

Il vit des gants bordés de fourrure, des costumes, des cravates, des chapeaux en feutre mou, des manteaux en poil de chameau. Il vit des montres de poignet qui luisaient dans l'obscurité, des boutons de manchette insolites, des épingles à cravate, des bagues et des stylos-plumes incrustés de pierreries. Rien ne lui plaisait.

Il décida de chercher quelque chose de plus grand. Il songea à des voitures de sport, c'était une possibilité car elles présentaient l'avantage d'être à la fois un rien scandaleuses, tout en étant reconnues comme une faiblesse acceptable. Il en trouva deux ou trois qui le tentaient. Cela représentait néanmoins un investissement considérable dans ce qui n'était, finalement, qu'une petite expérience, et il abandonna cette idée.

Une autre semaine passa. Il se sentait découragé et un peu ridicule, remerciant le ciel que personne ne fût au courant de ses agissements. De plus, avoir passé en revue la plupart de la marchandise exhibée dans des dizaines de vitrines sans rien trouver qui lui plût était exaspérant. Il commençait à en vouloir au docteur Sauer dont c'était la faute. Cette recherche grotesque prenait du temps, un moment par-ci, un moment par-là. Il calcula qu'il avait perdu, en tout, entre deux et trois heures.

Un jour, à la rôtisserie, tandis qu'il moulait du poivre au-dessus de sa salade, il demanda des nouvelles des chaussettes jaunes. Que leur était-il arrivé ? Avaient-elles été jetées ? Mais, pas du tout, répondit le psychiatre comme si la question était la plus naturelle du monde, il les avait toujours, et puisque Mr. Bridge s'y intéressait tant, il les porterait demain. Mr. Bridge répondit que cela ne serait pas nécessaire, il avait posé la question par simple curiosité.

Avant de retourner à son cabinet, il s'arrêta à la boutique de vêtements des Woolf Brothers et choisit une chemise en laine écossaise rouge qui ne lui plaisait pas. Il demanda au vendeur de lui faire un paquet-cadeau qu'il emporta chez lui et qu'il présenta à sa famille après le dîner, en déclarant s'être offert un petit quelque chose. Sous le regard attentif de tous, il défit le paquet.

La chemise ne provoqua pas grand émoi. Elle n'avait rien de grotesque. Rien du tout. Sa femme observa qu'elle était fort jolie et que, l'hiver approchant, elle serait très confortable et pratique pour le

jardin et la maison. Il fut pris de court. Il avait pensé qu'ils éclateraient de rire, qu'il pourrait ensuite se joindre à leur bonne humeur en expliquant comment, à cause des chaussettes du docteur Sauer, il en était arrivé là et qu'ainsi il se serait enfin débarrassé de toute cette histoire. Mais, puisque la chemise ne faisait sourire personne, il ne pouvait plus en faire une boutade, il était forcé de prétendre qu'il l'avait achetée parce qu'elle lui plaisait. Carolyn lui demanda de la mettre. Il n'en avait aucune envie, mais il la sortit de sa boîte, monta dans sa chambre et l'essaya. Elle grattait.

Il passa le restant de la soirée à lire le *Star* et le *Wall Street Journal* et à écouter la radio avec sa nouvelle chemise sur le dos. Le soir, il l'accrocha dans la penderie, sachant que, chaque fois qu'il ouvrirait les portes et qu'il la verrait, cela l'agacerait. Il essaya d'évaluer combien de temps il lui faudrait la laisser pendue là, avant de pouvoir prétendre qu'il s'en était lassé et de suggérer qu'on la donne à l'Armée du Salut.

70. *Déjà ?*

Ruth glissa dans la conversation qu'elle avait vu le docteur Sauer au match de football de Paseo. Mr. Bridge lui demanda si elle lui avait parlé, et elle répondit qu'ils avaient eu une longue conversation après le match ; cela l'amusa.

— Vraiment ? Que pouvez-vous bien avoir en commun tous les deux ?

— Plus que tu ne crois, répondit-elle, énigmatique.

— Quel genre d'homme est-ce ? demanda Mrs. Bridge. Je ne l'ai jamais rencontré, mais ce n'est pas faute d'en avoir entendu de belles à son sujet.

— Il me fait penser à un hibou, dit Ruth. Il fume comme un pompier et il déménage complètement, mais alors, complètement !

Après cette édifiante description, elle ajouta que, selon elle, le docteur Sauer devait être un excellent danseur, bien qu'elle n'expliquât pas ce qui lui avait inspiré cette conclusion. Puis elle se tourna vers son père et, lui lançant un regard interrogateur, ajouta :

— Il m'a dit un truc plutôt bizarre. Il a dit que je m'embarquais pour un dangereux voyage.

— N'y fais pas attention, c'est un farfelu.

Néanmoins, cette remarque continua de le hanter. Il craignait de savoir ce qu'il avait voulu dire.

71. *Juliette*

Pour les vacances de Noël, le club de théâtre du lycée projetait de monter une version abrégée de *Roméo et Juliette*. Des auditions allaient bientôt avoir lieu. Ruth, dans l'espoir d'obtenir le rôle de l'héroïne, répétait chez elle. Elle errait dans la maison, le visage décomposé par les affres de la passion, lisant à voix haute en tenant les *Quatre Tragédies*. De temps en temps, elle faisait une halte devant le miroir de l'entrée, rejetait d'une chiquenaude la mèche qui lui tombait dans les yeux, se mordait la lèvre supérieure et plissait le front. Puis, après être restée un long moment à s'observer ainsi, elle reprenait son errance et ses déclamations.

Douglas la suivait en la singeant. Elle faisait mine de ne pas le voir.

Carolyn alla voir leur mère pour exiger qu'on la fît cesser, car, disait-elle, la prestation de Ruth était « à vous soulever le cœur ». Mais Mrs. Bridge, heureuse que sa fille se fût enfin décidée à participer à quelque activité scolaire, refusait d'intervenir.

Ruth traversait parfois la cuisine en arborant une de ses expressions à la Juliette, puis elle sortait par la porte de derrière et déambulait dans le jardin, au grand amusement d'Harriet, qui étouffait son hilarité en se cachant le visage dans les mains.

Mr. Bridge se taisait. Si Ruth souhaitait passer l'audition, très bien, sinon, tant pis. Il partageait l'avis d'Harriet : sa fille avait l'air ridicule à faire les cent pas dans le jardin en déclamant du Shakespeare, et les voisins devaient jaser. Toutefois, cela ne les regardait pas et, de plus, il était normal qu'une fille de l'âge de Ruth eût des bouffées mélodramatiques. Selon lui, on ne lui confierait pas le rôle. Il n'avait pas relu la pièce depuis qu'il avait quitté l'école. À l'époque, il ne s'y était pas beaucoup intéressé et n'avait plus jamais rouvert le livre. Il se souvenait cependant que l'émotivité fleurie de Juliette laissait percer une certaine innocence qui n'avait rien à voir avec le tempérament de Ruth. Pourtant, qu'elle décroche le rôle lui aurait fait plaisir. Il lui arrivait souvent d'observer et d'écouter sa fille tandis qu'elle répétait.

Soudain, un soir, semblant avoir lu dans ses pensées, elle lui demanda s'il accepterait de lui donner la réplique, et il accepta sans hésiter. Carolyn gémit, Mrs. Bridge applaudit et Douglas, qui lisait *Le Magazine du maquettiste en herbe*, se laissa tomber de sa chaise et, s'affalant sur la moquette, laissa échapper un râle d'agonie.

Après de multiples délibérations entre les deux principaux interprètes quant aux répliques qui devaient être lues et celles qui devaient être omises, chacun prit sa place face à face devant la cheminée. On invita Harriet à venir les rejoindre au salon et Mrs. Bridge éteignit le plafonnier.

Mr. Bridge ajusta ses lunettes et s'éclaircit la gorge. Les *Quatre Tragédies* ouvertes à la page quarante-deux, il se mit à lire en suivant la ligne avec son index :

— Qui n'a jamais reçu de blessures se rit des plaies ! Mais quelle lumière jaillit par cette fenêtre ? Voici l'Orient, et Juliette en est le soleil. Lève-toi, belle aurore, et tue la lune jalouse qui déjà languit et pâlit de douleur, parce que toi, sa prêtresse, tu supplantes sa beauté. Ne sois plus sa prêtresse, puisqu'elle t'envie. Sa livrée de vestale est maladive et blême, et seules les folles la portent. Rejette-la. Voilà ma dame ! Oh ! Voilà mon amour !

— Hélas ! s'écria Ruth, faisant un pas en avant.

— Elle parle ! s'étonna Mr. Bridge. Oh ! parle encore, ange resplendissant. Et maintenant, ajouta-t-il sur le même ton, dois-je continuer jusqu'à la fin du passage ou non ?

— Non, répondit Ruth. C'est encore un morceau que Mr. Billis a décidé de couper. Il doit y avoir une marque quelque part. Laisse-moi voir.

Il lui tendit le livre. Ils se concertèrent à nouveau, puis la lecture reprit.

— Ô Roméo ! Roméo ! Pourquoi es-tu Roméo ? Renie ton père ! Abjure ton nom ou, si tu ne le fais, sois mon amour juré et je ne serai plus une Capulet !

— Dois-je l'écouter encore ? interrogea Mr. Bridge. Ou dois-je lui répondre ?

Il mit une main en cornet derrière l'oreille.

Ruth laissa échapper un gémissement et chancela.

— Seul ton nom est mon ennemi. Oh ! Puisses-tu être quelque autre nom !

— Je te prends au mot !

Elle s'écarta de lui. Rejetant ses cheveux en arrière, elle poussa un long soupir.

— Mes oreilles n'ont pas encore bu cent paroles prononcées par cette voix et pourtant, j'en reconnais le son. N'es-tu point Roméo ? Un Montaigu ? Comment es-tu venu ici ? Et à quelles fins ? Les murs de ce verger sont difficiles à franchir !

En lisant les lignes qui suivaient, Mr. Bridge fronça les sourcils.

— C'est porté par les ailes légères de l'amour que j'ai gravi ces murs.

Douglas émit un son étranglé. Mrs. Bridge se pencha sur lui et lui donna une tape sur l'épaule.

— Qui a guidé tes pas jusqu'à ce lieu caché ?

— L'amour, qui le premier me souffla de venir te voir. Il m'a prêté conseil et, moi, je lui ai prêté mes yeux.

— M'aimes-tu ? Ô doux Roméo, si tu m'aimes, proclame-le loyalement.

— Ma dame, je le jure par cette lune sacrée qui borde d'argent la cime de ces arbres ployant sous les fruits.

— Ah ! Ne jure pas par la lune, cette inconstante dont l'orbite emprunte chaque mois un nouveau cycle, de crainte que ton amour ne soit aussi changeant.

— Dans mon exemplaire, il est écrit « disque » et non « cycle ».

— Ne t'arrête pas ! s'écria Ruth. Continue ! Oh, je t'en prie, continue !

— Soit. Voyons voir, dit Mr. Bridge en parcourant le texte à la recherche de sa réplique. Ah ! nous y voilà : après « aussi changeant », c'est encore au tour de Roméo. Par quoi dois-je jurer ?

— Ne jure pas du tout ; ou, s'il le faut, jure par ton être gracieux, qui est le dieu de mon idolâtrie ! Et je te croirai.

— Si le cher amour de mon cœur…

— Bien, ne jure pas. Bonne nuit. Bonne nuit. J'entends venir dans ma chambre.

Elle se pencha vers la cheminée, écoutant quelque bruit, puis elle se redressa et, avec une mine déchirante, lui dit :

— Reste encore un peu. Je reviendrai.

— Ruth, c'était très très bien, dit Mrs. Bridge.

— Maman, s'exclama Ruth au bord du désespoir, ce n'est pas fini !

Rejetant sa mèche d'un coup sec, elle feignit de se pencher au balcon.

— Trois mots encore, doux Roméo, puis bonne nuit pour de bon. Si les desseins de ton amour sont honorables et ton objet le mariage, fais-moi savoir demain, par celle que je t'enverrai, pardon, je veux dire, par celle que j'enverrai à ta rencontre, en quel lieu et à quelle heure tu comptes accomplir le rite, et je déposerai à tes pieds mes destinées et te suivrai de par le monde. Roméo ?

— Mon amie ?

— À quelle heure, demain, dois-je t'envoyer quérir ?

— À la neuvième heure.

— Il en sera ainsi ! Bonne nuit, bonne nuit ! Si douce est la douleur de nos adieux que je dirai bonne nuit jusqu'à ce que l'aube nous sépare.

— Que le sommeil s'étende sur tes yeux et la paix en ton sein, récita Mr. Bridge en refermant le livre. Je voudrais être et le sommeil et la paix pour connaître un repos si doux.

À la lumière du lampadaire, Ruth le fixait des yeux, mais elle ne semblait pas le reconnaître. Ses yeux étincelaient et sur ses lèvres se dessinait un sourire sensuel. Elle semblait à peine respirer. Il prit peur et se demanda si elle ne le confondait pas avec quelqu'un d'autre. Il l'avait écoutée prononcer ces mots qui lui étaient étrangers, et il y avait répondu, sans jamais croire en leur signification. À présent, elle était possédée, à travers lui, par l'âme d'un homme qui était mort depuis quatre siècles.

72. *Tijuana*

Ruth demanda à emprunter deux cent cinquante dollars. Elle refusait d'expliquer pourquoi. Il excluait d'envisager même de les lui donner avant de savoir ce qu'elle comptait en faire. Finalement, elle déclara qu'une de ses amies devait prendre l'avion pour Tijuana et qu'elle avait besoin de soutien moral. En plaisantant, il lui demanda pourquoi cette amie tenait à se rendre à Tijuana, et elle lui répondit que c'était pour se faire avorter. Avant même de comprendre ce qui lui arrivait, il jaillit de derrière son bureau et la frappa au visage. Puis il se rassit, comme si de rien n'était, et Ruth quitta la pièce. Il remarqua, abasourdi, que la main qui avait donné la gifle tressaillait sur la table comme si elle était attachée au bout d'un fil. Il la saisit de son autre main et laissa retomber sa tête. Il ne pouvait croire qu'il l'avait frappée. Au souvenir de son geste, ses doigts brûlaient encore. Lorsqu'elle était toute petite, il l'avait bercée pour qu'elle s'endorme. Certaines nuits, le seul fait de savoir qu'elle était en vie avait suffi à le réveiller et à le tirer du lit pour aller près du berceau veiller sur son sommeil.

73. *La marijuana*

Il était près de dix heures, un soir où Harriet était de sortie, lorsque la sonnerie du téléphone retentit. Quelques instants plus tard, Mrs. Bridge entra dans le salon, l'air inquiet.

— C'est pour toi, dit-elle. Un certain lieutenant Adessi.

Mr. Bridge baissa brusquement son journal. Adessi appartenait à la brigade des stupéfiants.

— Enfin, il me semble que c'est le nom qu'il m'a donné, dit-elle en joignant les mains. Tu le connais ?

— Oui, oui, je le connais.

— Tu as l'air surpris.

Il se leva sans répondre et se dirigea vers le téléphone.

— Désolé de vous déranger, dit l'officier de police.

Mr. Bridge ne répondit pas, attendant la suite.

— Vous employez bien une Miss Harriet Rodgers ?

— Que se passe-t-il ?

— On l'a ramassée tout à l'heure.

— Je vous remercie de m'avoir appelé. Je serai là dans vingt minutes.

Lorsqu'il revint dans le salon, Mrs. Bridge observa :

— On se demande vraiment comment les gens osent appeler à des heures pareilles !

Puis, voyant la tête que faisait son mari, elle ajouta :

— Ô mon Dieu, quelque chose de grave ?

— Je vais m'absenter quelque temps, répondit-il en se dirigeant vers l'entrée pour prendre son chapeau et son manteau.

Harriet avait pleuré. Elle avait le visage bouffi et son maquillage avait coulé. Dès qu'elle le vit, elle s'effondra à nouveau en larmes. Il lui ordonna de se ressaisir, ce qu'elle fit, mais une heure plus tard, tandis qu'ils rentraient à la maison, ses sanglots reprirent de plus belle. D'une voix larmoyante et étranglée, elle ne cessait de répéter qu'elle n'avait été qu'un témoin innocent, une victime des circonstances, qu'il s'agissait d'une terrible méprise, que tout était de la faute à Couperin, et ainsi de suite.

Mr. Bridge écouta cette litanie jusqu'à ce que sa patience fût épuisée. En quittant Pershing Road, il lui déclara qu'il était inutile d'insister.

— J'en ai assez entendu, dit-il. Je crois pouvoir vous tirer d'affaire, vous pouvez donc m'épargner vos larmoiements. Toutefois, je ne lèverai pas le petit doigt pour aider cet homme avec lequel vous traînez. Il devra payer pour ses folies. Je refuse de m'impliquer davantage. Et j'espère que vous vous en souviendrez, ajouta-t-il, lui agitant un doigt sous le nez. Je me suis mis dans une situation qui me déplaît, qui me déplaît fortement. Si ce genre de chose venait à se reproduire, je n'hésiterais pas à vous renvoyer. Est-ce clair ?

Elle l'assura que cela ne se reproduirait pas. Puis elle continua en maugréant :

— Ce Couperin, alors ! Je pourrais le tuer. En ce qui me concerne personnellement, on devrait l'enfermer dans une prison jusqu'à la fin de ses jours. Il a le chic pour s'attirer les histoires.

Une telle inconstance écœurait Mr. Bridge. Moins de deux heures plus tôt, elle avait été plus que disposée à se prêter aux beaux projets de Couperin pour la soirée.

— Tout ça, c'est rapport à cette automobile, lui confia-t-elle comme si elle évoquait ses dernières vacances. Depuis qu'il s'est dégotté cette Pontiac, c'est simple, il échappe à tout contrôle. On pourrait croire qu'avec le temps ça se tasse et qu'on finit par se calmer, eh bien non, pas lui. Enfin, au moins, je puis dire que ça m'apprendra.

— Je l'espère, observa sèchement Mr. Bridge.

Ils traversèrent Penn Valley Park et remontèrent Broadway. Elle semblait s'être remise, mais bientôt elle recommença à pleurnicher.

— Je vous en prie, cessez ! s'écria-t-il. J'en ai eu plus qu'assez.

— C'est que j'ai tellement honte.

— Ce fut un moment désagréable et humiliant autant pour vous que pour moi.

Elle sanglotait dans son mouchoir.

— Oh, ce Couperin alors !

Soudain, il laissa échapper, d'une voix qui pouvait presque passer pour un hurlement : « Bouclez-la ! », expression qu'il n'utilisait plus depuis bien longtemps.

Tandis que la voiture tournait dans l'allée du garage, elle se moucha, toussota délicatement et, du bout des doigts, remit un peu d'ordre dans sa coiffure. Elle se préparait manifestement à faire une entrée convenable, au cas où Mrs. Bridge ou les enfants seraient dans la cuisine pour l'accueillir.

— Je tiens à vous remercier encore une fois, dit-elle.

— N'en parlons plus, répondit-il en entrant la Chrysler dans le garage.

— Très franchement, je ne sais pas ce qui m'aurait arrivé seule dans ce poste de police sans assistance.

— Je crois pouvoir vous le dire.

— Comme vous savez, c'était ma première expérience avec des agents de police. Néanmoins, je dois dire qu'ils ont été tout à fait gentils et très comme il faut.

— Espérons que ce soit la dernière.

— Sans aucun doute, dit-elle. Quelque part, ils savent s'y prendre pour vous laisser mortifié pour la vie.

Puis, ayant une dernière fois retouché sa coiffure, elle ajouta :

— Et si nous entrions ?

74. *Les petits plaisirs*

Pendant la période des vacances, l'on vit Harriet siffler un certain nombre de daiquiris, et Mrs. Bridge était d'avis que la cuisinière commençait à y prendre un peu trop goût. Mr. Bridge lui répondait qu'un petit verre de temps à autre ne pouvait pas faire de mal. Si elle avait attendu tant d'années avant de s'y mettre, il y avait peu de risques qu'elle sombre dans l'éthylisme.

— Je crois quand même que je vais lui en parler, prévint Mrs. Bridge. L'autre jour j'ai trouvé deux verres vides près de l'évier. Il me semble que deux dans la même journée, c'est un de trop.

Il passa un bras autour de sa taille et lui conseilla de ne pas s'inquiéter. L'idée d'Harriet buvant un peu trop l'amusait et, lorsqu'il la trouva un daiquiri à la main, il lui suggéra de s'en servir un deuxième sans plus tarder, car personne ne peut marcher sur une seule jambe.

75. *Le métabolisme d'Harriet*

Après avoir été mise en garde par Mrs. Bridge, Harriet décida de ne plus boire. Mrs. Bridge n'avait pas parlé sur un ton sévère, ni même implicite, cela dit il s'agissait, à ne pas s'y méprendre, d'un avertissement. En outre, c'était humiliant. Ce n'était pas un drame, certes, mais, tout de même, c'était gênant. Elle ne craignait pas pour sa situation, elle était depuis trop longtemps à leur service pour être congédiée sur un coup de tête, ses patrons s'en rendaient bien compte. Toutefois, à personne avisée un mot seul suffit.

Elle passa tout d'abord un certain temps à réfléchir à la meilleure façon de procéder et décida finalement que, plutôt que de cesser les daiquiris brutalement, il valait mieux y aller progressivement. En effet, sentant que son métabolisme s'était accoutumé à accueillir régulièrement un ou deux daiquiris, elle voulait éviter de lui faire subir un traumatisme. Une bonne solution consisterait donc à commencer par laisser quelques gorgées au fond du verre, puis, petit à petit, à en laisser chaque fois davantage. C'était un programme facile à suivre et, ainsi, les sécrétions de son corps ne seraient pas dérangées et n'exerceraient pas de représailles. Elle conçut ce plan un mardi, au cours d'une nuit d'orage. Mr. et Mrs. Bridge étaient invités à une soirée chez les Lutweiler et rentreraient tard. Ruth était chez Dodie, Carolyn au sous-sol et Douglas à sa réunion d'éclaireurs.

Elle commença à chanter. L'un après l'autre, des cantiques lui venaient en tête. Elle chanta *Ananias*, *Dans le besoin de la prière* et *Ezéchiel vit la roue*. Des éclairs fendirent le ciel, le tonnerre roula et les fenêtres vibrèrent. La pluie battait contre le flanc de la maison. Elle chanta *Plus près de toi, Seigneur*, *L'Échelle de Jacob*, *Ô promesse divine*, *En avançant dans l'eau*, *Doux Seigneur* et *Il y a un baume en Gilead*. Ensuite, tous ces chants l'ayant épuisée, elle décida de se requinquer à l'aide d'un daiquiri. Après quoi elle poursuivit son récital et chanta jusqu'à minuit.

76. *Le sorcier*

Pour la soirée des Lutweiler, le docteur Sauer avait mis ses chaussettes jaunes, et le bas de son pantalon arrivant cinq centimètres au-dessus de la chaussure, on pouvait les voir se promenant de-ci de-là, comme animées d'une vie propre.

— Cet homme m'échappe, confessa Mr. Bridge. Vraiment, je ne parviens pas à le comprendre.

Mrs. Bridge, voulant prendre sa défense, suggéra que les pantalons courts et les chaussettes de couleur vive devaient être à la mode en Europe.

— Et as-tu vu cette fille avec laquelle il est ? Comment s'appelle-t-elle déjà, cette… Geneviève.

— Ce doit être sa fille, non ?

— Sa fille à lui est pensionnaire dans une école de la côte Est. Je me demande bien d'où diable sort cette fille.

La réponse leur fut fournie avant la fin de la soirée. Geneviève était étudiante à l'École des beaux-arts de Kansas City. La vie dans la petite ville de Chillicothe lui était insupportable : elle ne parvenait pas à vivre avec son père parce qu'il tenait une quincaillerie ni avec sa mère parce qu'elle était sa mère ; Geneviève s'était donc réfugiée à Kansas City, où les rues étaient pavées d'or, où l'on ne harcelait pas une fille qui voulait étudier l'art et où personne n'essayait de la marier de force avec Howard Bagley. Le pauvre Howard Bagley croyait que quincaillier était un métier d'avenir ! Geneviève ne leur cacha rien. Elle leur confia avoir été à la dérive jusqu'au jour où elle avait entendu parler du docteur Sauer. À présent, tout allait pour le mieux.

Sur le chemin du retour, Mr. Bridge dit à sa femme :

— Je t'avais prévenue au sujet d'Alex. Il faut le prendre tel qu'il est, ou pas du tout.

— Oh, mais je l'ai trouvé très amusant, répondit-elle. Son visage me rappelle quelqu'un, mais je n'arrive pas à me souvenir de qui.

— Lénine, voilà à qui il te fait penser.

Mrs. Bridge demeura interdite.

— Mais si, je t'assure, affirma-t-il. Tout le monde fait la même remarque, mais personne ne fait le rapprochement avec Lénine, alors que c'est criant. À mon avis, c'est une image qu'il cultive délibérément. Va savoir pourquoi !

— Je suis sûre qu'il ne ferait jamais une chose pareille, s'offusqua Mrs. Bridge.

— Je suis persuadé du contraire.

Quelques minutes plus tard, elle s'interrogea :

— Je me demande s'il sera heureux avec une fille de cet âge.

— Je doute fort qu'il ait jamais l'intention de l'épouser.

— Oh, tu crois vraiment ? Enfin, je suppose qu'on ne peut pas lui reprocher de ne pas vouloir se jeter, tête baissée, dans un second mariage. On dit que sa première femme était impossible.

— Je ne l'ai jamais rencontrée. Elle ne pouvait pas être plus impossible que lui.

— Ils devaient faire un drôle de couple. Ce qui est certain, c'est que le *Star* ne les a pas épargnés, au moment du divorce.

Il ne répondit pas. Ce divorce avait été une affaire particulièrement déplaisante. Il ne voulait pas en discuter.

— Madge me disait qu'elle avait entendu dire qu'il tenait davantage à sa collection d'objets d'art qu'à sa femme. Elle doit être considérable.

— Alex voyage beaucoup. Il a dû rapporter des bibelots glanés dans divers pays.

— Apparemment, les Lutweiler sont des amis intimes. D'après Helen, la maison Sauer déborde d'objets d'art de toutes sortes.

Il la soupçonna de vouloir faire plus ample connaissance avec le psychiatre pour une raison qui d'ailleurs lui échappait. Sauer était un petit homme grassouillet, avec une calvitie qui gagnait du terrain, un œil qui louchait ostensiblement et des lèvres humides, dont la couleur évoquait un morceau de foie cru. Il n'avait rien qui dût attirer les femmes. Pourtant sa première femme était belle et, à présent, il était avec cette jolie jeune fille, Geneviève. Il se souvint également avoir entendu d'autres épouses parler d'Alex Sauer avec une fascination évidcnte. Cela dépassait l'entendement.

— D'après Madge, on le tient pour un des analystes les plus brillants du pays.

Mr. Bridge ne répondit pas.

— Il doit être très coquet, remarqua-t-elle, un tantinet critique.

Néanmoins, le ton de sa voix laissait également percer une certaine approbation.

Il pensa aux tenues vestimentaires du psychiatre : ses gilets aux couleurs criardes et aux boutons de verroterie étaient presque une insulte au bon goût. Il revit les costumes coupés à la façon européenne, les chaussures à semelles de crêpe et le chapeau tyrolien qu'il portait fréquemment lorsqu'il était en centre-ville, tel un touriste en villégiature à Kansas City. Sans parler du béret basque. Il semblait à Mr. Bridge que tout cela n'était qu'afféterie. Il secoua la tête avec indignation. Ces accoutrements tape-à-l'œil illustraient la méfiance qu'il ressentait à l'égard des psychiatres et de leur profession, cette dernière n'étant pas sans affinités avec ces aberrations qu'étaient la voyance, l'astrologie, le cérémonial ecclésiastique ou les jeux de hasard.

77. *Joyeuses Pâques*

Profitant du week-end de Pâques, le docteur Sauer et Geneviève s'envolèrent pour La Nouvelle-Orléans où ils comptaient prendre du bon temps. Ils ne furent pas de retour à Kansas City avant le jeudi suivant. Le lundi matin, le psychiatre téléphona à son cabinet pour faire annuler ses rendez-vous de la journée. Le soir même, il rappela pour annuler les consultations du mardi. Un troisième appel expédia pareillement toute la journée du mercredi.

Lorsque la nouvelle parvint aux oreilles de Mr. Bridge, il fut excédé. Il était inadmissible qu'un homme pourvu d'une conscience professionnelle adoptât un tel comportement. Aucun être se respectant un tant soit peu ne pouvait compromettre sa réputation en s'envolant pour La Nouvelle-Orléans accompagné d'une femme qui n'était pas la sienne. S'il ne pouvait s'en empêcher, il se devait au moins d'être discret, et la moindre des choses était de rentrer à temps pour ses rendez-vous du lundi.

Ensuite, le bruit courut que Sauer s'était engagé dans une partie de cartes et avait empoché douze cents dollars. Mr. Bridge pouvait difficilement croire à la véracité de cette rumeur. Que Sauer se fût assis à une table de jeu, c'était tout à fait possible, c'était même probable. Malin comme il l'était, il avait dû gagner un peu d'argent. Mais pas douze cents dollars. Il devait s'agir de cinquante dollars tout au plus et, comme d'habitude, on avait exagéré les faits. D'ici peu, l'on parlerait de douze mille dollars.

Mr. Bridge s'aperçut qu'il était davantage scandalisé par le jeu que par le fait que Sauer eût emmené la fille avec lui. Il avait eu tort d'emmener la fille, c'était un acte irresponsable, il n'aurait jamais dû. Mais douze cents dollars, si c'était vrai, c'était ce que gagnaient certains hommes en une année.

Lorsqu'on l'interrogea au sujet de cette fameuse escapade, le docteur Sauer, en bon joueur, ne répondit ni oui ni non. Il se contenta d'en rire. Tendant l'oreille, Mr. Bridge consulta du regard Virgil Barron, qui se trouvait de l'autre côté de la table, dans l'éventualité où Sauer aurait effectué un versement important sur son compte. À sa grande stupeur, le banquier lui retourna son regard. C'était donc vrai ! Pour la première fois depuis que la conversation avait été lancée, Mr. Bridge intervint.

— Quoi qu'il en soit, Alex, indépendamment du fait que tu aies gagné au jeu ou pas, l'essentiel est que tu te sois amusé.

— Bon sang, Walter, rétorqua le psychiatre d'un ton mordant, ce que tu peux être coincé par moments !

— Hélas, nous ne sommes jamais tout à fait ce que nous voudrions être. Peut-être est-ce une tare, si tu veux l'appeler ainsi, mais il se trouve simplement que je souscris à certaines vérités fondamentales.

— Les joueurs sont toujours perdants ? Est-ce là une de tes vérités fondamentales ?

— À mon avis, ils perdent tous, un jour ou l'autre.

Le docteur Sauer s'empara de la bouteille de vin et répliqua qu'à son avis rien ne pressait.

— Je t'amuse, n'est-ce pas ? dit Mr. Bridge. Alors, ne te gêne pas. Joue donc ton argent aux cartes, aux courses et ainsi de suite. Fais comme bon te semble. Ce n'est pas moi qui dicterai aux gens leur conduite. Quant aux jeux d'argent, loin de moi toute envie de faire fermer tripots, champs de courses et tout le bataclan. La libre entreprise, même lorsqu'il s'agit d'activités aussi discutables, reste un des piliers de ce pays, et j'estime qu'un minimum de licence n'est pas un mal. Tout homme doit être autorisé à faire ce qui lui plaît, dans la mesure où il n'empiète pas sur les droits et les libertés d'autrui. Toutefois, si tu joues de l'argent, prépare-toi à en assumer les conséquences. Je suis en effet persuadé que si tu persistes à tenter le sort, tu perdras à coup sûr. En supposant que tu aies réellement gagné une certaine somme au cours de ton séjour à La Nouvelle-Orléans, alors, bravo, puisses-tu avoir toujours autant de chance ! Mais tu as rejoint le paradis des inconscients. La loi des nombres exigera son tribut. Quiconque joue de l'argent est un inconscient, un inconscient ! Tu peux en être certain.

Il avait haussé le ton. Aux tables voisines, les gens commençaient à se retourner. Il s'en aperçut et s'interrompit. Ôtant ses lunettes, il les essuya avec sa serviette de table et se remit à manger.

78. *Plaisanterie salée*

Par souci de bienséance, on ne discutait jamais de femmes autour de la table ronde. Pas plus que de religion, car cela n'intéressait personne, ni de politique, car cela engendrait des querelles. Mais, un jour, le psychiatre raconta une plaisanterie au sujet d'une fille qui venait de Chihuahua. Tout le monde éclata de rire sauf Mr. Bridge. Simon Lutweiler lui demanda s'il avait bien entendu, quand le docteur Sauer l'interrompit :

— Walter préférerait se trancher la gorge plutôt que de rire d'une histoire cochonne.

— Je dois avouer que les obscénités ne m'ont jamais amusé, concéda Mr. Bridge.

— As-tu jamais essayé ? demanda Sauer, et, de nouveau, tous s'esclaffèrent, à l'exception de Mr. Bridge.

79. *La folle soirée*

Geneviève et le docteur Sauer, inspirés sans doute par la réussite de leur séjour à La Nouvelle-Orléans, emménagèrent dans un immeuble situé en haut d'une colline qui surplombait la Plaza. Peu de temps après, ils annoncèrent qu'ils donnaient une grande fête ouverte à tous. Lorsque son mari lui demanda si elle souhaitait y assister, Mrs. Bridge répondit que pour rien au monde elle ne manquerait cet événement.

— Dieu seul sait à quoi il faut nous attendre ! lui dit-il. Je suppose que tout Kansas City y sera.

Lorsqu'ils arrivèrent, il semblait que ce fût le cas. Le bruit de la fête leur parvint avant même qu'ils aient quitté l'ascenseur.

— Quel charivari ! observa Mrs. Bridge en ajustant son étole de renard argenté.

— Je t'avais prévenue. Cet homme aime se donner en spectacle. Je ne sais vraiment pas dans quoi nous nous sommes embarqués.

Mrs. Bridge sourit et répéta qu'elle était heureuse d'être venue.

Personne ne vint les accueillir à la porte, mais, puisqu'elle était grande ouverte et qu'il était ridicule de rester là à continuer d'appuyer sur la sonnette, ils entrèrent. Ils ne purent aller bien loin tant il y avait de monde. Il faisait chaud et l'atmosphère était enfumée, si bien qu'ils crurent, tout d'abord, que quelque chose avait pris feu. Prenant sa femme par la main, Mr. Bridge se fraya un passage dans la foule et découvrit leur hôte jouant de la batterie pendant que le batteur, lui, était allé prendre un verre. Un peu plus tard, ils purent enfin échanger quelques mots. Bientôt, l'atmosphère ambiante les gagna et ils retrouvèrent nombre de leurs connaissances : il y avait là les Arlen, ainsi que les Montgomery et Avrum Rheingold qui mangeait et buvait tout ce qui se trouvait à sa portée. Il évoqua le nom d'une charmante petite compagnie, la société Poséidon, dont le siège était basé à Tampa, en Floride, et qui se spécialisait dans la vente des hippocampes. Elle en vendait par milliers et florissait à vue d'œil. Le courtier glissa dans la conversation que l'on pourrait en discuter au cours d'un déjeuner, un jour à venir, et que ce serait là un rendez-vous que Mr. Bridge ne regretterait pas.

Ils retrouvèrent également les Hodge en compagnie d'une dame néo-zélandaise qui était intarissable, le pasteur Foster, un verre à la main, répondant à tout ce qu'il entendait par un gloussement affable, les Koeppel, les Lutweiler, ainsi que Grace et Virgil Barron. Mabel Ong, dans son inévitable tailleur en tweed, tenait, comme toujours, un recueil de poésie sous le bras. Les Ralph Porter, eux, revenaient d'un nouveau séjour en Europe. Le Danemark ne les avait pas enthousiasmés. Edith et Leo Snapper firent leur entrée. Il était, cependant, difficile d'engager la conversation avec ces derniers. Les manières impériales et la coiffure royale d'Edith Snapper déconcertaient Mrs. Bridge, et il y avait un petit quelque chose de sournois chez son mari qui déplaisait à Mr. Bridge. Les sœurs Beckerle arrivèrent en robes du soir démodées en velours rehaussé de perles, qui semblaient être restées enfermées dans une malle depuis près d'un demi-siècle. Le juge Chisholm fit une brève apparition.

Toutefois, la grande majorité des invités à cette soirée ouverte à tous étaient des inconnus.

— Eh bien ! Ce fut le plus grand cirque auquel il m'ait jamais été donné d'assister, fit-elle remarquer sur le chemin du retour. Doux Jésus ! on pouvait à peine se retourner.

— Seigneur, quelle musique ! renchérit-il, secouant la tête avec un air incrédule. On se serait crus au beau milieu d'un embouteillage avec tous ces klaxons qui retentissaient dans tous les coins. Je ne comprends pas comment on peut apprécier ce genre de musique.

— Je suis d'accord avec toi à cent pour cent, mais il doit bien y avoir des gens à qui cela plaît, sans quoi ils ne l'écouteraient pas. En tout cas, on aurait dit une maison de fous. En revanche, j'ai bien aimé certains de ses *objets d'art*[1], pas toi ?

1. En français dans le texte.

— Je n'ai rien vu que je voudrais mettre dans notre salon.

— Oh, moi non plus, bien entendu. Pourtant, certains m'ont paru intéressants. La semaine dernière, Grace et moi avons visité la Nelson Gallery, et plusieurs de ces choses chez le docteur Sauer m'ont rappelé des sculptures et des peintures exposées dans cette galerie.

— Je te laisse le tout, sans regret. Il a dû investir une petite fortune dans ce fatras. Va savoir pourquoi ! Cela me dépasse.

— Je ne défends pas tout ce qu'il a, mais je pense que de t'intéresser un peu aux choses de l'art te ferait le plus grand bien.

— Si la moitié de la camelote se trouvant dans la collection de Sauer s'appelle de l'« art », moi je suis né sur les îles Fidji. Surtout, si tu veux retourner les voir, n'hésite pas à appeler Alex ou sa petite copine. Ils se feront probablement un plaisir de te faire faire le tour du propriétaire. Alors, ne t'en prive pas. Mais, si tu veux mon avis, lorsqu'ils avaient cinq ans, nos enfants pouvaient déjà faire mieux. Aujourd'hui, chacun d'eux serait capable de peindre un tableau bien plus beau que la plupart des horreurs qu'Alex a accrochées à ses murs. Je ne prétends pas être un connaisseur, loin de moi cette outrecuidance. Cela ne m'a jamais beaucoup intéressé, et Dieu m'est témoin que je n'en ai pas le temps. Mais je n'ai pas peur de dire ce que je pense. Et je pense que la plupart des toiles d'Alex ne sont que des croûtes. Des croûtes, tout simplement ! Voilà.

— Mon Dieu ! Comme tu es sur la défensive !

— Par ailleurs, je doute que lui-même aime ces horreurs. À mon sens, tout cela n'est qu'une comédie qu'il joue, dans la lignée de ses gilets à carreaux, ses pantalons italiens et toutes ses autres inepties. Voilà pourquoi j'ai l'air « sur la défensive », comme tu dis. Seigneur ! Si encore il s'agissait d'un Rembrandt ou d'un de ces intérieurs hollandais où les personnages sont des êtres humains reconnaissables, je comprendrais l'intérêt d'y mettre le prix. Mais cette histoire de primitifs africains, d'école surréaliste ou cubiste, ou je ne sais pas comment on les appelle aujourd'hui, cela me dépasse, crois-moi. Et je suis prêt à te parier ce que tu veux que, d'ici cinquante ans, il n'en restera rien.

— Je pense comme toi, renchérit Mrs. Bridge. Je disais simplement que cela m'avait paru intéressant, pour une fois.

— À ton aise. Dès que tu auras envie de retourner les voir, appelle Alex. Grace Barron et toi n'aurez qu'à faire un petit saut chez lui et admirer tout votre saoul. Autre chose encore, tu as vu ces Nègres ? Voilà qui illustre parfaitement ce que je te disais : il ne les a invités que dans un seul but. Un seul et unique but.

— Tu sais pertinemment que ce sont des amis à lui.

— Je le sais. Mais je sais également qu'il ne les a invités que parce qu'ils sont noirs.

— Voyons, Walter, tu es vraiment injuste. Comment peux-tu le savoir ?

— Comme tu veux. Comme tu veux, répondit-il sur un ton intransigeant.

— Ils n'ont mangé personne.

— Je n'ai aucunement critiqué ces gens. Il s'agit d'Alex. Avant même qu'on s'en rende compte, il les aura invités à déjeuner au Muehlebach.

— Je doute qu'il aille aussi loin.

— On voit bien que tu ne le connais pas.

— Je le connais à peine. Tu as peut-être raison. Quoi qu'il en soit, je suis terriblement contente d'y être allée. Et si tu avais été un peu plus urbain, tu te serais sans doute amusé toi aussi.

— Mais je me suis amusé, rétorqua Mr. Bridge. Je n'ai nullement besoin de faire un tour de piste et de serrer la main à tous les larrons que je trouve sur mon passage pour le prouver.

— Je sais, mais tu es toujours avec Stuart, Virgil et les autres. Il me semble que c'était là une bonne occasion de rencontrer de nouvelles têtes.

Il répondit qu'il ne connaissait déjà que trop de têtes.

80. *Les corbeilles à papier*

Cet été-là, Ruth trouva un emploi dans une société locale, Blissco, spécialisée dans les fournitures de fantaisie pour la maison et le bureau. Le fondateur et président de cette compagnie était un jeune homme du nom d'Harry Bliss. Au premier coup d'œil qu'il jeta sur Ruth, il l'engagea. Lorsqu'il découvrit qu'elle ne connaissait pas la sténographie et qu'elle savait à peine utiliser une machine à écrire, il l'installa à peindre des motifs floraux phosphorescents sur des corbeilles à papier, article qu'il inventa sur-le-champ.

Ses parents étaient heureux qu'elle eût trouvé un travail. Ils s'attendaient à ce qu'elle passe l'été à se dorer au bord de la piscine du Country Club, ou à musarder avec Dodie dans une des alcôves du drugstore Walgreen, comme d'habitude. Ils convinrent qu'un emploi lui ferait du bien. Elle n'était pas prédisposée au travail et n'avait jamais fait grand-chose, mis à part la grasse matinée et traîner dans la maison.

D'après ce qu'elle lui raconta de cette société, Mr. Bridge en déduisit que Blissco ne ferait probablement pas de vieux os, mais, tant qu'on versait chaque semaine un salaire à sa fille, il ne voyait aucun mal à l'autoriser à peindre des corbeilles à papier. Si Carolyn avait accepté ce genre de travail, il aurait rongé son frein, mais Ruth n'avait pas la cervelle de sa sœur cadette. Certes, passer tout un été à peindre des corbeilles à papier était absurde. Toutefois, cela l'occuperait. De plus, lorsqu'il songeait à la manière dont les hommes la regardaient, il en concluait qu'il était plus prudent de la garder dans un bureau, où elle était plus ou moins à l'abri des regards. Elle avait à présent dix-sept ans et il n'aimait pas penser à ce qu'il pourrait lui arriver. Il lui manquait, non seulement l'intelligence, mais également la cuirasse de Carolyn. Celle-ci, à quinze ans, avait déjà appris à se défendre comme un porc-épic.

Ruth parlait constamment, et plutôt sottement, de son travail, de cette merveilleuse société, de la chance qu'elle avait qu'Harry Bliss lui ait donné un emploi malgré son manque d'expérience, de l'homme brillant qu'il était et de l'occasion qui lui était ainsi offerte d'entamer une carrière de dessinatrice. Cependant, un après-midi, tandis qu'en centre-ville la température avait grimpé à trente-sept degrés et que Julia, souffrant des nerfs, avait eu un étourdissement, Mr. Bridge décida de rentrer chez lui plus tôt que de coutume. En arrivant à la maison, il découvrit Ruth sous le porche, allongée sur la balancelle, en short et en corsage bain de soleil. Elle lisait une revue de cinéma. Ne comprenant pas pourquoi elle était là au lieu d'être à son travail, il lui demanda des explications. Elle plissa les yeux et leva la tête vers lui comme si sa question n'avait aucun sens. Il lui demanda à nouveau pourquoi elle n'était pas à son poste. Elle se gratta un sein et répondit qu'elle avait quitté son emploi depuis plusieurs jours.

— Je croyais que tu étais au courant, ajouta-t-elle. Maman ne t'a rien dit ?

Personne ne lui avait rien dit. Il s'assit, déposa la mallette sur ses genoux, déboutonna son col et sortit un mouchoir pour s'éponger le front. Ruth avait placé le ventilateur électrique sur une table, près de la balancelle, pour en tirer le meilleur parti. En dehors de cela, il n'y avait pas le moindre souffle d'air. Le soleil dardait ses rayons. L'herbe du jardin sentait le foin. Les oiseaux et les criquets se taisaient. Le quartier tout entier demeurait silencieux. Rien ne bougeait. Il avait la sensation d'entendre le soleil crépiter. À peine s'était-il tamponné le front que celui-ci était déjà moite.

— Que me racontes-tu là ? demanda-t-il sur un ton péremptoire. Reprends du début. As-tu un travail, oui ou non ?

Ruth laissa tomber un pied nu sur le sol, et donna une poussée alanguie à la balancelle. Il remarqua qu'elle s'était peint les ongles de pied, et elle venait manifestement de se raser les jambes car elle portait un petit pansement sur le tibia. Son indolence était exaspérante.

— Si je comprends bien, tu as abandonné ton travail. Et pour quelle raison ? Une envie soudaine ? Ai-je le droit, moi, de laisser tomber mon cabinet parce que certains jours je préférerais me prélasser sur la balancelle à boire de la limonade ?

— Il fait si chaud, gémit-elle. Ne nous chamaillons pas. Si tu veux savoir pourquoi je suis partie, tu n'as qu'à le demander à maman.

— C'est à toi que je pose la question, et non à ta mère. Et je veux une réponse, je la veux tout de suite. M'entends-tu ?

Il n'avait rencontré, au cours de cette journée, que des motifs d'insatisfaction, et le comportement de sa fille en était le couronnement. Elle passait son temps à traîner dans toute la maison, aux trois quarts nue. Elle savait ce qu'il en pensait, et pourtant elle continuait de se balancer, sirotant de la limonade et lisant une revue de cinéma.

— M'entends-tu ? répéta-t-il. Je te parle. J'en ai eu plus qu'assez pour aujourd'hui.

Son cœur se mit à palpiter. Fronçant les sourcils, il glissa une main sous son veston.

Ruth était presque vautrée sur la balancelle tandis que le souffle du ventilateur électrique balayait son corps. Elle continuait d'aspirer des petites gorgées de limonade à travers une paille verte. Ses paupières étaient mi-closes. Une goutte d'eau se faufila le long du verre et vint s'écraser contre son estomac en faisant un flac !

— Si tu veux vraiment tout savoir, susurra-t-elle avec un sourire bêta, Mr. Bliss s'est toujours comporté avec moi… enfin, c'est franchement trop sordide à raconter. C'est-à-dire, tu peux te fâcher contre moi si tu veux, mais… sincèrement, je ne crois pas que tu aimerais que je retourne travailler là-bas. Enfin, vraiment, je ne crois pas que ce serait très convenable.

Mr. Bridge pesa cette nouvelle pendant quelques instants. Puis, pointant un doigt vers la carafe de limonade, il déclara :

— Et si tu m'en servais un verre, pendant que je prends une douche et que je me change ?

81. *Les travailleurs*

Ce même été, un autre membre de la famille parvint à la conclusion qu'il était temps de se mettre au travail. Un samedi matin, Douglas, lassé de la vie au Country Club, à moins qu'il n'ait été stimulé par l'exemple de sa sœur aînée, quitta la maison en quête d'un emploi qui satisfasse ses dispositions. Il revint tard dans l'après-midi, avisa ses parents dans le jardin derrière la maison et leur annonça que, dès le lundi matin, il prendrait ses fonctions en tant qu'éboueur. Puis il fit quelques pas de danse d'avant en arrière, leva sa casquette de base-ball et salua, comme s'il se trouvait sur une scène de music-hall.

Mr. Bridge, préoccupé par l'état de son jardin, envahi par les pissenlits et la mauvaise herbe, crut, tout d'abord, avoir mal entendu.

— Cesse de caracoler ainsi, lui intima-t-il.

Portant les deux mains à son cœur, Douglas s'effondra sur la pelouse.

— Allons, je t'en prie. Tiens-toi correctement, lui enjoignit sa mère.

Il s'assit, posa sa casquette à l'envers sur sa tête et expliqua qu'il avait trouvé un travail en tant qu'éboueur auxiliaire. Il recevrait trois dollars par jour, plus le déjeuner. Il fallait d'ordinaire compter huit heures pour effectuer un circuit complet, précisa-t-il. Mais avec un chauffeur rapide, et si toute l'équipe y mettait du sien, on pouvait parfois boucler le tout en cinq heures. Ce qui revenait à gagner en quelques heures le salaire d'une journée entière. Ils en connaissaient beaucoup, eux, des boulots pareils ?

Mr. Bridge demanda quelles seraient ses tâches. Douglas répondit qu'il devrait suivre les hommes tandis qu'ils déversaient le contenu des poubelles dans la benne et ramasser tout ce qui tombait par terre.

— Oh, c'est que… cela ne m'enchante pas beaucoup, dit sa mère qui l'avait écouté non sans une certaine appréhension.

Mr. Bridge était d'accord avec elle. Il annonça à son fils qu'il lui faudrait trouver autre chose. Celui-ci ouvrit grand les bras en signe de consternation.

— Mais pourquoi, nom d'un chien ? Mais enfin, mais pourquoi ? Mais qu'est-ce qui se passe ? Je comprends pas !

— Je ne veux pas que tu rentres tous les soirs à la maison en empestant comme un cochon.

— Alors quoi, ça veut dire qu'on est trop distingués pour que je bosse sur une benne à ordures ?

— Pas du tout, dit Mr. Bridge avec un sourire pincé. J'ai moi-même travaillé de mes mains. Dès que j'ai été en âge de comprendre ce que signifiait l'argent, j'ai su que, pour en avoir, il me faudrait le gagner à la sueur de mon front. Mes parents n'eurent jamais les moyens de me donner de l'argent de poche. Tu ne connais pas ton bonheur. Et, de fait, en de nombreuses occasions, lorsque j'étais enfant, il ne me serait pas venu à l'esprit de conserver pour moi le fruit de mon labeur. Je le tendais à mes parents sans poser de questions, afin qu'ils puissent assurer notre survie. Tu sembles croire que, pour la simple raison que nous vivons dans un quartier convenable et que nous ne manquons de rien, ton père ignore tout de l'indigence. Rien ne pourrait être plus éloigné de la réalité. Laisse-moi te dire une chose : je sais de quoi je parle. Je suis passé par là. J'en connais l'odeur, l'aspect et les souffrances, et je remercie le Seigneur que toi, tes sœurs et ta mère n'ayez jamais traversé de telles épreuves. J'espère que tu n'en feras jamais l'expérience, car cela n'est pas très agréable. Ce n'est pas drôle. Cela n'a rien d'amusant. Je n'ai aucun mépris pour les hommes qui travaillent de leurs mains. Nous ne sommes pas trop distingués, comme tu le dis si bien, pour que notre fils travaille sur une benne à ordures cet été. Toutefois, ce n'est pas le seul emploi disponible. Il te faudra en chercher un autre. Choisis celui que tu veux, pourvu que ce soit légal et raisonnablement propre. Je ne veux pas dire qu'il faut éviter de te salir les mains, mais ce n'est pas une raison pour nettoyer les égouts ou ramasser des ordures.

Mr. Bridge s'interrompit. Et bientôt, mû par des souvenirs qui ne lui étaient pas revenus depuis longtemps, il poursuivit :

— Je devais me lever avant l'aube afin d'aller travailler sur la carriole d'un livreur de glace. C'était une carriole tirée par deux vieux bourrins fourbus. Seigneur ! Je n'oublierai jamais. Je travaillais jusqu'à l'heure d'aller à l'école. Et je peux t'assurer que de tailler et de transporter des pains de glace à cinq ou six heures du matin au mois de janvier, lorsque la neige tombe à gros flocons et que le vent du nord mugit, cela n'a rien d'un divertissement. Je me souviens encore du spectacle de mes doigts en sang, la chair à vif. Combien de fois, le matin, me suis-je assis derrière mon pupitre d'écolier les doigts trop gourds pour tenir un crayon. Cela n'était pas drôle, crois-moi, mais je le faisais sans rechigner. Jamais je ne me suis cru trop distingué pour le dur labeur. Jamais. Comme le dit un jour Abraham Lincoln : « Je n'ai pas honte d'avouer qu'il y a vingt-cinq ans, j'étais un ouvrier employé à la journée. »

Douglas s'ennuyait ferme.

— Soit, je ne te sermonnerai pas. Va te chercher du travail. C'est ce dont tu as besoin. Mais qu'il ne soit plus question de bennes à ordures. Est-ce clair ?

— Lumineux, répondit Douglas d'une voix chargée de sarcasme.

Mr. Bridge lui lança un coup d'œil signifiant qu'il l'avait entendu et que cela suffisait. Douglas traîna les pieds jusque dans la maison pour téléphoner aux éboueurs et leur transmettre ses regrets.

Mr. Bridge reprit son inspection des mauvaises herbes du jardin.

Toutefois, tandis qu'il était plongé dans la contemplation des pissenlits, ses pensées le ramenèrent au temps de la carriole du livreur de glace. Il repensa au tablier de cuir noir qui se bouclait à la taille et pendait presque jusqu'aux genoux, tel un vêtement du Moyen Âge, aux pinces de fer, au haillon dont il se ceignait l'épaule pour que les pains de glace fassent un peu moins mal, au vieillard grisonnant fouettant les chevaux qui se hissaient à grand-peine au sommet des collines verglacées, à la carriole bringuebalante, à l'humidité, à la neige fondue projetée par le frottement des longs blocs de glace. Il leva la main droite et en examina la paume. Il caressa du pouce les emplacements des anciens cals. Aujourd'hui sa main était aussi lisse que celle d'un chirurgien.

82. *Beurk !*

Quelques jours plus tard, Douglas les informa qu'il avait trouvé du travail à l'épicerie Horkey, au rayon des fruits et légumes. Il s'agissait de faire quelques commissions pour le chef de rayon, de passer le balai, de s'assurer que les casiers à légumes fussent toujours approvisionnés, de vaporiser les laitues, d'égrener le maïs, et ainsi de suite. C'était légal, et c'était raisonnablement propre.

Bientôt, à force d'entendre parler de la vie parmi les fruits et légumes, toute la famille fut au bord de l'indigestion, et la silhouette menaçante du chef de rayon apparaissait régulièrement à la table du dîner.

— Non, mais, écoutez, je vous donne juste un petit exemple, ajouta un soir Douglas, après leur avoir fourni un compte rendu détaillé de la goujaterie, du manque d'imagination, de la pingrerie, de l'inintelligence et de l'hypocrisie du chef de rayon. Écoutez ça, aujourd'hui, par exemple, vous voyez, on a eu ce gigantesque arrivage de citrons, vous me suivez ? Non, mais vraiment, il devait y avoir dix milliards de citrons, au moins. Enfin, cet imbécile de chef décide qu'il a intérêt à agir vite, parce qu'ils sont posés au beau milieu de la rue, en train de bloquer la circulation. Alors, tout ce qu'il trouve à faire, c'est de décider qu'il faut que quelqu'un les sorte de leurs cageots et les mette dans des boîtes plus petites. Et c'est qui le premier pigeon sur lequel ses yeux tombent ? C'est moi, bien sûr. Alors, il m'a fait trier ces citrons pendant près de mille heures. J'ai presque raté la pause du déjeuner. J'ai dû trier ces citrons depuis neuf heures le matin, vous voyez un peu ? Eh bien, toujours est-il qu'après un moment, ce vieux cornichon ne sachant pas quoi faire de lui-même, il reste planté là à me regarder faire. Il y a une grosse poubelle, vous voyez, où vont les mauvais fruits. Il faut jeter tous ceux qui sont pourris parce qu'on peut plus les vendre, et si on les laisse avec les autres, eh bien, forcément, les autres pourrissent aussi.

— Viens-en au fait, interrompit son père.

— Mais j'y arrive, nom d'une crotte de bique ! Si tu me laissais finir ? J'étais sur le point de vous raconter ce qui s'était passé. Donc, j'étais là, à trier ces citrons et, bien sûr, j'en jette quelques-uns. Et voilà que ce chef de rayon s'amène en marchant au pas, il en ramasse un que je venais juste de balancer dans la poubelle et il dit que je venais de jeter le profit d'une journée ! Non mais il était sérieux en plus ! Il a vraiment dit ça ! Il a dit : « Vous venez de jeter le profit de la journée. » Moi j'ai cru qu'il rigolait.

Douglas regarda son père pour mesurer l'effet produit par cette nouvelle.

Mr. Bridge promena un regard interrogateur autour de la table au cas où quelqu'un voudrait reprendre un morceau de poulet.

— Toujours est-il que le citron que j'avais jeté avait plein de moisissures partout, alors personne ne l'aurait acheté, ça fait pas un pli. Pas exactement partout, je suppose qu'en fait, il était moins pire que d'autres, mais il allait pourrir de toute façon, d'ici un jour ou deux. Voilà pourquoi je l'ai jeté. Mais ce vieux cornichon a presque sauté au plafond. Et le voilà qui se met à défiler en se prenant pour le capitaine Bligh, tenant le citron entre deux doigts pour que tout le monde au rayon des fruits et légumes puisse l'admirer comme si c'était les joyaux de la couronne ou quelque chose du genre, et il raconte que si je sais pas faire mon boulot correctement, lui, il peut trouver quelqu'un qui saura. Oh ! là là ! Mais comment c'est possible d'être aussi bête ?

— Étais-tu attentif à ce que tu faisais ?

Douglas estima que cette question attentait à sa dignité.

— Mais bien sûr ! Même si on suppose que c'était un citron acceptable, est-ce que c'est une raison pour sauter au plafond ? Qu'est-ce que c'est qu'un citron ?

Il prit une profonde inspiration, semblant sur le point de se lancer dans un nouveau discours, puis débita à toute allure :

— Écoute, papa, j'ai pensé que, peut-être, il valait mieux que je démissionne. Si seulement je pouvais travailler dans un autre rayon que les fruits et légumes ça passerait, mais ce gros porc ignoble qui s'occupe des fruits et légumes croit tout savoir, et il sait même pas où est son…

Douglas hésita.

— … il sait moins que rien. Il faut le voir quand le vieux Horkey se pointe, environ deux fois par semaine, pour fouiner partout et vérifier que tout le monde fait bien son boulot. Alors là, monsieur le chef du rayon des fruits et légumes se plie en quatre et vas-y que je te fais des courbettes et que je te lèche les bottes en bafouillant : « Oh, oh, oh, b-b-b-bonjour, Mr. Horkey ! » Ça me donne envie de vomir. Et c'est pour ça que, tout réfléchi, je crois bien que je vais laisser tomber parce que, de toute manière, il va probablement me virer.

— Écoute-moi bien, mon jeune ami, coupa Mr. Bridge. Tu as un travail et tu feras ton possible pour le conserver. Il n'y aura pas deux démissionnaires dans cette famille.

— Mais si Ruth a le droit de quitter son boulot, pourquoi pas moi ?

— Nous ne reviendrons pas là-dessus. Tu feras ce qu'on te dit de faire.

— Je pourrais trouver un meilleur boulot qui rapporte plus.

— J'en doute.

— Ah oui ? fit Douglas avec un air de défi. Et pourquoi ça ?

— Les emplois ne courent pas les rues aujourd'hui. La place que tu occupes n'est peut-être pas des plus importantes, mais il y a bon nombre d'adultes dans ce pays qui seraient très heureux de la prendre.

— Eh bien, qu'ils la prennent !

— J'ai déjà entendu ce ton une ou deux fois par le passé, remarqua Mr. Bridge. Il me semble t'avoir déjà mis en garde.

— Désolé, dit Douglas. Mais alors, c'est ça le business ? Je veux dire, tout ça pour un citron ? Est-ce qu'un homme est censé marner toute la journée pour pas un rond ?

— Cet homme exagérait les faits. Il voulait te faire comprendre que tu devais travailler plus consciencieusement.

— Purée !

— Voilà une expression que j'ai entendue plus qu'il n'est nécessaire.

— O.K. ! O.K. ! C'est juste que, si tu veux mon avis, c'est tellement bête, ce truc. Tout ce boulot pour un citron !

— Que ce travail te plaise ou non, tu le conserveras jusqu'à la rentrée des classes.

— Non mais tu rigoles !

— Car dans le cas contraire, mon fils, je réduirai de moitié ton argent de poche.

— Tu crois peut-être que je vais trier des citrons jusqu'à la fin de mes jours ?

Mr. Bridge ne daigna pas répondre.

— Beurk ! lâcha Douglas.

— C'est tout à fait sérieux.

— Purée, marmonna Douglas. Comme si je savais pas que t'étais sérieux !

83. *Les bas*

Ruth s'apprêtait à sortir pour la soirée. Sa mère la complimenta sur sa toilette. Mr. Bridge approuva, puis, remarquant qu'elle avait les jambes nues, il lui ordonna de remonter dans sa chambre et d'enfiler une paire de bas. Elle répondit qu'il faisait trop chaud pour en porter.

— Ce n'est pas à moi qu'il faut le dire ! répliqua-t-il. De ma vie, j'ai rarement été autant incommodé comme aujourd'hui en ville. Le tribunal était une véritable fournaise. Toutefois, malgré la chaleur, je me suis présenté comme je le fais invariablement, car il est important d'avoir toujours une apparence respectable. Aussi ne sortiras-tu pas de cette maison en ayant l'air d'une traînée des quartiers nord. À toi de choisir : tu peux rester à la maison vêtue à ta guise, ou bien sortir lorsque tu seras habillée comme une jeune fille respectable. Je n'ai rien d'autre à ajouter.

Elle le fusilla du regard, mais remonta néanmoins dans sa chambre. Elle s'absenta un long moment. Lorsqu'elle redescendit, elle portait des bas, mais il nota un changement dans son attitude et il pensait savoir pourquoi : elle comptait les enlever sitôt dehors.

— Et ne t'avise pas de les retirer ! lui dit-il en pointant un doigt vers elle, afin qu'elle sache qu'il ne plaisantait pas.

De la façon rageuse dont elle mit les poings sur ses hanches, il sut qu'il avait vu juste.

84. *Quatre heures du matin*

Ses yeux s'ouvrirent et s'accommodèrent rapidement à l'obscurité. Il se passait quelque chose d'anormal. La maison était silencieuse. À ses côtés, sa femme respirait profondément et calmement. Il n'y avait pas un bruit, mis à part le tic-tac de l'horloge dans le couloir et le murmure du vent dans les arbres. Pourtant, il sentait une présence au rez-de-chaussée. Il se leva, enfila sa robe de chambre, chaussa ses pantoufles, prit une boîte de balles dans un des tiroirs de la commode et en vida le contenu dans sa poche. Ensuite, il glissa une main sous le matelas et sortit le revolver. Il le chargea, l'arma et avança lentement le long du couloir, s'arrêtant tous les deux ou trois pas pour tendre l'oreille. Il se tenait en haut des marches lorsqu'il entendit un gémissement.

Il posa une main sur la rampe pour reprendre son équilibre et commença à descendre. Au pied des marches, il leva le revolver et regarda de biais vers le salon. Quelqu'un avait ouvert tout grands les rideaux. Le clair de lune, pénétrant par la fenêtre qui donnait à l'est, se répandait dans la pièce et il y avait un homme couché sur Ruth. Celle-ci ouvrit la bouche et ses jambes eurent un soubresaut, comme une détente de grenouille. L'homme leva la tête. Il poussa un nouveau grognement. Lui mettant une main sur le visage, elle le repoussa, et, aussi mécaniquement que deux personnages d'un film ancien, leurs deux corps s'écartèrent en roulant. Elle se releva prestement et tira sur sa jupe. Elle rejeta la mèche qui lui tombait dans les yeux et glissa ses pieds dans ses chaussures. Un des coussins était tombé par terre. Elle le ramassa et le laissa tomber sur le sofa. Au même instant, l'horloge carillonna. Mr. Bridge se demandait s'il était endormi. Il cligna des yeux et regarda autour de lui car il lui sembla avoir entendu l'écho de la porte d'entrée se refermant. L'homme avait disparu.

Ruth reboutonnait calmement son chemisier qui était ouvert jusqu'à la taille. Il la dévisageait, incrédule. Elle ne lui prêtait aucune attention et continuait de refermer les boutons un à un. Il se rappela qu'il avait apporté le revolver avec lui, baissa les yeux et vit qu'il le tenait dans la main. Le poids de l'arme le convainquit qu'il était bien éveillé.

— Qu'avais-tu l'intention de faire ? demanda-t-elle.

Il glissa le revolver dans la poche de sa robe de chambre et s'assit sur la chaise la plus proche. Il se sentait stupide. Il avait été stupide de supposer qu'il pouvait empêcher ce genre de choses d'arriver.

Ruth poursuivit de la même voix sardonique :

— Il m'a suppliée de l'accompagner dans un hôtel, mais je n'ai pas voulu. Et nous voilà. Nous voilà, toi et moi.

Elle croisa les bras et le toisa d'un regard qui pouvait être de l'indifférence ou du mépris.

— Promets-moi une chose. Que ta mère ne l'apprenne jamais. Elle pourrait en mourir.

Mr. Bridge se rendit soudain compte qu'il avait envie de pleurer, mais il n'avait pas versé une larme depuis son enfance. Il toussota.

— Les choses sont différentes aujourd'hui, dit-elle.

Elle s'approcha de lui et lui effleura l'oreille du bout du petit doigt, mais son visage était dur. Ses yeux ne demandaient aucun pardon.

— Non, répondit-il, secouant la tête. Certaines choses ne changent jamais. L'amour, le respect, la décence humaine… ces choses-là ne changent jamais. Ta mère et moi, nous possédons tout cela.

— Tant mieux pour vous.

— Non, répéta-t-il fermement. Sans elles, aucun de nous ne pourrait continuer de vivre.

Ruth haussa les épaules. Elle ne semblait pas l'écouter. Il leva vers elle un regard impuissant.

— Et cet homme ? As-tu l'intention de l'épouser ?

— Oh, je t'en prie, murmura-t-elle avec un geste d'impatience. Je n'avais jamais vu ce crétin avant ce soir. Les temps ont changé depuis que tu étais jeune.

Puis, après un silence, elle ajouta :

— De toute manière, tu as probablement oublié comment c'était.

Il secoua de nouveau la tête.

— Je n'ai pas oublié ce que désirer une femme signifie. Je suis toujours capable d'éprouver un profond désir pour ta mère.

— Je n'ai plus envie de parler, lança-t-elle soudain. Je suis épuisée. Je vais me coucher.

Elle se précipita hors de la pièce et grimpa l'escalier.

85. *Charmant, merde !*

Mrs. Bridge, souffrant d'un rhume, avait gardé le lit pendant trois jours. À présent, elle était suffisamment rétablie pour recevoir des visiteurs, sans pour autant quitter la chambre. La plupart de ses amies venaient avec un livre, des fleurs ou quelques fruits frais, et parmi elles se trouvait Mildred Cox, qui avait emménagé dans le quartier peu de temps auparavant et que Mrs. Bridge ne connaissait pas très bien.

Lorsque Mrs. Cox eut pris congé, Carolyn, qui l'avait raccompagnée à la porte, revint dans le salon et observa d'une voix que l'on pouvait à peine distinguer de celle de sa mère :

— Eh bien, n'était-ce pas charmant de sa part d'être venue ?

Sur ce, Ruth éclata :

— J'en ai plus qu'assez de ce mot. Elle est absolument charmante. Oh, mais c'est charmant. Voyons, n'était-ce pas charmant ? Tout est tellement charmant. Merde !

Carolyn tourna immédiatement la tête vers leur père.

Celui-ci était assis dans sa chauffeuse, près de la cheminée. Il tenait, dépliée sur ses genoux, une brochure touristique provenant du syndicat d'initiative du Manitoba, car il envisageait d'aller y pêcher l'été suivant. Tout d'abord, bercé par cette perspective enchanteresse qu'accompagnaient le crépitement des flammes dansant autour des bûches et le fredonnement du vent sous les avant-toits, il n'entendit pas ce que Ruth avait dit. Enfin, il leva les yeux et la dévisagea. De la manière dont elle avait appuyé sur le mot, il savait qu'elle l'avait prononcé délibérément. Elle le défiait. À la lueur du feu, ses yeux obliques étincelaient. Jamais elle n'avait été aussi belle. Il fut ébranlé par la vue de sa fille, et il sut qu'il l'aimait d'une façon dont il ne pourrait jamais aimer ses autres enfants. Peut-être parce qu'elle était la première, ou peut-être en raison de cette ombre étrange qu'il y avait en elle et qu'il pouvait également ressentir au fond de lui-même.

— Nous ne tolérerons pas ce genre de langage dans cette maison, dit-il.

Avant qu'elle ne se détourne, il crut déceler dans le regard de sa fille comme une lueur amusée.

86. *L'argenterie*

À Noël, l'argenterie occupa la place d'honneur et rien ne pouvait faire plus plaisir à Mrs. Bridge. Au fil des ans, elle en avait acheté un nombre de pièces considérable et, pour son anniversaire, son anniversaire de mariage et son Noël, elle en recevait davantage, si bien que la maison commençait à en être plutôt chargée. Mr. Bridge avait l'impression de vivre dans une boutique d'orfèvre. Il y en avait pratiquement partout. Dans la salle à manger, une paire de candélabres en argent travaillé, avec des branches torsadées, trônait sur le dressoir en cerisier où l'on conservait les plus beaux spécimens. Entre les deux candélabres se trouvait un grand plat rectangulaire, sur lequel étaient posés une fontaine à café ancienne, un ensemble en argent ciselé composé d'un sucrier et d'un pot à lait, une louche décorative et une pelle à gâteau triangulaire. De l'autre côté de la salle à manger se tenait une desserte Chippendale, que l'on n'utilisait presque jamais pour desservir mais qui faisait office de présentoir pour une coupe à vin du dix-huitième siècle avec un pied en or, une bonbonnière, une boîte à cigares en émail bleu avec des filigranes en argent, un casse-noix, un grand encrier de bureau, un ensemble d'assaisonnement, une tabatière, une cruche, un plateau Revere, deux vases et divers ustensiles de table. À la cuisine, Harriet veillait sur le stock des indispensables plats, saladiers, couvercles, compotiers, ainsi que sur les couteaux, fourchettes, cuillères, pinces à glace, seau à glace et autres pièces dont on se servait tous les jours. Bien entendu, ce n'était pas là les seuls endroits où l'on trouvait de l'argenterie. Il y en avait au rez-de-chaussée comme à l'étage. Dans la salle de jeux, au sous-sol, on voyait un flacon à whisky qu'elle avait déniché dans une vente aux enchères, un plat, un plateau à thé qu'elle n'aimait pas beaucoup, un autre ensemble formé d'un sucrier et d'un crémier, une paire de soucoupes en forme de cygne pour les bonbons à la menthe et les noix, et un tiroir rempli de couteaux, de fourchettes et de cuillères. Dans la chambre des maîtres, sur le chiffonnier, se dressait une autre paire de candélabres, qu'il n'appréciait guère, bien qu'il n'en dît rien. L'argenterie figurait également dans la petite salle à manger et sur un des murs du vestibule était accroché un miroir ovale avec un remarquable cadre d'argent. Le salon n'avait rien à envier aux autres pièces de la maison en la matière. Un jour, en ouvrant l'armoire du couloir à la recherche d'un chandail qu'il n'avait pas porté depuis longtemps, il découvrit, derrière un carton à chapeaux, un vase en argent caché là comme un œuf de Pâques égaré. Mrs. Bridge, qui l'avait oublié depuis longtemps, fut enchantée de cette découverte. Elle l'astiqua elle-même, puis lui trouva une place sur la console en acajou, près d'une petite clochette d'argent au tintement délicat.

Comme tous les ans, nombre de cadeaux de Noël furent des pièces d'argenterie. Ils reçurent un service à découper la viande de la part des Montgomery qui, vraisemblablement, avaient oublié qu'ils en possédaient déjà trois. Les Barron leur offrirent une soupière. Un client de Mr. Bridge, ayant eu vent des goûts de son épouse, passa les voir le jour de Noël pour leur apporter deux douzaines de pics à apéritif en argent de bon aloi. Un lourd cadre en argent leur fut offert par un autre client. Les Van Metre leur offrirent un carnet de rendez-vous avec un couvercle d'argent. Les sœurs Beckerle, une broche. Le perspicace Avrum Rheingold qui, en bon docteur des valeurs boursières qu'il était, gardait un doigt sur le pouls de Mr. Bridge, prit la liberté de leur faire envoyer un couteau à poisson en métal argenté, accompagné de ses meilleurs vœux pour une nouvelle année de bonheur et de prospérité. Mrs. Bridge était aux anges.

Lorsque les dépouilles des cadeaux de Noël furent ramassées, tandis qu'Harriet passait l'aspirateur sur la moquette et que boîtes et rubans se consumaient gaiement dans la cheminée, Douglas abandonna un instant ses propres présents pour passer en revue les dernières acquisitions de sa mère. Elle s'en tirait mieux qu'un cambrioleur, conclut-il, et Mr. Bridge était secrètement d'accord avec lui.

87. *Le soleil de Californie*

Mr. Bridge ressentait le besoin de faire un peu d'exercice ; il décida donc de nettoyer le garage. Il endossa de vieux habits, coiffa son chapeau de pêche, enfila des gants de coton et traversa la cuisine où il fit une brève halte, le temps de prélever un échantillon du bouillon de dinde qui mijotait sur la cuisinière. Une fois dehors, il prit une profonde inspiration. De hauts nuages voilaient le soleil et le vent du nord soufflait sans relâche. Il frappa dans ses mains pour effrayer quelques mésanges à tête noire qui sautillaient çà et là sur le sol gelé, puis se dirigea vers le garage. En chemin, il s'amusa à pénétrer dans son propre souffle qui devenait buée au contact de l'air glacé.

Il ouvrit la porte du garage et, à peine eut-il mis un pied à l'intérieur qu'il hésita, sentant une autre présence. Il alluma la lumière mais ne vit personne. Peut-être un chat ou un chien s'était-il glissé sous une des voitures. Il se mit à quatre pattes et regarda, il n'y avait rien. Légèrement perplexe, il se redressa, prêt à reconnaître son erreur, lorsqu'il fut à nouveau traversé par une puissante intuition. Levant les yeux, il découvrit, presque exactement au-dessus de lui, son fils à califourchon sur une planche posée entre les chevrons.

— Oh là ! s'exclama-t-il. Salut, vous, là-haut !

Douglas hocha la tête sans répondre. Une cigarette pendait mollement au coin de ses lèvres et il tenait une revue. Cette dernière éveilla les soupçons de Mr. Bridge.

— Que tiens-tu là ? demanda-t-il.

Douglas haussa les épaules et marmonna quelque chose. Il lui arrivait parfois de grimper sur les chevrons du garage et d'y passer un certain temps, mais Mr. Bridge ne s'en était jamais inquiété, se souvenant combien lui-même avait aimé l'escalade. Il avait tenté de l'expliquer à sa femme, qui n'aimait pas que leur fils grimpât sur les toits ni trop haut dans les arbres. Mais les femmes ne pouvaient pas comprendre, car il leur manquait l'instinct, l'ardeur, le besoin, bref, cette force qui poussait la plupart des garçons et un bon nombre d'hommes à escalader, à se hisser le plus haut possible. Tendre la main vers une branche ou chercher une prise du pied procurait une singulière et impalpable exaltation, et un plaisir enivrant se déversait dans le sang comme un suc épais. Cependant, c'étaient là des choses que l'on ne pouvait expliquer. Soit on les comprenait d'emblée, auquel cas aucune justification n'était nécessaire, soit on ne les comprendrait jamais. Mais, dans le cas présent, il s'agissait de tout autre chose. Mr. Bridge se tenait sur le seuil du garage, scrutant la pénombre striée de rayons de lumière obliques.

— Qu'est-ce qu'il y a à déjeuner ? s'enquit Douglas en balançant ses pieds.

La cigarette pendillait toujours à sa lèvre mais il tentait d'écarter le magazine des yeux de son père.

— Descends un peu, dit Mr. Bridge.

Il fit claquer ses doigts.

Douglas feignit la stupéfaction. Il exhala un grand nuage de fumée.

— Allez, dépêche-toi. Apporte-moi cette chose que tu tiens et cesse de faire l'imbécile.

Finalement, Douglas se leva, les bras déployés pour maintenir son équilibre, et longea les chevrons comme s'il s'agissait de traverses de chemin de fer, atteignit le mur, se laissa glisser jusqu'au haut de l'escabeau, sauta sur le capot de la Chrysler et faillit atterrir sur la pelle à neige.

La revue s'intitulait *Soleil de Californie*. Elle consistait en une série de photographies prises dans un camp de nudistes.

— Où as-tu trouvé cela ? demanda Mr. Bridge. Et jette-moi cette cigarette.

D'une chiquenaude experte, Douglas projeta sa cigarette hors du garage. Il prétendit avoir trouvé le magazine en ville.

— Je crois que je me suis démis le genou en sautant, ajouta-t-il en grimaçant et se frottant l'endroit douloureux. Qu'est-ce que j'ai mal ! Je crois qu'il vaudrait mieux appeler le docteur McIntyre.

Ensuite, comme cela ne parvenait pas à détourner l'attention de son père, il battit la semelle et souffla dans ses doigts.

— Nom d'un chien, qu'est-ce qu'y fait froid ! Il doit faire moins vingt !

Mr. Bridge parcourait la revue, tournant plusieurs pages à la fois.

— Depuis quand as-tu cette chose ?

Enfonçant les mains dans ses poches revolver, Douglas s'accouda au pare-chocs de la Lincoln.

— Oh, quelques semaines, plus ou moins. Je ne sais pas, j'ai oublié. Pourquoi ? Qu'est-ce que ça peut faire ?

— Débarrasse-t'en.

— Que je m'en débarrasse ? glapit-il en lui faisant écho.

— Tu m'as très bien entendu.

— Ça coûte cinquante cents !

— Tu as fait un mauvais investissement. Nous ne tolérerons pas ce genre de saleté dans la maison.

— Enfin ! insista Douglas. Je peux quand même pas la jeter à la poubelle !

— Si tu ne le peux pas, moi si, répondit Mr. Bridge.

Et il s'exécuta sur-le-champ.

88. *Eh bien, j'ai arrosé*

Le printemps fit son apparition plus tôt que les années précédentes. Haut dans le ciel, les oies du Canada filaient vers le nord et, dans le jardin, de pâles pousses d'herbe surgissaient inopinément. Les garçons du quartier se renvoyaient des balles de base-ball. Les petites filles allaient et venaient sur les trottoirs en patins à roulettes, poussant des petits cris.

La venue du printemps rendait Harriet heureuse. Elle n'aimait pas l'hiver. L'hiver avait une incidence sur la circulation du sang et pesait sur tout l'organisme. Mais, depuis que le beau temps arrivait, elle travaillait en chantant tandis que des rouges-gorges, des moineaux et un couple de merles voletaient dans la tonnelle et venaient de temps en temps se percher sur le bord de leur bac. Lorsqu'elle eut fini de nettoyer la cuisine, qu'elle eut caché les tartelettes à la cannelle fraîchement sorties du four dans un lieu où Douglas ne les trouverait pas, puis passé l'aspirateur au rez-de-chaussée et à l'étage, fait les lits et téléphoné à l'épicerie pour passer sa commande, il lui vint à l'esprit qu'un peu d'air frais lui ferait le plus grand bien. Pourquoi ne pas passer une demi-heure à arroser les fleurs ? Comme elle était seule à la maison, elle quitta sa blouse blanche pour revêtir un corsage bain de soleil et une jupe écossaise qu'elle n'était pas censée porter pendant son service, et sortit dans le jardin, un daiquiri à la main.

Elle ouvrit le robinet, ramassa le tuyau d'arrosage et déambula en fredonnant et en bavardant à voix haute. Elle vaporisa les bégonias, les lis tigrés, les chrysanthèmes, les roses trémières, les longues traînées sales sur un des murs du garage, Goethe, le berger allemand des Edison, qui lui lança un regard sombre avant de s'éloigner en trottinant, ainsi que plusieurs rouges-gorges qui ne semblèrent pas s'en offusquer.

Bientôt il n'y eut plus de daiquiri. Elle retourna à la cuisine, le temps d'en préparer un autre, puis reprit son arrosage.

Elle arrosa les marches de la cuisine ainsi que celles qui menaient au sous-sol, le tronc du vieil orme, les plantes vertes, les iris près du porche, la moitié du jardin, et un certain nombre de fenêtres. Puis, ne voyant plus rien de sec, elle orienta le tuyau vers le ciel pour voir si elle pouvait faire un arc-en-ciel. Elle le pouvait. Elle agita le tuyau et l'arc-en-ciel oscilla. L'humidité était agréable et rafraîchissante. Elle laissa pendre le tuyau par-dessus la corde à linge, le temps de retourner à la cuisine se servir un autre daiquiri, et, après avoir goûté ce dernier, elle se dirigea vers le jardin d'un pas aérien. Au même instant, la Chrysler tourna dans l'allée. Mr. Bridge rentrait tôt.

Elle lui tint la porte de la cuisine ouverte, mais Mr. Bridge s'arrêta avant d'entrer. Il contempla le tuyau accroché à la corde à linge et l'eau qui se déversait par l'ajutage. Il regarda les arbres dégoulinants, les marches ruisselantes du sous-sol, les fleurs qui scintillaient, le garage trempé, les mares d'eau dans l'allée et Goethe qui était de retour et se tenait à présent assis à l'ombre des roses trémières, tel un coyote repu, observant la scène. Il lança un regard vers le verre qu'elle tenait à la main et dit :

— Que s'est-il passé ?

— Eh bien, j'ai arrosé, répondit Harriet.

— C'est le moins qu'on puisse dire ! s'exclama-t-il.

— En effet, approuva-t-elle, cela s'imposait.

Il restait planté là, debout sur les marches de la cuisine. Il jeta à nouveau un regard autour de lui. Le chien des Edison l'observait très attentivement, manifestement curieux de connaître la tournure que prendraient les choses.

— Harriet, je crois que tout a été arrosé suffisamment.

— Ma foi, reconnut-elle, vous n'avez peut-être pas tort.

Puis il ajouta, désignant le daiquiri :

— Si, par hasard, vous n'aviez pas l'intention de boire ceci, je m'en chargerais volontiers. J'ai eu une journée plutôt rude.

89. *Mrs. Paul A. Cornish*

En feuilletant l'édition du soir du *Star*, il aperçut, à la page mondaine, une photographie de Mrs. Paul A. Cornish. Il ne l'avait jamais rencontrée, bien qu'il connût son mari. Elle apparaissait souvent à la page mondaine pour une raison ou pour une autre : un gala de bienfaisance en faveur des enfants handicapés physiques ou mentaux, l'inauguration de la boutique d'un fleuriste, un déjeuner entre amis ou une réception donnée en l'honneur de quelqu'un. Elle n'avait plus l'air aussi jeune qu'auparavant. Elle s'était empâtée et avait changé de coiffure. Son chignon, tout en mettant en valeur ses traits réguliers, soulignait l'outrage des années. Il remarqua qu'elle portait des lunettes. Peut-être en avait-elle toujours porté, mais jamais lorsqu'on la photographiait. Elles étaient attachées à une chaînette qu'elle avait passée autour de son cou, afin de pouvoir les laisser reposer sur sa poitrine quand elle n'en avait pas besoin. Ce détail, plus que toute autre chose, semblait signaler la fin de la jeunesse. Pourtant, ces altérations ne la rendaient pas moins attirante, et, tandis qu'il contemplait ce visage patricien et impassible, il se sentit mystérieusement proche de cette femme. Si, des années plus tôt, avant que chacun d'eux ne fût marié, il avait traversé une rue plutôt qu'une autre, ou laissé passer un ascenseur… qui sait ce qui aurait pu se produire ?

Toutefois, la vie en avait décidé autrement. Cela lui paraissait étrange. N'était-il pas surprenant, également, qu'au cours de toutes ces années ils aient vécu si près l'un de l'autre, à quelques pâtés de maisons, sans pour autant jamais se rencontrer ? Elle connaissait probablement son nom, comme il connaissait le sien. De fait, elle pouvait facilement le connaître de vue. Quelqu'un avait dû lui indiquer qui il était, un jour qu'il se trouvait à la rôtisserie ou dans une soirée. Logiquement, il n'y avait aucune raison pour qu'ils ne lient pas amitié.

Soudain, il se rendit compte que sa femme l'observait. Il abaissa son journal et la regarda.

— Qu'y a-t-il donc qui t'absorbe autant ? demanda-t-elle.

— Oh, rien, répondit-il en riant. Je me mets simplement au fait des derniers potins mondains.

Et, après un dernier coup d'œil à Marlene Cornish, il chercha la page financière.

90. *Dans le salon aztèque*

Peu après avoir reçu son diplôme de fin d'études, Ruth lui demanda si elle pouvait venir le rejoindre en ville pour qu'ils déjeunent ensemble. Il accepta et ils fixèrent une date. Il ignorait pourquoi elle tenait à ce rendez-vous. Il supposait qu'elle avait une raison. Elle devait vouloir quelque chose.

Ils convinrent de se retrouver au salon aztèque de l'hôtel Wesport. Il avait, tout d'abord, suggéré le salon de thé du Wolferman, car c'était un endroit très prisé des dames. Ce restaurant était immanquablement rempli de femmes descendant en ville faire leurs achats. Mais Ruth avait fait la grimace. Ensuite, il avait mentionné le salon Tambour de l'hôtel Président, mais elle avait donné son assentiment avec un tel manque d'enthousiasme qu'il lui avait finalement demandé où elle voulait manger, et elle avait proposé le salon aztèque. Il n'y était allé qu'une seule fois, des années auparavant, et il avait oublié depuis longtemps pour quel motif. En revanche, il se souvenait que cela ne lui avait pas plu. Le Wesport n'était qu'à quatre pâtés de maisons du Muehlebach, mais c'était suffisant pour qu'une autre sorte de vie apparaisse. Il y avait dans ce quartier, dans cet hôtel, dans ce salon aztèque même, quelque chose de vulgaire, de confiné et d'oppressant, voire de sinistre. Il se rappela y avoir vu, sur une scène couverte de paillettes, un trio de Mexicains portant des chemises en soie douteuses et des femmes entre la trentaine et la quarantaine qui traînaient au bar, semblant attendre quelque message. Un nu peint avec des couleurs phosphorescentes sur un fond de velours noir pendait le long d'un mur, et au-dessus du piano étaient accrochés des masques en étain martelé, surmontés de coiffures à plumes. Les cendriers étaient en onyx noir. Le numéro de téléphone de l'hôtel était inscrit sur les boîtes d'allumettes. Tout, dans cet endroit, était désagréablement suggestif, et il n'avait jamais imaginé y remettre les pieds. Toutefois, c'était là qu'elle voulait déjeuner, c'était donc là qu'ils iraient.

Il arriva avec quelques minutes d'avance. Le salon aztèque n'avait pas changé. Il reconnut l'odeur de renfermé et il y avait toujours des femmes attendant au bar. Il voulut rester à l'extérieur, intercepter sa fille et lui dire qu'ils déjeuneraient ailleurs, mais le maître d'hôtel lui faisait signe.

Il avait à peine déplié sa serviette et ouvert le menu, lorsque Ruth fit son entrée. Elle l'aperçut et avança nonchalamment vers sa table, comme si elle se promenait dans un jardin public. Les gens la regardaient, il en fut agacé. Elle ne se dirigea pas droit sur sa table, mais fit un petit détour. Il lui sembla qu'elle voulait se faire remarquer de deux hommes, assis à une table dans un coin de la salle. Ils avaient l'air d'Italiens, bien que l'un d'eux eût le nez juif. Ils étaient jeunes et habillés de vêtements coûteux, mais de mauvais goût. Leurs deux costumes étaient presque identiques. Ils portaient chacun une pochette dont les coins saillaient de leur poche de poitrine. Leur col de chemise était trop large. Leurs manches étaient trop longues, leurs boutons de manchettes, en diamants. Ces hommes étaient vulgaires, peut-être même dangereux. L'un d'eux, qui avait manifestement attrapé la petite vérole, se curait les dents avec une allumette. Ils étaient d'une espèce courante dans ce quartier. Leur compte en banque était vide, mais leur portefeuille, plein à craquer. On pouvait les trouver dans les bars de certains hôtels à n'importe quelle heure de la journée. Ils paieraient leur addition avec un gros billet et laisseraient un gros pourboire. Il les étudia jusqu'à être sûr de pouvoir les reconnaître quelles que soient les circonstances, car il était persuadé qu'elle les connaissait. Cependant, lorsqu'elle passa, indolente, devant leur table, ils ne lui prêtèrent aucune attention.

La nourriture n'était pas mauvaise, c'était toujours cela. Il parla peu, attendant qu'elle lui divulgue le motif de ce déjeuner ensemble. Finalement, tandis qu'ils dégustaient des *spumone*, elle lui annonça qu'elle n'était pas heureuse à Kansas City. Elle ne se sentait pas chez elle dans cette communauté qui avait toujours été la sienne. Ses amis de tout temps ne l'intéressaient pas. Elle ne voulait pas épouser un garçon quelconque qu'elle connaîtrait depuis longtemps et finir femme au foyer. Elle attendait plus de la vie que d'élever des enfants dans une banlieue de Kansas City, tandis que son mari ferait carrière. Elle voulait aller vivre à New York. Elle voulait faire du théâtre. Elle avait des talents d'actrice. Elle voulait s'inscrire dans des ateliers d'art dramatique et s'essayer aux pièces de Broadway. Si elle restait à Kansas City, jamais elle ne deviendrait actrice. Personne à Kansas City ne s'intéressait au théâtre, ni à aucune autre forme d'art. Il y avait bien un peu d'activité au Petit Théâtre, mais c'était très limité. De plus, elle ne voulait pas jouer dans des petites productions locales, en tout cas pas à Kansas City, à New York, passe encore.

Sitôt qu'il eut découvert où elle voulait en venir, il fut soulagé. Il avait redouté quelque ennui. Il s'était préparé, à contrecœur, à admettre une idée qu'il pouvait à présent aisément repousser. Il avait craint qu'elle fût mêlée à la racaille qui infestait cet endroit.

Quant à sa carrière sur les planches, il était sceptique. Jusqu'à présent, elle avait fourni bien peu de preuves de ce talent qu'elle revendiquait.

On ne lui avait pas confié le rôle de Juliette et, bien que cela n'impliquât pas nécessairement qu'elle n'en eût pas la capacité, cela avait confirmé son propre jugement. Elle avait pratiquement réduit la scène du balcon à une farce. Si elle traitait Shakespeare de la sorte, on pouvait craindre le pire le jour où elle aborderait un dramaturge de moindre importance. Il semblait que le talent d'acteur eût fait défaut à la famille tout entière. Lui-même ne s'était jamais beaucoup intéressé au théâtre, sa femme non plus. Douglas pas davantage. Carolyn avait un jour tenu le rôle de la Vierge Marie dans une représentation donnée par des enfants pour Noël, mais son interprétation avait été des plus quelconques : elle était restée pendant quinze minutes assise sur un trépied, sans le moindre battement de cils, contemplant d'un air pensif une ampoule allumée au fond d'un berceau. Jamais il n'y eut Vierge plus austère. La Juliette de Ruth se situait aux antipodes, avec moult mouvements de chevelure, soupirs, susurrements, supplications, humectage de lèvres et ainsi de suite. De plus, indépendamment de ses aptitudes, le métier d'acteur était connu pour être un des moyens les plus difficiles de gagner sa vie.

Toutefois, pensa-t-il, il n'y connaissait rien en matière théâtrale, et il y avait toujours une possibilité pour qu'elle réussisse. Peut-être lui manquait-il l'occasion de montrer ce dont elle était capable. On ne gagnerait rien en tentant de la dissuader ou de lui interdire d'agir à sa guise. Il serait toujours assez tôt pour cela, le jour où elle se serait rendu compte d'elle-même de la difficulté que cela représentait. Alors, la désapprobation paternelle serait accueillie avec soulagement, car elle pourrait ainsi abandonner son projet et tourner la page sans se sentir humiliée.

Il lui demanda ce que sa mère en pensait. Ruth lui répondit qu'elle n'en avait pas encore parlé à la maison. Il fut surpris, car les enfants ne venaient jamais directement vers lui. Ils s'adressaient à lui uniquement pour les questions d'argent et l'autorisation de prendre la voiture. Pour le reste, ils allaient voir leur mère. Il se sentit étrangement ému. Il ôta ses lunettes et les essuya lentement, tandis que Ruth continuait de parler, tentant de le convaincre qu'elle serait en sécurité à New York. Une des sœurs aînées de Nathalie Blakely était mariée au vice-président d'une agence de publicité et y vivait. Nathalie avait déjà écrit à sa sœur pour la prévenir, etc.

Mr. Bridge écoutait la voix de sa fille, mais ses paroles n'avaient plus d'importance. Elle ne resterait plus longtemps parmi eux. La prédiction d'Alex Sauer était sur le point de se réaliser. Ruth s'en allait. S'il le voulait, il pourrait l'en empêcher, mais il ne ferait que différer son départ. Finalement, il lui dit qu'il allait y réfléchir et qu'il fallait d'abord sonder Mrs. Bridge. Mais il savait qu'elle partirait, et il savait également qu'il devait s'y résoudre.

91. *« Houyhnhnm »*

Bientôt, elle fut partie. Chaque soir, en rentrant de son cabinet, il espérait la trouver à la maison, ou bien qu'on lui annoncerait qu'elle avait appelé de New York pour dire qu'elle revenait. Chaque soir, il demandait s'il y avait une lettre. Elle écrivait rarement, et toujours brièvement. Ses lettres étaient adressées à Mr. et Mrs. Walter Bridge et, bien qu'elles fussent destinées à eux deux, il savait que c'était à sa mère qu'elle pensait lorsqu'elle écrivait.

Mais, un jour, une lettre l'attendait au bureau. Avant de déchirer l'enveloppe couleur lilas qu'il connaissait si bien, il hésita. Il la tenait dans ses deux mains, comme il aurait tenu un présent, lorsque Julia fit irruption dans la pièce avec son bloc-notes de sténographie. Il lui dit qu'il serait prêt dans un petit instant et, tandis qu'elle repartait vers l'antichambre, il ouvrit l'enveloppe, en huma le parfum et commença sa lecture. Elle avait trouvé du travail auprès d'un magazine féminin. À la bonne heure ! Mais il pressentit que cette bonne nouvelle n'était pas le but de la lettre. Elle vint au fait à la quatrième page : elle avait besoin d'argent pour une revue d'avant-garde intitulée *Houyhnhnm* que certains de ses nouveaux amis allaient publier. La mise en pages du premier numéro était déjà prête, on n'attendait plus que les fonds nécessaires pour le faire imprimer. On était en train de constituer une société par actions. « Les amis de la littérature et des arts » étaient cordialement invités à participer en achetant des actions à cinq dollars l'unité. Ruth ne doutait pas un instant qu'il serait désireux d'en acquérir au moins cent. Dès que la revue serait couronnée de succès, qu'elle se serait forgé une réputation à l'échelle nationale, que tous les publicitaires feraient appel à elle et qu'elle aurait acquis une longue liste d'abonnés, le conseil d'administration déciderait du montant du dividende qu'il conviendrait de verser à ses actionnaires. C'était là une merveilleuse occasion de gagner de l'argent, la revue allait faire un malheur car elle réunissait tant de gens pleins de talents, et elle espérait qu'il enverrait les cinq cents dollars au plus tôt. Les certificats d'actions n'avaient pas encore été publiés car l'imprimeur exigeait d'être payé d'avance, mais elle était persuadée que cela ne poserait aucun problème, car *Houyhnhnm* avait déjà recueilli plus d'une douzaine d'abonnements d'un an et un abonnement de deux ans. De plus, son ami Steve Cook, qui était le chef de publicité, avait un rendez-vous avec le vice-président d'une des plus grandes maisons d'édition pour discuter de l'éventualité d'une annonce pleine page.

Elle avait joint à sa lettre une feuille polycopiée annonçant la publication imminente de « la revue trimestrielle de la littérature, des idées et des arts modernes tant attendue », faisant état du sommaire du premier numéro, de celui, partiel, du deuxième numéro, et donnant une biographie de ses rédacteurs. Il remarqua, en parcourant ces informations, que le rédacteur en chef ainsi qu'au moins deux de ses collaborateurs, à en juger par leur nom, étaient juifs. Dès que l'on annonçait quoi que ce soit en rapport avec l'art ou la musique, des Juifs y étaient impliqués. Il ignorait pourquoi, mais il en était vaguement contrarié. De toute manière, il avait déjà pris sa décision concernant *Houyhnhnm* sitôt qu'il avait saisi de quoi il retournait. Il laissa tomber la feuille polycopiée dans la corbeille à papiers.

Puis il relut la lettre de Ruth, non pas pour ce qu'elle y disait de son travail ou de la revue d'avant-garde, mais pour le plaisir de lire sa fille. Il pensa la conserver dans un tiroir de son bureau plutôt que de l'emporter à la maison. Des mois pouvaient s'écouler avant qu'elle ne lui écrive de nouveau à son cabinet.

Bien entendu, la revue serait un échec. La prétendue société par actions ne verserait jamais un sou à quiconque. Les titres de *Houyhnhnm* ne prendraient jamais plus de valeur qu'au jour de leur émission. Pourtant, il avait envie de lui envoyer l'argent. Mais cela revenait à acheter son affection, ce qui était inconcevable. Lorsqu'il lui écrivit en retour, il lui annonça qu'ils discuteraient des perspectives d'avenir de la revue lors de son passage à New York : en effet, il devait se rendre sur la côte Est pour affaires dans environ deux semaines, il passerait près de trois jours à New York, et il avait hâte de la voir.

92. *Sept heures quarante-deux du matin*

Lorsqu'il arriva à New York, il était minuit passé et il ne voulut pas lui téléphoner si tard. Un taxi le mena de la gare à son hôtel, puis, après avoir appelé la réception pour demander à être réveillé à sept heures et demie, il se brossa les dents, remonta sa montre et se mit au lit. Le lendemain matin, peu après s'être levé, il composa son numéro, mais ce fut un garçon qui lui répondit en zézayant. Mr. Bridge s'excusa, pensant s'être trompé. Alors, le garçon lui demanda s'il était le père de Ruth. Il répondit que c'était le cas.

— Attendez, je m'en vais vous secouer cette grosse paresseuse, dit la voix.

Mr. Bridge, n'en croyant pas ses oreilles, s'agrippa au combiné et attendit. Il entendit un bruit de voix confus et ce qu'il interpréta comme étant le gloussement du garçon. Puis il entendit Ruth jurer.

— Mais enfin, que se passe-t-il là-dedans ! s'exclama-t-il.

Personne ne répondit.

Finalement, Ruth dit bonjour. Elle semblait plus endormie qu'éveillée.

— C'est ton père à l'appareil, dit Mr. Bridge, un poing serré sur son genou.

Après un long silence, elle demanda :

— Papa ?

— Oui !

— C'est toi ?

— Oui !

— Mon Dieu ! Mais tu es là ?

— Oui !

— À Manhattan ?

— Oui, je suis à Manhattan, et j'aimerais savoir ce qui se passe chez toi. Tu m'entends ?

Il y eut un nouveau silence. Puis elle lui dit qu'elle ne l'attendait pas avant vendredi et lui demanda quand il était arrivé.

— La nuit dernière. Tu as manifestement oublié ce que je te disais dans ma lettre. Que se passe-t-il chez toi ?

— Chez moi ? Oh, ce n'est rien, c'est Bobby.

— Je ne sais pas ce qui se passe, mais nous n'en parlerons pas au téléphone. Quand puis-je te voir au plus tôt ?

— Oh, c'est que… dit-elle en bâillant. Laisse-moi réfléchir. Je suis à moitié endormie, papa. Je n'ai pratiquement pas fermé l'œil de la nuit.

Elle s'adressa à Bobby et Mr. Bridge l'entendit dire :

— Prépare un peu de café, mon chou.

Puis elle revint en ligne.

— Dans quelle espèce d'endroit vis-tu ? demanda-t-il, essayant de se dominer.

— Excuse-moi, Bobby jacassait. Que viens-tu de dire ?

— Y a-t-il quelqu'un avec toi dans cet appartement ?

— Mais il y a Bobby, papa. Tu viens de lui parler. Tu ne t'en souviens pas ?

— Je te préviens, Ruth, dit-il, tu me dois des explications complètes et satisfaisantes au sujet de cette situation. Je ne comprends rien à ce qui se passe, mais je n'aime pas cela du tout. Est-ce clair ? Je présume que tu as un téléphone à plusieurs lignes ou quelque chose du genre, à moins que cette personne n'ait accès à ton appartement pour une raison ou pour une autre. J'exige des explications et j'espère pour toi qu'elles tiendront debout. À présent, à quelle heure peux-tu me retrouver ?

Après de nouveaux pourparlers avec Bobby, elle proposa le salon de l'hôtel Algonquin le soir même à six heures.

À cinq heures et demie, Mr. Bridge était dans le salon. Il supposait qu'elle amènerait Bobby, mais, à six heures et quelques, elle entra seule, souriant comme si de rien n'était, et l'embrassa sur la joue. Elle lui demanda des nouvelles de la maison. Il répondit que tous allaient bien. Douglas poussait à vue d'œil, il était un peu plus grand de jour en jour. Carolyn passait ses journées à jouer au golf. Et leur mère se portait bien, elle aussi, mis à part quelques maux de tête, et elle était très occupée avec une organisation de bienfaisance quelconque, dans les quartiers nord. Tout le monde allait bien. Harriet, Julia, tout le monde. Il attendait toujours qu'elle expliquât la présence de cet homme dans son appartement, mais elle ne semblait pas avoir l'intention d'y faire allusion. Elle ne semblait pas, non plus, ressentir la moindre gêne ou le plus léger remords. Il commença :

— Ruth, j'estime avoir l'esprit raisonnablement large. Toutefois, tu ne m'as toujours pas dit ce que cette personne faisait chez toi lorsque j'ai appelé ce matin. Je t'ai autorisée à venir vivre à New York seule et à un très jeune âge. Je commence à me demander si je n'ai pas commis une grave erreur.

Ruth écrasa lentement sa cigarette en l'écoutant, avant de répondre :

— C'est drôle, Bobby produit généralement cet effet sur les gens.

— Viens-en au fait. Je veux une explication et je la veux tout de suite. Sans plus attendre. Non pas quand cela te conviendra. Tout de suite.

— Mais tu l'as entendu parler. Ne t'en es-tu pas rendu compte ?

— Ce que j'ai entendu ne m'a pas plu. Vas-tu me dire à présent ce que faisait cette personne dans ton appartement à huit heures moins le quart du matin ? Et dépêche-toi car ma patience a des limites.

— Je l'ai laissé passer la nuit chez moi.

— En voilà trop ! s'écria Mr. Bridge. J'en ai plus qu'assez !

— Moi aussi.

— Tu n'as pas encore vingt et un ans. Tant que tu n'as pas vingt et un ans, tu m'écouteras.

— Je t'en prie ! Pourquoi crois-tu que j'ai quitté Kansas City ?

Mr. Bridge demeura interdit. Jamais elle ne lui avait parlé sur ce ton.

— Cesse de vivre dans le passé, poursuivit-elle. Ne sais-tu pas en quelle année nous sommes ? Nous ne sommes plus au début du siècle. Tu ne t'attends tout de même pas à ce que je vive comme maman ?

— Ta mère a toujours mené une vie décente. Je remercie le ciel qu'il n'y ait pas là de quoi avoir honte. J'ignore quel genre de vie tu mènes.

— Moi de même. C'est ce qu'il me reste à découvrir.

— En couchant avec des hommes ?

Tandis qu'il avait parlé, elle était restée le buste penché en avant, au-dessus de la table, les yeux étincelant de colère. À présent, elle se redressa.

— Tu ne penses tout de même pas que… Ô mon Dieu, tu veux rire ! Tu crois réellement que le petit Bobby et moi avons fait l'amour ?

— Que devrais-je penser d'autre ?

— Par moments, on croirait entendre maman.

— Si cette personne et toi ne faisiez pas, comme tu dis, « l'amour », comment se fait-il qu'elle ait passé la nuit dans ton appartement ? Pourquoi était-il là ? Voilà ce que je serais curieux de savoir.

— Il a eu une prise de bec avec son amant. Il est arrivé vers minuit et m'a demandé si je pouvais l'héberger.

— Es-tu en train de me dire que cet homme est un homosexuel ?

— S'il n'en est pas un, dit Ruth, moi, je m'appelle Jeanne d'Arc.

Il secoua la tête.

— Cela me dépasse. Je n'ignore pas que ces choses-là existent, mais je n'ai jamais pu comprendre. Où as-tu rencontré cette personne ?

— Parfois, tu es franchement incroyable !

— Je tiens à le savoir.

— Cette « personne » travaille dans mon bureau. Il a été très chic avec moi. C'est l'un des garçons les plus chic que je connaisse. Je ne sais pas ce que je serais devenue si je n'avais pas rencontré Bobby quand je suis arrivée.

— Ta mère et moi avons fait de notre mieux pour que tu sois heureuse. Apparemment, notre mieux n'était pas suffisant.

— Cesse de me prendre pour une imbécile, veux-tu ? Tu vas me rendre folle.

— Tu es consciente, sans doute, du fait que je peux très bien t'obliger à rentrer à Kansas City.

— Nous savons tous les deux quel grand bien en résulterait.

Il poursuivit sans s'occuper de ce qu'elle venait de dire :

— Je t'autorise à rester ici à une condition. Tu vas me promettre que ce genre de choses ne se reproduira plus.

— Quel genre de choses ? Comme laisser Bobby dormir chez moi ?

— Parfaitement.

— Je ne le mettrai pas à la porte de chez moi. Il m'a sauvé la vie.

— C'est ridicule. Peut-être t'es-tu sentie un peu seule lorsque tu es arrivée à New York et cet ami a eu des égards envers toi. Je comprends cela parfaitement. Néanmoins, cela ne t'oblige en rien à le laisser, lui ou un autre, dormir dans ton appartement, je m'y oppose formellement. Tu m'entends ?

— Je resterai à New York.

— Nous verrons.

— Si nous changions de sujet ?

— Soit, mais je tiens à te rappeler que cette histoire n'est pas encore réglée.

— Seigneur, Seigneur ! soupira Ruth.

— Parle-moi un peu de tes cours d'art dramatique. Ta candidature a-t-elle été retenue ?

— Je croyais vous en avoir parlé dans ma dernière lettre.

Elle s'interrompit pour allumer une nouvelle cigarette.

— J'ai assisté à quelques cours, mais ils étaient tous mortellement ennuyeux.

Elle balaya la mèche qui lui tombait sur les yeux.

— Steve est persuadé que je possède un talent inné pour le vers libre. Cela représente une véritable gageure pour moi.

— Ah oui ? Et qui est ce « Steve » ?

— Steve Cook. Je vous en ai parlé. C'est le chef de publicité de *Houyhnhnm*. Il est fantastique. Absolument merveilleux. Il a rencontré Auden et tout ce monde-là, et il sait des choses sur tous les sujets possibles et imaginables. Toujours est-il qu'il a déclaré que mes poèmes étaient pleins de promesses et d'originalité, et il va les montrer au rédacteur de la section poésie. Je suis folle d'angoisse. Si seulement je pouvais être publiée dans *Houyhnhnm*, ce serait tout à fait sensationnel, tu ne peux pas savoir !

— Bien, bien. J'espère qu'il y aura des suites à cette affaire. Écoute, Ruth, loin de moi l'idée de vouloir ressasser cette histoire, mais je tiens à ce qu'une chose soit parfaitement claire. Tu ne laisseras pas cet homme passer à nouveau la nuit dans ton appartement.

— Si l'un de tes amis avait besoin de ton aide, tu le repousserais ?

— Il se trouve que j'ai pour amis des hommes et des femmes que je connais et respecte depuis de nombreuses années. Ils ne sont pas la lie de l'humanité. Ils ne sont ni homosexuels, ni voleurs, ni gangsters, ni rien de ce genre. Ce sont des gens convenables qui nous témoignent une amitié à laquelle ta mère et moi attachons une grande valeur. C'est un plaisir pour nous de les recevoir dans notre maison. Nous n'aurions pas honte de les présenter à quiconque.

— Je ne rentre pas avec toi, dit-elle en chantonnant presque. Je ne rentrerai pas. C'est simple, je ne rentrerai pas.

— Dînons, interrompit-il.

Il claqua des doigts pour attirer l'attention du serveur. Il n'était pas satisfait du déroulement de cette conversation. Le problème n'avait pas été résolu. Il était à la fois perplexe et exaspéré, car Ruth s'était toujours montrée plus souple que Carolyn, moins caractérielle, moins entêtée, et certainement moins belliqueuse. Pourtant, elle avait aujourd'hui un comportement que Carolyn n'aurait jamais osé adopter. Il songea à Douglas, à cette fermeté en lui, comme la fibre du bois, et il savait que ces traits de ses enfants venaient de lui. Rien de tout cela ne provenait de leur mère. Ses qualités à elle étaient différentes, et elle était prévisible. Il remarqua que Ruth le dévisageait avec un certain amusement, mais il ne voyait rien qui prêtât à sourire.

93. *Le fils du joaillier*

Au cours du dîner, elle observa soudain :

— Devine qui j'ai rencontré par hasard ? Harvey Glatz.

Mr. Bridge abaissa couteau et fourchette.

— Par tous les diables ! Que faisait-il ici ?

— Il vit à New York maintenant.

— Vraiment ? Je l'ignorais. Et que fait-il ?

— Il est fourreur.

— Ça par exemple ! J'espère que tu ne t'es pas mise à acheter des fourrures ! dit-il en riant.

Puis il poursuivit :

— Je ne pensais pas que tu connaissais le jeune Glatz. Ou peut-être l'avais-je oublié. Il était un peu plus âgé que toi.

— Je ne le connaissais pas. J'étais à un spectacle de ballet mardi dernier avec Steve, et il est venu vers nous à l'entracte, il s'est présenté et m'a dit qu'il venait de Kansas City.

— Non ! Et comment va-t-il ?

— Costume de chez les Brooks Brothers. Chaussures de chez Florsheim. Cravate de chez Pergolesi. Il a perdu presque tous ses cheveux. Quel âge a-t-il ?

— Attends que je réfléchisse. Harvey doit avoir trente ans maintenant, ou pas loin. C'est un gentil garçon. Un garçon très bien. Son père aussi était un homme sympathique. Tous les membres de cette famille sont des gens très convenables.

Il s'interrompit, l'air songeur, avant de reprendre :

— Ma foi, en voilà une drôle de coïncidence ! La joaillerie Glatz loue toujours la même boutique au rez-de-chaussée de l'immeuble où j'ai mon cabinet. Je me demande bien depuis combien de temps ils y sont installés. Ils occupent plus de mètres carrés que toutes les autres sociétés dans cet immeuble. Seigneur ! Je n'oserais même pas tenter d'évaluer le chiffre d'affaires de ces gens-là. À l'origine, ils étaient quatre frères. C'étaient des Juifs de Lituanie. L'un d'eux est mort il y a quelques années. Un autre, si je ne me trompe, est actuellement en Allemagne. Je suppose que les siens sont plutôt inquiets. Il s'est rendu là-bas pour essayer de faire sortir un parent, et je crois que la famille est sans nouvelles. Dieu sait ce qui pourrait arriver, au train où vont les choses aujourd'hui. Ensuite, il y avait Milton, le père d'Harvey, qui était celui que je connaissais le mieux. C'était un homme probe et respectable. Son décès m'a fait de la peine. Maintenant, c'est le quatrième frère qui gère leur affaire. Je le croise de temps à autre. Il a une fille.

— Harvey pense beaucoup de bien de toi.

— Ah oui ? dit Mr. Bridge en saisissant son verre de vin. Eh bien, voilà qui me fait plaisir. J'ai toujours eu de l'affection pour le jeune Harvey.

— Il m'a dit quelque chose à ton sujet.

— Vraiment ? Qu'a-t-il bien pu dire ?

— Il m'a raconté qu'une fois tu t'étais chargé d'une affaire pour lui.

— Oui, en effet. Cela fait déjà un certain temps.

— Lui as-tu envoyé une note de frais ?

— Pourquoi me demandes-tu cela ?

— Il m'a raconté que, ne recevant rien de ta part, il avait un jour appelé ton bureau, et Julia lui avait répondu de « laisser tomber ».

— Je lui avais demandé de ne pas envoyer d'honoraires.

— Tu ne lui as jamais rien fait payer ?

— Non, jamais. C'était un gentil garçon qui traversait une passe difficile. Je crois qu'au moment où il essayait de monter une petite affaire à Kansas City, il avait rencontré des problèmes d'ordre personnel. Le moindre sou sur lequel il pouvait mettre la main n'était pas de trop. Pour la Noël de cette année-là, il nous a envoyé une fort jolie corbeille de fromages et de fruits confits. Peut-être t'en souviens-tu.

— Quel drôle de personnage tu fais ! dit Ruth. Tu as beau être mon père, je me demande toujours ce qui peut bien se passer dans ta tête.

Mr. Bridge émit un petit rire gêné.

— Enfin, Ruth, je crains ne pas savoir comment prendre cette déclaration.

— Tu es tellement intransigeant et glacial, tu manques tellement d'humour. Puis, d'un seul coup, tu es capable de faire quelque chose comme ça. Et pour un Juif, en plus.

Il s'arrêta de manger. Faisant un effort pour maîtriser sa voix, il répondit :

— Je ne vois pas où tu veux en venir. Le fait que le jeune Glatz soit juif n'a rien à voir dans cette histoire. J'aurais agi, et de fait j'ai agi de la même manière envers d'autres gens qui n'étaient pas juifs.

— C'est à mettre au compte de tes bonnes œuvres ?

— Si tu souhaites l'appeler ainsi.

— L'expression est de Julia.

— Et que Julia t'a-t-elle dit d'autre concernant ce qui se passe dans mon bureau ?

Se penchant vers lui, elle posa une main sur la sienne.

— Ne te fâche pas et ne va pas la renvoyer dès ton retour. Elle ne dévoile pas tes petits secrets. Elle croyait que j'étais au courant. Parfois, tu nous traites tous comme des étrangers.

— À qui penses-tu, lorsque tu dis que je vous traite tous comme des étrangers ?

— À Douglas, à Cork, à moi. Certains jours, tu parles à maman comme si tu la voyais pour la première fois.

— Je ne m'en suis jamais rendu compte, répondit-il en commençant d'essuyer ses doigts sur la serviette. Si c'est le cas, Ruth, j'étais très loin de me l'imaginer. Tu as sans doute mal interprété quelque chose que j'ai dit ou fait.

— Non, c'est ta manière d'être. Tous ceux qui te connaissent le savent. D'après le docteur Sauer, tu es le modèle même du parfait puritain.

— Je ne suis pas sûr de bien saisir.

— Ô Seigneur ! Laissons tomber.

— Il n'en est pas question. Je veux aller au fond de cette histoire. Si j'ai mal agi, j'aimerais que tu me le dises. Rien au monde n'a plus d'importance pour moi que ton frère, ta sœur, ta mère et toi-même. J'espère que tu en es consciente.

— Je t'en prie, arrête. Je vais me mettre à pleurer.

— Je veux régler cette histoire.

Elle enfouit son visage dans ses mains et murmura :

— Pour une fois dans ta vie, ne pourrais-tu pas lâcher du lest ?

Il était gêné et ne savait pas comment réagir. Il lança un regard autour d'eux pour voir si les gens les regardaient. Puis il dit :

— Il semblerait que je t'ai contrariée sans le vouloir. J'en suis désolé. Je ne saisis pas très bien ce qui se passe et je cherche simplement à comprendre.

— Ne nous querellons pas.

— Nous ne sommes pas en train de nous quereller, pour autant que je sache. Je voudrais simplement qu'on me dise quel mal j'ai bien pu faire.

— Écoute, je suis épuisée. J'ai terriblement sommeil. Il faut que je rentre chez moi et que je prenne un peu de repos.

— Voudrais-tu un peu de dessert ?

— Non, non, non et non ! Je ne veux pas de dessert. Je ne veux pas de ton foutu dessert. Vas-tu enfin me laisser en paix ?

— Comme il te plaira.

Il fit signe au serveur d'apporter l'addition. Puis un taxi les reconduisit jusqu'à son appartement. Ils se taisaient. Il ne comprenait pas pourquoi elle refusait de s'expliquer. Il aurait voulu l'interroger encore, mais il craignait d'essuyer une nouvelle crise d'hystérie.

94. *Jussi Björling*

Avant de lui souhaiter bonne nuit, elle lui demanda s'il aimerait assister au récital de Björling.

— Tout ce que tu veux, répondit-il en souriant.

Sortant son portefeuille, il en retira vingt dollars qu'il lui tendit en disant :

— Je n'ai aucune idée du prix des billets, mais cela devrait suffire.

Ensuite, il lui demanda l'endroit et l'heure à laquelle le spectacle aurait lieu. Le récital était prévu pour le lendemain soir, huit heures et demie, à Carnegie Hall.

Il arriva à huit heures et attendit en haut des marches, les bras croisés. Il fut surpris du nombre de gens qui venaient au concert. Après une brève attente, il vit Ruth descendre d'une voiture de luxe étrangère. Elle le repéra sur-le-champ, comme si elle avait deviné par avance où il se tiendrait. En gravissant les marches, elle lui fit un signe de la main. Ils attendirent encore quelques minutes avant d'entrer, le temps qu'elle fume une cigarette. Elle fumait trop, mais comme il souhaitait passer une soirée agréable, il s'abstint de tout commentaire. Il fit un grand geste qui englobait la foule.

— Je n'en reviens pas ! On se croirait à une grande première de cinéma. Cet homme n'attirerait jamais autant de monde à Kansas City.

Ruth laissa tomber sa cigarette, l'écrasa du bout de son soulier et le prit par le bras. Ils achetèrent un programme dans le hall d'entrée et, une fois installé dans son fauteuil, il lut les informations concernant l'artiste et examina son portrait. Björling était brun et son visage était assez charnu. Quant aux airs, il n'en connaissait aucun. Ayant vu tout ce qu'il désirait voir, il passa le programme à Ruth.

Dès que le chanteur sortit des coulisses, il y eut une ovation enthousiaste. Il était petit, avec un air digne, plutôt corpulent, et, pour une raison étrange, ses pieds semblaient singulièrement menus.

Les lumières baissèrent et le récital commença.

Avant la fin du premier air, l'esprit de Mr. Bridge était ailleurs et la musique lui paraissait lointaine, comme si l'artiste se produisait sur une autre scène.

95. *La conférence sur le Greco*

Deux jours plus tard, un samedi, Ruth proposa une nouvelle escapade culturelle. Il s'agissait cette fois d'aller au Metropolitan Museum où un éminent historien d'art donnerait une conférence sur le Greco. Il accepta derechef. Il avait déjà visité le musée une fois, dix ans auparavant. Depuis, il s'était souvent rendu à New York et, à plusieurs reprises, il avait songé y retourner, mais, pour une raison ou une autre, il ne l'avait pas fait. Les tableaux du Greco qu'il avait pu voir ne lui avaient pas plu outre mesure à cause des personnages qui étaient tous déformés. Toutefois, apprendre quelque chose à leur sujet pouvait s'avérer intéressant.

Pendant la conférence, il se surprit à somnoler et, même après avoir écarquillé les yeux et s'être redressé, il ne parvenait toujours pas à concentrer son attention sur le discours du conférencier. Il n'en retint que quelques phrases. Il se souvint que « les yeux des déments ont un aspect exalté » et il crut entendre l'historien dire que le Greco avait pour habitude de peindre les aliénés de Tolède, ce qui était curieux. Autrement, ce fut une heure gaspillée. Ensuite, Ruth voulut voir les tableaux dont il avait été question, et il la suivit à travers le musée sans dire grand-chose. Sa seule présence suffisait à rendre son après-midi agréable.

Elle s'arrêta devant le portrait du cardinal Don Fernando Niño de Guevara, archevêque de Séville et grand inquisiteur sous le règne de Philippe II. Le vieil ecclésiastique à l'air crispé était assis dans un fauteuil en bois, vêtu d'une robe rouge cerise et coiffé d'un chapeau pourpre, telle une pyramide incandescente. À ses pieds, sur le sol en damier, gisait un document. Derrière les lunettes à monture sombre, une paire d'yeux pernicieux obliquaient vers la gauche, d'un air soupçonneux. Sa longue main droite était posée tranquillement sur un bras du fauteuil, mais la main gauche étreignait convulsivement l'autre bras.

Elle lui demanda ce qu'il pensait du tableau. Il répondit qu'il s'y connaissait très peu en peinture, mais que celui-ci lui paraissait bien exécuté et qu'il devait être assez ressemblant par rapport au modèle.

Sans quitter des yeux le visage du cardinal, elle dit :

— J'en ai acheté une reproduction. Il me fait tellement penser à toi.

96. *Égalité*

Alors qu'ils erraient dans le deuxième étage du musée, ils rencontrèrent Steve Cook. C'était un grand Noir, impeccablement habillé, avec des traits aquilins et des yeux bleu pâle. Mr. Bridge lui serra la main, puis se tint un peu à l'écart, les bras croisés, tandis que Ruth et son ami discutaient des peintres espagnols et de divers autres sujets. Finalement, Steve annonça qu'il devait retourner à son bureau. Il se tourna vers Mr. Bridge, lui sourit, et déclara qu'il avait été très heureux de faire la connaissance du père de Ruth et qu'il espérait avoir l'occasion de le rencontrer à nouveau.

— Je vous remercie, répondit Mr. Bridge.

Lorsque le Nègre se fut éloigné, il demanda à sa fille si c'était là l'homme qui l'avait accompagnée au ballet, et elle lui répondit affirmativement.

— Tu cherches vraiment à t'attirer des histoires, lui dit-il.

Elle rejeta sa mèche de devant les yeux et dit :

— Oh, non ! Doux Jésus ! Tu ne vas pas remettre ça !

— Où as-tu rencontré cette personne ?

— Dans le métro.

— Je vois. Que fait-il dans la vie ?

Ruth n'en était pas certaine. Il était chef de publicité chez *Houyhnhnm*, mais c'était uniquement parce qu'il était assez gentil pour leur rendre ce service.

On ne lui versait pas de salaire. Elle pensait qu'il travaillait à temps partiel comme responsable des relations publiques, peut-être auprès d'une compagnie aérienne. Auparavant, il avait travaillé dans une agence de publicité. Il se pouvait qu'il y fût encore. Il était en train d'écrire une pièce de théâtre. Il avait été invité une fois à participer à une émission radiophonique, mais elle ignorait à quel titre.

— En fait, tu sais, dit-elle en rejetant une nouvelle fois sa mèche, Steve est un homme de la Renaissance. Il m'a confié qu'il aurait préféré de loin vivre à Florence à l'époque de Léonard de Vinci, ou encore, au cours des siècles à venir, lorsque le potentiel de l'esprit humain serait apprécié à sa juste valeur. Il est bourré de talent, tu ne peux pas savoir. Et son Q.I. est tout bonnement stupéfiant !

Mr. Bridge ne posa plus de questions. Il estima, d'après l'attitude de sa fille envers le Nègre, qu'ils n'avaient pas eu de rapports intimes. Du fait de leur goût commun pour les expositions d'art, le théâtre et d'autres manifestations du même genre, ils étaient sortis une ou deux fois ensemble. Mais cela n'avait pas été plus loin. Cependant, ils avaient fait le chemin ensemble, ils s'étaient montrés ensemble, et probablement avaient-ils déjeuné ou dîné ensemble. Un tel brassage des races était sans doute inévitable. Peut-être qu'au cours des siècles à venir cela serait considéré comme acceptable. Mais, aujourd'hui, ce n'était pas encore le cas.

Quelques jours après son retour à Kansas City, il aperçut dans le *Wall Street Journal* un article concernant les facteurs à l'origine de la réussite en affaires. Il s'intitulait : « Tous les hommes ne naissent pas égaux. » Il découpa ce titre et le mit de côté.

97. *Les Juifs*

La conversation qu'ils avaient eue au sujet d'Harvey Glatz continua de le hanter et, peu après son retour, il tenta de lui expliquer dans une lettre qu'elle avait tort de penser qu'il ressentait de l'animosité à l'égard des Juifs. Il lui écrivit qu'il avait toujours considéré qu'il fallait juger une personne non pas selon ses origines ou sa race, mais mais en fonction de ce qu'elle était : ses fréquentations, ses actes, ses paroles, ainsi que son apparence.

Après quoi il passa à d'autres sujets, lui disant qu'il lui avait trouvé bonne mine, bien que quelques kilos en plus ne lui feraient pas de mal, qu'il avait été heureux d'apprendre que son travail lui convenait et qu'il avait aimé son appartement, ce qui était faux, car, bien qu'il ne se fût pas attendu à trouver les pièces aussi propres et bien arrangées, il désapprouvait sa localisation. Il ajouta que si elle avait besoin de quoi que ce soit, elle ne devait pas hésiter à le lui faire savoir. Au cours de son passage à New York, il ne lui avait pas demandé si elle manquait d'argent : elle portait des vêtements neufs, son appartement était convenablement meublé et elle n'avait donné aucun signe prouvant qu'elle traversait des moments difficiles. Si elle était un peu maigre et légèrement pâle, ce devait être pour suivre la mode.

Il lui fit un condensé des nouvelles de Kansas City. Il avait fait chaud. Douglas avait glissé et était tombé en courant autour de la piscine. Il s'était assommé et on avait craint un traumatisme crânien, mais le docteur McIntyre avait déclaré que sa tête était plus dure que celle d'un gorille. Carolyn passait presque toutes ses journées sur le terrain de golf. Elle commençait à être très forte et battait presque tous ses adversaires. Il y avait eu une série de cambriolages dans le quartier du Country Club : la maison des Porter avait été mise à sac, et Mrs. Porter y avait laissé un collier de rubis qu'elle tenait de sa grand-mère. Virginia Catlett, peut-être Ruth la connaissait-elle, sa famille habitait la grande demeure anglaise couverte de stuc près de chez les Montgomery, venait de se fiancer. En ville, la circulation devenait tellement difficile qu'il caressait l'idée d'engager un chauffeur.

Il ne voyait rien d'autre d'intéressant et il était sur le point de clore sa lettre, mais, se relisant, il ne fut pas satisfait de la manière dont il avait répondu à son accusation selon laquelle il n'aimait pas les Juifs. Il lui semblait qu'elle avait été injuste envers lui, et ne pouvait se remettre du choc qu'il avait ressenti en s'apercevant que sa fille pensait qu'il avait des préjugés. Elle le pensait manifestement depuis longtemps.

Il se remit à écrire :

Je compte un certain nombre de Juifs parmi mes relations. Je suis sûr que tu connais Mr. et Mrs. Jacobson qui sont de nos amis depuis de nombreuses années. De fait, ta mère et moi avons été invités au mariage de leur fille. Les Jacobson sont des gens intègres et comme il faut. Naturellement je ne peux pas savoir ce qu'ils pensent de moi en privé. Mais je serais fort surpris d'apprendre avoir fait, ou dit, quoi que ce soit qui puisse les avoir offensés. Si j'ai jamais commis une telle faute, c'était par inadvertance. Mr. Jacobson étant avocat, j'ai par conséquent eu de multiples occasions de traiter avec lui. Je peux en toute sincérité affirmer qu'à ma connaissance, rien dans son comportement ne ferait rejaillir le discrédit sur sa race. Il se peut également que tu connaisses les Lepkoff, qui habitent depuis longtemps cette immense maison Tudor, à Verona Terrace, et que nous voyons de temps à autre. Ce sont, eux aussi, des gens très bien. Lui est cadre supérieur chez Burstein-Morris. Ils font honneur au quartier. J'estime que ton accusation est totalement injustifiée. J'ignore ce qui a pu susciter cette impression que tu as de moi, mais il me semble que tu devrais passer tes jugements préconçus « au peigne fin ». Je pense que tu n'es pas objective. Comme je te l'ai déjà fait observer lorsque nous étions ensemble à New York, j'ai pour Milton Glatz et son fils Harvey le plus grand respect et une profonde amitié. À l'époque où je les fréquentais, ils étaient tous deux des hommes bien élevés et travailleurs. Si je n'ai pas envoyé mes honoraires à Harvey, cela n'était en rien lié au fait qu'il soit juif. Je cherchais simplement à rendre service. Si j'ai mal agi, j'en suis désolé, mais je ne crois pas avoir commis un crime. Tu m'as affirmé qu'Harvey avait beaucoup d'estime pour moi. (Ce qui m'a fait grand plaisir.) Je suis sûr que si tu lui demandais si je leur ai donné, à son père ou à lui-même, des raisons de penser que je n'aimais pas le peuple juif, il te répondrait par la négative.

Il termina la lettre comme à son habitude, c'est-à-dire avec une tendre affection, et la signa. Puis il se souvint d'une bonne nouvelle qu'il avait reçue concernant les actions de du Pont qu'il lui avait offertes pour son anniversaire et il ajouta un post-scriptum, lui disant que l'on avait annoncé un dividende supplémentaire.

Il relut la lettre du début à la fin. Il n'avait pas dit tout ce qu'il aurait voulu, mais il estimait avoir au moins justifié sa position. Il glissa dans l'enveloppe le titre de l'article découpé dans le journal sans ajouter d'explications. Il était sûr qu'elle comprendrait.

98. *Bernice*

— Je vous présente ma fille. Mon joyau le plus précieux, dit Isaac Glatz, serrant le bras potelé de la demoiselle en question.

La fille en plissa de plaisir ses yeux noirs de Méditerranéenne. Mr. Bridge effleura des doigts le bord de son chapeau et répondit de la manière dont il répondait invariablement lorsqu'il était présenté à une femme :

— Comment allez-vous ?

Les portes de l'ascenseur se refermèrent avec un déclic, les emprisonnant tous trois ensemble. La cage commença sa descente. Il s'entendit répondre au joaillier qui s'enquérait de la santé de Mrs. Bridge et des enfants, et il savait que le ton de sa voix était normal, mais seule la fille occupait son esprit. Elle ressemblait à Ruth, mais avec un teint brun et le nez sémite busqué de son père. Elle était également plus râblée que Ruth et avait des sourcils d'homme. Son corps épais et masculin exhalait une forte odeur, comme si elle revenait de la cueillette des noix.

L'ascenseur s'immobilisa. Les portes glissèrent. Il recula d'un pas pour s'effacer devant la jeune fille suivie de son père. Une fois à l'extérieur de l'immeuble, il leur souhaita un bon après-midi, effleura à nouveau son chapeau en hommage à la demoiselle, puis chacun partit de son côté. En se dirigeant vers le garage, il comprit soudain que, contrairement à ce qu'il avait cru tout d'abord, ce n'était pas la fille elle-même qui l'avait attiré. Ce n'était pas de Bernice Glatz qu'il avait envie. Le désir de posséder sa fille avait surgi des profondeurs où il aurait dû rester enfoui.

99. *Le cochon de jade*

Par un mercredi pluvieux, il traversait Tenth Street pour se rendre au Muehlebach, quand il se rendit compte qu'il n'avait pas envie de déjeuner dans son restaurant habituel. Il y était allé presque tous les jours. Il décida d'essayer le café de l'hôtel Continental.

Il était bondé. Mr. Bridge chercha des yeux une table libre et aperçut soudain Grace Barron. Déjeuner avec elle ne lui disait rien, mais il aurait été embarrassant de feindre de ne pas l'avoir vue. Il se dirigea donc vers elle.

— Tiens, Mr. B. ! dit-elle d'un ton plutôt maussade. Je croyais que vous alliez encore faire comme si vous ne m'aviez pas vue.

Il ôta son imperméable et l'accrocha au portemanteau, avec son chapeau et son parapluie, puis il s'assit en face d'elle.

— Qu'avez-vous donc là ? demanda-t-il, indiquant un étrange petit objet en pierre posé sur une serviette en papier.

Elle poussa l'objet vers lui et il le saisit. La pierre était fraîche et curieusement lourde. Il constata qu'il s'agissait d'une figurine représentant un cochon avec des sabots en pointe et un groin anguleux.

— Il est en jade, dit-elle. Enfin, je crois que c'est du jade, et c'est ancien. D'après le catalogue, il date de la dynastie Han. Je l'ai eu dans une vente aux enchères ce matin.

— En jade, vous croyez ?

Il tourna le cochon dans sa main, l'inspectant d'un œil critique.

— Je pensais que le jade était d'un ton verdâtre.

— Vert, bleu, jaune, blanc, il peut être de pratiquement toutes les couleurs. Cette pauvre petite bête était enfermée dans une tombe. Voilà pourquoi elle est toute brune. Elle est restée enfouie sous terre pendant si longtemps.

— Comptez-vous le faire expertiser ?

— Cela vous amuserait, vous, d'apprendre que l'on vous a escroqué ?

— Peut-être n'avez-vous pas été « escroquée », comme vous dites. Mais, bien sûr, je ne sais pas…

— Oh, cessez, je vous en prie, l'interrompit-elle. Lorsque je pense au prix que je l'ai payé ! Si Virgil l'apprend, il sera furieux. Je vois ça d'ici !

Mr. Bridge sourit.

— Je ne vous dénoncerai pas. J'espère que vous ne vous êtes pas fait avoir. J'imagine qu'un grand nombre de ces prétendues antiquités ne sont en fait que des faux, mais, naturellement, rien ne dit que celui-ci en soit un.

Il continua d'inspecter la statuette. Elle semblait avoir été sculptée avec soin, mais il ne comprenait pas comment on pouvait avoir envie d'acquérir ce genre de chose.

— J'ignorais que vous collectionniez les objets d'art.

— Dès que je l'ai vu, j'ai su qu'il me le fallait, coûte que coûte. J'étais terrifiée à l'idée que quelqu'un d'autre puisse l'acheter. J'étais prête à tout vendre.

La maison, les clubs de golf de Virgil, la Cadillac, tout, tout. Tout !

— Si votre achat vous satisfait, alors tant mieux, répondit-il d'un ton neutre, reposant le cochon sur la serviette. Il faut seulement espérer qu'il vaut le prix que vous l'avez payé.

— Vous n'êtes pas aussi froid que vous prétendez l'être, dit-elle soudain. Je crois que vous exprimez vos sentiments d'une manière différente, voilà tout. La plupart des gens ne savent pas comment vous atteindre. Ils essaient par tous les moyens de vous toucher et se heurtent à un mur de glace. Mais vous n'êtes pas aussi insensible qu'il y paraît. Je vous ai observé. Je vous ai vu faire des choses terriblement froides avec chaleur et commettre froidement des actes chaleureux. Est-ce que ce que je viens de dire a un sens ?

— Il faudrait que je me penche sur la question.

Il sourit et saisit le menu.

— Que me conseillez-vous ?

— La soupe de tortue.

— Pardon ?

— Laissez tomber, Walter, ils n'en ont pas. Je faisais la sotte, pour changer.

Elle poussa un soupir et se mit à caresser le cochon d'un air abattu.

— Dites-moi, Walter, êtes-vous déjà monté sur une bicyclette ?

— Une bicyclette ? Bien entendu. Lorsque j'étais enfant. Pourquoi cette question ?

— Si nous nous procurions des bicyclettes tous les quatre et allions nous promener dans le parc Swope ? Si vous acceptez, Virgil suivra. Vous avez une telle influence sur lui.

— Permettez-moi d'en douter. Virgil n'est pas du genre à se laisser influencer.

— Sincèrement, Walter, quel personnage du dix-neuvième vous faites !

C'était là le genre de remarque auquel elle se livrait, à la fois affectueuse et insultante. Il n'aimait pas cela. Il l'observait tandis qu'elle caressait le groin du cochon et il se dit soudain qu'elle accordait à une figurine de pierre l'affection qu'elle refusait peut-être à son mari. C'était une petite femme instable et malheureuse. Elle aurait dû lui inspirer de la compassion mais il ne pouvait s'y résoudre. Il y avait trop de choses qu'elle ne prenait pas au sérieux.

— Virgil dit que le pays court à sa perte. Est-ce vrai ?

— Tout le monde connaît mon opinion concernant Franklin Roosevelt. Si personne ne met un terme à ce socialisme du New Deal, je suis convaincu que le pays va au-devant de sérieuses difficultés, et ce avant longtemps.

— Il dit également que vous n'adresseriez même pas la parole à un communiste.

— Je n'ai aucune estime pour les communistes. Aucune. Permettez-moi de vous dire que, si nous laissons les communistes prendre pied dans ce pays, rien ne pourra plus les arrêter. Ces gens-là, si nous les laissons faire, morcelleront tout ce que nous possédons. De « partager les richesses » ne vous dérange peut-être pas, mais, pour ma part, j'ai travaillé trop dur et pendant trop longtemps pour abandonner si facilement ce que j'ai mérité et que je considère comme mien.

Il s'arrêta de parler. Elle savait pertinemment ce qu'il pensait du communisme. Il ne comprenait pas pourquoi elle s'acharnait à le provoquer.

— Je trouve que c'est une des plus jolies idées du monde, renchérit-elle. Le Christ nous a demandé de nous aimer les uns les autres. Marx nous demande de nous assurer que tout le monde ait de quoi manger.

Elle cherchait la bagarre.

— Si c'est le cas, ce fut un échec retentissant, rétorqua-t-il. Et permettez-moi de vous rappeler ce que Winston Churchill a dit récemment en s'adressant à la Chambre des communes : « S'il me fallait choisir entre le communisme et le nazisme, je choisirais le nazisme. »

— Quel salaud !

— Grace, restons-en là. Il est rare qu'une discussion de ce genre aboutisse à un résultat constructif.

— Virg non plus ne veut pas me parler. Il dit que je suis une femme et que les femmes n'entendent rien à la politique. Personne ne veut me parler. J'ai l'impression de vivre sur une île déserte.

— Allons, que dites-vous là, dit-il sur un ton de reproche.

Il appela du doigt la serveuse qui s'était approchée et attendait près de leur table.

Sitôt qu'il eut passé sa commande, elle reprit leur conversation :

— Dites-moi, allons-nous nous mêler à cette horreur en Europe ?

— Espérons que non. Espérons que nous resterons en dehors de tout cela jusqu'à ce que l'abcès crève.

— Le pouvons-nous ?

— Les perspectives ne sont pas encourageantes.

— Alex dit que, pour la première fois, une civilisation pourrissante sera à même d'établir son propre diagnostic.

Mr. Bridge but une gorgée d'eau, s'essuya les lèvres sur sa serviette avant de poursuivre :

— Alex s'avance un peu trop ! Rien ne dit que la civilisation soit en train de pourrir. Personnellement, je pense que si Roosevelt et ses amis gauchistes ne sapent pas la liberté et la sécurité dont nous jouissons dans ce pays, nous assisterons dans les années à venir à des progrès dans de nombreux domaines de la recherche qui dépasseront littéralement l'imagination.

— Jésus, Jésus, marmonna-t-elle en affectant un accent irlandais. Vous m'en direz tant, Mr. Walter Bridge !

— Si cela vous amuse de me taquiner, ne vous gênez pas.

— Essayez de deviner qui j'ai rencontré l'autre jour, Mr. Walter Bridge !

— Vous surestimez mes compétences. Qui donc avez-vous rencontré ?

— Votre ami Avrum Rheingold.

— Cet homme n'est en rien mon ami, vous le savez très bien.

— Ah ! mais lui est persuadé du contraire.

— Pour moi, cet homme est un reptile.

— Il vous admire.

— Je préférerais entendre un mot aimable de la part d'un homme que je respecte, plutôt qu'une montagne de flagornerie d'un être tel que lui.

— À présent il porte un diamant gros comme un morceau de sucre à son petit doigt.

— C'est son droit.

— Il se teint les cheveux.

— Pourquoi me dites-vous tout cela ? Vous savez fort bien que tout ce que cet homme peut faire, ainsi que ce qu'il est, m'indiffère au plus haut point.

— Il va peut-être emménager dans votre quartier. Il compte acheter la maison des Edison.

— Pour autant que je sache, la maison des Edison n'est pas à vendre.

— Ce n'est pas ce qu'il dit. Il a déjà fait une offre.

Mr. Bridge se tut. L'idée qu'Avrum Rheingold pût emménager dans son quartier le rendait fou de rage, mais il prenait soin de dissimuler sa fureur. Il saisit son verre et but une nouvelle gorgée d'eau, puis il s'éclaircit la gorge. Il n'aimait pas ce sentiment qui le traversait, ni ce désir brûlant qui le prenait de dire tout haut qu'il approuvait les pogroms en Allemagne.

— Vous le pensez sincèrement, n'est-ce pas, dit-elle, semblant lire dans ses pensées. Je m'en suis toujours doutée.

Et elle éclata en sanglots.

100. *Littérature, idées et art modernes*

Ruth lui envoya un exemplaire de *Houyhnhnm* pour son anniversaire, accompagné d'une carte annonçant qu'il était l'heureux bénéficiaire d'un abonnement d'un an. La revue était publiée à Greenwich Village, ce qui n'avait rien d'étonnant. La couverture reproduisait le dessin d'un ouvrier et le dos des photographies mal imprimées des collaborateurs du magazine. Ils étaient tous jeunes, et trois d'entre eux portaient un pull-over à col roulé. Il feuilleta la revue et n'y trouva rien qui fût susceptible de l'intéresser : un portfolio de photographies de musiciens de jazz, une pièce en un acte, des poèmes, des nouvelles, quelques dessins à la plume et plusieurs articles qui prétendaient soulever des controverses. Il mit la revue de côté. Toutefois c'était un cadeau de Ruth, il se devait donc d'en lire au moins quelques pages. Elle ne saurait ni ne demanderait probablement jamais rien à ce sujet, mais, comme c'était un présent, il se sentait obligé de le faire. Lorsqu'il lui écrivit, il la remercia pour l'abonnement, puis lui dit que, bien qu'il n'eût pas encore trouvé le temps de lire le premier numéro de *Houyhnhnm*, il ne manquerait pas de le faire un prochain jour.

Finalement, il ne put repousser cette corvée plus longtemps. Il se fixa une heure et, le moment venu, se rendit dans son bureau, referma la porte, ouvrit *Houyhnhnm* à plat sur la table et commença d'étudier le sommaire avec une expression contrite. Le premier article était une appréciation critique d'un poète brésilien. Le deuxième, une satire sur les films d'Hollywood. Suivait un entretien avec un ancien détenu. Il n'était pas question de s'attaquer à la poésie et, comme il avait déjà regardé les images, il ne restait donc plus que les nouvelles. Elles ne semblaient pas prometteuses. La première s'intitulait « Zoo », la deuxième « Une pipée de rêves » ; il devait sans doute s'agir de stupéfiants. Quant à la dernière, entièrement imprimée en minuscules et sans la moindre ponctuation, elle n'avait pas de titre. Il songea à jeter *Houyhnhnm* dans sa corbeille à papier. Mais il s'était engagé vis-à-vis de Ruth, il n'y avait donc pas d'issue possible. Il examina le visage des auteurs au dos de la couverture. L'auteur de « Zoo » était un jeune homme du nom d'Herman Hermann. Il avait l'œil hagard et une barbiche hirsute qui le faisait singulièrement ressembler à une chèvre. Il était si étrangement répugnant que Mr. Bridge décida de découvrir ce qu'il avait écrit. Il croisa les jambes, s'enfonça dans son fauteuil pivotant et commença sa lecture.

L'argument consistait en une description des immeubles et des citoyens de Sheridan Square. Après l'avoir terminé, il se demanda s'il en avait fait assez ou s'il était obligé de lire autre chose. Dans trois mois, il allait recevoir un autre numéro et devrait lire au moins un article dans celui-là, puis deux autres numéros suivraient avant que ne prît fin cette année de purgatoire. Il plaça alors *Houyhnhnm* tout en haut de la bibliothèque, où il était sûr de ne pas tomber dessus par inadvertance. Ensuite, fort soulagé, il descendit à la cuisine se servir un verre. Mrs. Bridge s'y trouvait, préparant le dîner, car c'était le soir de sortie d'Harriet.

— Où est Douglas ? demanda-t-il.

— Parti baguenauder. Ses amis sont venus le chercher et la tentation était trop forte. Il a promis d'être de retour vers neuf heures et demie.

— Et notre fille ?

— Encore au club. Elle vient d'appeler pour dire qu'elle arrivait.

— Cette famille est en train de s'éparpiller, bougonna-t-il en s'asseyant à la table de la cuisine, son verre à la main. J'ai essayé de lire cette revue.

Penchée devant le four, elle scrutait son rôti.

— Tu as fait quoi ?

Il répéta ce qu'il venait de dire, lui fit un condensé de la nouvelle, et ajouta :

— Ce que je ne parviens pas à comprendre, c'est pourquoi, au nom de tout ce qui est sacré, ces jeunes gens ne peuvent écrire que sur les immondices.

Mrs. Bridgc ouvrait un plat précuit en conserve.

— Ce gamin s'étend pendant des heures sur des stores déchirés, des ivrognes, des prostituées et je ne sais plus quoi. Passe encore qu'on en parle un peu, mais il ne s'arrête pas là. On dirait qu'il tient à mettre le nez du lecteur dans la fange. J'ai bien cru que je n'en verrais jamais la fin.

— Vraiment ! soupira-t-elle en glissant un plat de petits pains dans le four.

— Ces gosses d'aujourd'hui vous disent : « Mais c'est ça, la vie ! » Permets-moi de te dire que la vie ne se limite pas à cette existence que mènent ces gens de Greenwich Village. Je n'ai pas peur de dire qu'ayant moi-même pas mal vécu j'en sais quelque chose. Il y a des années, lorsque j'étais jeune homme, j'ai, moi aussi, habité dans un quartier délabré. Cela n'avait rien de plaisant, et je n'étais certainement pas idiot au point de trouver cela romantique. Pour rien au monde je ne voudrais y retourner. Mais les jeunes de maintenant semblent se complaire au milieu des poubelles et de toutes sortes d'ordures. Je ne comprends pas où ils veulent en venir. Sincèrement, j'ai été tenté de donner cette chose à Alex Sauer pour voir ce qu'il en pensait.

— Oh, à propos ! fit-elle, interrompant son travail. Tu ne devineras jamais, Madge a appelé cet après-midi. Le docteur Sauer et Geneviève se marient. Je suis restée sans voix.

— Je leur souhaite bien du bonheur ! dit-il en levant son verre. En guise de cadeau de mariage, je devrais leur envoyer un abonnement d'un an. J'ai comme l'impression que ce doit être leur genre.

— Voyons, ce n'est pas très gentil, observa-t-elle.

Quelques minutes plus tard, Carolyn rentra à la maison et il lui demanda à quoi elle avait occupé sa journée. Elle avait joué au golf, comme d'habitude. Elle passait la majeure partie de l'été sur le terrain de golf de Mission Hills. Il estimait que c'était là perdre son temps, mais elle, au moins, se tenait à l'écart de cette horde de Greenwich Village.

101. *Billy Jack Andrews, le pro*

Billy Jack était le joueur de golf professionnel du Country Club de Mission Hills. On l'y avait toujours vu, il devait bien avoir soixante-cinq ans, et seuls les enfants l'appelaient Mr. Andrews. Il ne tarderait pas à prendre sa retraite, disait-on. Mais on en parlait depuis qu'il avait eu cinquante ans et aujourd'hui, à le voir sur le terrain, il semblait bien qu'à quatre-vingts ans il serait encore là. Lorsque Carolyn avait eu onze ans, il lui avait appris à tenir une crosse de golf. Mais après les quelques premières leçons, il cessa d'être un instructeur amène pour se transformer en entraîneur impitoyable. Un an plus tard, il soutint qu'il était temps pour elle de participer au tournoi annuel. Il annonça à Mrs. Bridge que Carolyn avait l'étoffe d'une championne, ce qui fut naturellement transmis à Mr. Bridge. Tous deux furent fort surpris et attendaient de voir la tournure que prendraient les choses.

Malheureusement, Billy Jack commit l'erreur de le dire également à Carolyn. Sans doute escomptait-il par là l'encourager et lui donner l'assurance nécessaire pour se mesurer à des golfeuses plus âgées. De fait, grâce à ce compliment, le jeu de Carolyn s'améliora beaucoup, mais bientôt elle laissa entendre qu'il était seul responsable si elle n'avait pas encore remporté le championnat. Il prit ces remarques avec bonne humeur et continua de l'entraîner, mais l'affection qu'il lui portait se mua en un sentiment plus froid.

Un jour, elle joua contre la championne en titre de Mission Hills et perdit par deux points. Alors qu'elles remontaient le sentier qui menait au club, suivies de leurs caddies, elles tombèrent sur Billy Jack qui sortait faire un parcours avec un autre élève. Il s'arrêta pour demander si le match s'était bien déroulé et félicita Carolyn pour avoir si bien joué. Elle rétorqua que s'il ne s'était pas avisé de lui raconter qu'on utilisait un fer six pour passer au-dessus de l'obstacle d'eau du quatorzième trou, elle aurait pu égaliser son score.

Billy Jack répondit à Carolyn qu'elle était odieuse. Il lui lança que, lorsqu'il l'avait conseillée au sujet de l'obstacle d'eau, elle ne lui avait pas prêté la moindre attention et qu'il tenait à ce qu'elle sache qu'en règle générale il lui restait encore beaucoup à apprendre en matière de golf, sans parler des principes élémentaires de la courtoisie. Au cours de ses années passées au Country Club, il avait rencontré bon nombre de joueurs caractériels, et ce n'était pas une pimbêche de son espèce qui viendrait lui marcher sur les pieds.

Carolyn était trop suffoquée pour pouvoir répondre. Jamais on ne lui avait parlé sur ce ton, elle ne savait comment réagir. Elle lançait des regards furibonds tandis que Billy Jack et son élève s'éloignaient en direction du green.

Mais au fil des minutes, puis des heures, elle commença à y voir plus clair : ce qu'elle voulait plus que tout au monde, c'était le renvoi de Billy Jack. Elle voulait la tête de Mr. Billy Jack Andrews sur un plateau. Elle voulait sa peau, qu'elle clouerait au mur tout comme son frère avait un jour voulu clouer celle d'un écureuil. Quant à sa réputation, elle l'écraserait sous son talon jusqu'à la réduire en poussière. N'ayant pas le pouvoir de réaliser tout cela d'elle-même, elle alla trouver son père. Puisqu'il était membre du club de longue date et qu'il payait ses cotisations depuis des années, il devait être en position de réduire le vieux golfeur à néant. Elle lui exposa les faits et attendit, ne doutant pas qu'il allait bondir de son fauteuil et laisser exploser sa colère. Pourtant, aussi étrange que cela puisse paraître, il n'en fit rien. Il paraissait vouloir peser la question. Carolyn était perplexe.

Mr. Bridge connaissait ce joueur. Des années auparavant, il avait suivi quelques leçons dans l'idée de prendre un peu d'exercice, mais un parcours de golf prenait une demi-journée, ce qui lui avait semblé être du gaspillage, et il avait abandonné. Depuis, il avait de temps en temps croisé Billy Jack au club. Le golfeur se souvenait de lui, ce qui était légèrement flatteur. En somme, Mr. Bridge aimait bien le vieux pro.

Carolyn essaya sur son père tous les stratagèmes ayant fait leurs preuves par le passé. Rien n'y faisait. Il lui déclara que, même si son ressentiment était légitime, ce dont il doutait, il estimait qu'un simple incident ne constituait pas un motif suffisant pour exiger le renvoi du professionnel. Il demanda si d'autres joueurs avaient formulé des griefs à l'encontre de Billy Jack. Carolyn répondit que tout le monde se plaignait. Mais sitôt qu'elle eut dit cela, elle se rendit compte que son père allait lui demander des noms et qu'il appellerait les personnes en question. Alors, elle se hâta d'ajouter :

— Cela ne te fait rien qu'un employé du club m'insulte ?

Mr. Bridge comprit qu'elle était la seule à se plaindre et qu'elle tentait de faire diversion. Il répondit qu'elle avait peut-être mérité ce qui lui était arrivé.

Les mains de Carolyn se mirent à trembler, elle semblait sur le point de saisir quelque chose et de le lancer. Sur son visage, les taches de rousseur saillaient, tels des boutons de rougeole.

— Écoute-moi bien, ma petite fille, la mit-il en garde, je te conseille de te calmer.

Il se pouvait que le professionnel eût tenu des propos déplacés, et il était vrai que, malgré son statut particulier qui faisait que les membres du club le traitaient comme leur égal, il n'était, après tout, que l'un des employés. Cependant, l'arrogance de Carolyn était intolérable. Il déclara à sa fille que, dorénavant, elle ne devrait plus adopter une attitude supérieure à l'égard de Billy Jack, ni à l'égard des autres employés, ni, à vrai dire, à l'égard de quiconque, où que ce soit, en aucun cas et en aucune circonstance. Sinon elle filerait un mauvais coton. Était-ce clair ? Pour souligner la gravité du message, il laissa tomber son index sur la table et, dans le silence du bureau, on eût dit le coup de bec d'un oiseau contre la vitre.

Carolyn lui lança un regard bref et glacial, puis battit en retraite. Mais ses yeux lui avaient dit tout ce qu'il désirait savoir : à l'avenir, elle se comporterait avec plus de prévenance. Ou, si ce n'était le cas, du moins saurait-elle à quoi s'attendre.

102. *Peggy*

Parmi les employés du club cet été-là, il y avait également une petite serveuse enjouée aux seins lourds avec un grain de beauté sur le bout de son nez, qui portait les plateaux de sandwichs et de rafraîchissements de la cafétéria à la piscine. Une semaine après qu'elle eut pris du service, on vit Douglas se montrer plutôt amical envers elle, ce que Carolyn s'empressa de raconter à la maison. Cela ne suscita aucune réaction jusqu'à ce qu'un second rapport laissât entendre que Douglas et la serveuse se voyaient en dehors du club.

Mrs. Bridge était inquiète. Non seulement elle n'aimait pas que Carolyn moucharde son frère, mais elle n'aimait pas non plus l'idée que celui-ci pût sortir avec la serveuse. Elle lui fit donc comprendre qu'elle n'ignorait rien de ses agissements, puis, n'obtenant aucune réponse, elle porta l'affaire devant son mari.

Il écouta l'histoire en détail. Il était plus ou moins du même avis que sa femme, bien que légèrement plus contrarié par le comportement de Carolyn et un peu moins préoccupé au sujet de Douglas.

Elle lui demanda quelle était, selon lui, l'attitude qu'il convenait d'adopter.

Il suggéra de faire comme si de rien n'était. C'était une idylle d'été dont les pétales flétriraient bien vite dès septembre, car la fille habitait de l'autre côté de la ville et fréquentait un lycée différent, autre information qu'ils tenaient de Carolyn. Puis il revint sur sa première impression. Douglas n'ayant pas encore son permis de conduire, la menace d'un accident de voiture pouvait être écartée. Cependant, il avait atteint l'âge où une fille d'une condition sociale plus modeste pouvait lui apparaître comme une proie facile. Ce genre de situation pouvait dégénérer. Ce n'était pas très probable, mais possible. Il déclara qu'il allait avoir une conversation avec Douglas.

Il était gêné d'interroger son fils, mais, s'étant engagé, il devait s'y résoudre. Douglas fut invité à se rendre dans le bureau, la porte se referma derrière lui et, sans plus attendre, Mr. Bridge lui demanda ce qu'il savait au sujet de cette fille.

Douglas sombra dans le fauteuil de l'accusé. Pas grand-chose, répondit-il.

Ils s'étaient rencontrés au club, c'est bien ça ?

À la piscine.

Soit, à la piscine. Où habitait-elle ?

Dans un grand immeuble près de l'hôpital Menorah. Sa mère travaillait à Menorah, pensait-il.

Menorah ? Cette fille était-elle juive ?

Douglas l'ignorait. Il n'y avait jamais réfléchi. Il pensait qu'elle devait être irlandaise.

Quel était son nom ?

Peggy O'Hara.

Était-il vrai qu'ils se rencontraient en dehors du club ?

Oui.

Combien de fois s'étaient-ils retrouvés ainsi ?

Douglas soupira. Trois ou quatre fois. Peut-être bien cinq.

Qu'avaient-ils fait en ces occasions ?

Bowling. Cinéma. Un petit tour de temps en temps.

Comment rentrait-elle chez elle ?

D'abord le bus, puis le tramway, et le reste à pied.

L'avait-il déjà accompagnée ?

Une fois. Sa mère n'avait pas apprécié.

Douglas s'enfonçait de plus en plus dans le fauteuil. Sa bouche était béante et il roulait des yeux effarés vers le plafond.

Mr. Bridge dit qu'il était désolé, qu'il n'aimait pas devoir poser toutes ces questions, mais qu'il était facile pour un garçon de se retrouver dans une situation embarrassante avec une fille aussi jeune. Et pouvait-il, sans le commander, se tenir correctement dans son fauteuil ?

Il y eut un long silence. Une question difficile devait être posée. Avait-il eu des rapports intimes avec cette fille ?

Douglas toussa. Il se gratta le nez. Il prit une profonde inspiration. Finalement, il murmura :

— Non, pas vraiment beaucoup. Juste un petit peu.

Avait-il de l'affection pour elle ? Ou était-ce simplement qu'elle était disponible ?

Eh bien, oui.

Eh bien oui, quoi ?

Il l'aimait bien.

Pensait-il être amoureux ?

Non.

Mr. Bridge lui demanda si, parmi les filles qui fréquentaient son propre lycée ou celles qui venaient nager à la piscine du club, il n'y en avait pas quelques-unes qu'il aimerait emmener au cinéma.

Pas particulièrement. Il aimait bien Peggy.

Pourquoi ?

Elle était différente.

En quoi était-elle différente ?

La plupart des filles étaient des mijaurées. Elles se prenaient toutes pour des affaires en or.

Pas toutes, assurément.

La majorité d'entre elles. Quant aux autres, elles étaient trop moches. De toute façon, il aimait bien

Peggy. Une fois, elle lui avait donné un cornet glacé à l'œil.

Et là, surgissant d'une manière inattendue, se tenait la clef. Mr. Bridge se pencha en avant. Ainsi donc, elle lui avait donné un cornet glacé ! Et pourquoi avait-elle fait cela ?

Eh bien, un jour, elle lui avait apporté un cornet glacé, voilà tout. Il n'avait rien commandé, elle l'avait simplement apporté à la piscine et le lui avait tendu. Aucune autre fille ne lui avait jamais rien donné.

Escomptait-il recevoir d'autres cadeaux ?

Non, non. Il n'attendait rien.

Mr. Bridge se tut pendant un long moment. Puis enfin, il conclut : C'est bon, mais sois prudent.

103. *La Vénus de Mission Hills*

En passant devant la porte de Carolyn, il lança un regard à l'intérieur de sa chambre. Elle était nue, sur une jambe, plantée devant le grand miroir, les bras en suspens, semblant sur le point d'exécuter un pas de danse.

Une fois dans son bureau, il jeta lourdement sa mallette sur la table. Il se demanda si elle l'avait vu passer. Il regarda dans le couloir. La porte de sa chambre était refermée, donc elle savait. C'était elle la fautive, pensa-t-il avec colère. À son âge, elle aurait dû savoir qu'on ne se déshabille pas la porte grande ouverte ! Il s'assit derrière son bureau, fit glisser la fermeture Éclair de sa mallette et commença d'examiner les documents qu'il avait apportés. Mais il ne voyait que ce corps nubile prenant des poses devant le miroir. Il se répéta qu'elle était sa fille, mais la vision lumineuse resurgit, tel le souvenir d'un rêve. Il chassa l'image, elle revint. Il cessa son travail et prit sa tête dans ses mains, se demandant combien de temps il lui faudrait attendre avant de pouvoir oublier.

104. *Lettre à Ruth*

Ma très chère Ruth,

Ta mère et moi projetons de passer de brèves vacances en Europe. J'avais espéré que ce voyage serait plus long car il y a tant de villes célèbres que nous désirons tous deux visiter, malheureusement les contraintes de mon cabinet ne me le permettront pas. Elles empirent d'année en année. Par conséquent, nous envisageons de nous absenter de Kansas City pendant cinq semaines environ (six, s'il m'apparaît qu'il m'est possible d'adapter mon emploi du temps). Nous arriverons à New York par le train (ta mère n'aimant pas prendre l'avion) vers le 6 août. Je te communiquerai la date exacte dès que notre agent de voyage m'aura confirmé nos diverses réservations d'hôtels en Europe. Nous prévoyons de passer deux jours à Manhattan et espérons que tu auras un peu de temps à nous consacrer. Ce voyage sera, en partie, des vacances que je m'accorde, mais il s'agit également de la réalisation d'un engagement que j'ai pris auprès de ta mère il y a de nombreuses années. Je lui avais promis qu'un jour nous visiterions l'Europe. Elle n'est pas encore au courant. Je lui réserve la surprise et compte le lui dire le jour de son anniversaire, j'espère donc que tu ne lui en parleras pas (et que tu n'y feras pas même allusion) lorsque tu lui écriras.

La famille est en bonne santé, comme d'habitude. J'en remercie profondément le ciel. Mis à part les inévitables maladies infantiles et la fois où Douglas s'est foulé les deux chevilles en sautant du toit du garage, nous avons échappé aux accidents et aux maladies graves. Peu de familles ont autant de chance. Espérons que la bonne fortune continuera de nous sourire. (Julia est, elle aussi, en bonne santé. Que ferais-je sans elle ? Je l'ignore.) Quant à ta sœur Carolyn, nous l'avons très peu vue cet été étant donné qu'elle préfère apparemment passer le plus de temps possible sur le terrain de golf. Le professionnel du club ne cesse de répéter qu'elle est une « graine de championne », mais je suis certain que ta mère t'a déjà tout raconté. Ton frère est fortement soulagé qu'on lui ait enlevé, une fois pour toutes, son appareil dentaire.

As-tu besoin ou envie de quoi que ce soit ? J'ignore, bien sûr, l'usage que tu fais de ton argent. Je présume que tu ne dépenses pas d'une manière inconsidérée la somme que j'ai fait mettre sur ton compte. L'argent ne se trouve pas sous les pas d'un cheval. J'ai travaillé dur pendant de longues années pour acquérir ce que j'ai aujourd'hui. Achète tout ce dont tu as besoin et amuse-toi, mais souviens-toi que réussir dans la vie requiert autre chose que de se payer du bon temps et de donner libre cours à divers caprices sans but constructif, loin de là. La condition que je t'avais imposée tient toujours : tant que tu resteras à New York, ne compte pas recevoir d'argent de ma part (sauf cas d'urgence). Si tu aimes vivre là-bas, ce qui semble être le cas, j'espère sincèrement que tu te montreras capable de subvenir à tes propres besoins. Il te faudra donc faire tout ton possible pour obtenir de l'avancement et ne pas gaspiller ton salaire. Dans le cas contraire, tu t'en mordrais les doigts. Mais, je le répète, s'il t'arrivait de tomber brusquement malade ou si un imprévu venait à se présenter, n'hésite pas à faire appel à moi. Après tout, à quoi servent les pères si ce n'est à aider leur fille ?

Un certain nombre de jeunes gens ont appelé à la maison pour obtenir ta nouvelle adresse. Ta mère s'occupe de tout. Nous sommes tous les deux réticents à transmettre tes coordonnées, à moins de connaître la personne ou à moins que tu ne nous en fasses la demande expresse. À présent que tu n'es plus une enfant et que tu dois « te débrouiller seule » dans l'une des plus grandes villes du monde, tu devrais prendre garde à toi. Je suis sûr que tu es consciente que d'entretenir des liens avec des étrangers peut s'avérer une entreprise périlleuse. Tu t'apercevras vite que les vieux amis sont toujours les meilleurs (chose que j'ai moi-même apprise après de nombreuses et amères déceptions).

Je crains de ne pas avoir beaucoup de nouvelles susceptibles de t'intéresser. Un des hommes avec lesquels je déjeune au Muehlebach, le docteur Alexis Sauer, dont tu te souviendras sans doute, est rentré récemment d'un voyage en avion en Orient et aux Indes avec sa seconde épouse, qui est bien plus jeune que lui. J'ai cru comprendre, d'après leur récit, qu'ils l'avaient « échappé belle » au cours de leur vol. La description qu'il nous a faite des mendiants, des souffrances et des coutumes « couleur locale », tels les éléphants au front bariolé, fut fascinante, mais cela ne m'a pas donné pour autant envie de visiter cette région. La souffrance est partout sur cette terre. Je l'ai, pour ma part, vue de suffisamment près, comme de loin, et ne souhaite pas parcourir la moitié du globe pour un aperçu de mendiants lépreux. Il m'apparaît que notre tour de l'Europe s'avérera plus gratifiant. Toutefois, comme on dit en France : « Chacun son goût ! » J'espère qu'il te reste un peu du français que tu as appris à l'école pour traduire cette expression.

Pour revenir plus près de chez nous, nous avons lu dans le Star *que l'une de tes camarades de classe, Sue Ellen Stubbs, qui est la nièce d'une amie de ta mère, Margaret Hockaday, s'est fiancée à un officier de l'académie militaire de West Point. Le mariage aura lieu cet automne. En octobre, si ma mémoire est bonne. Si tu désires y assister, je suis sûr que nous pourrons arranger cela. Fais-le savoir à ta mère et elle téléphonera à Miss Hockaday. J'ignore à quel point cette fille et toi étiez proches lorsque vous étiez à l'école, cependant une cérémonie de mariage à West Point devrait valoir la peine d'être vue.*

Je crois avoir tout dit. Mrs. Barron et ta mère projettent de visiter la Nelson Gallery cet après-midi. Mrs. Barron passe un temps considérable à visiter toutes sortes de galeries d'art. Il est dommage que vous n'ayez pas eu l'occasion de mieux vous connaître. J'ai l'impression que vous avez beaucoup de choses en commun.

Ici, le temps s'est amélioré. Ces derniers jours, il a fait raisonnablement bon, avec des températures modérées, quelques orages et averses.

Très affectueusement,

Papa.

105. *L'art des Indes*

Un jour où il avait quelques minutes d'avance sur son emploi du temps, il décida de se rendre à pied au tribunal fédéral plutôt que de prendre un taxi. En chemin, il passa devant une librairie et aperçut dans la vitrine un luxueux volume sur l'art indien. Il s'arrêta. À la rôtisserie, le docteur Sauer, tout en dégustant de la bisque de homard, avait décrit les éléphants au front bariolé, les enclos où étaient enfermées des femmes, les mendiants gémissants, les bûchers funéraires, les anciennes forteresses de pierre rouge, la lèpre, les enfants infestés de poux et bien d'autres choses encore qu'il avait découverts aux Indes. Il leur avait également dépeint, entre autres visions spectaculaires, les temples de Konârak et de Khajurâho, dont les murs étaient ornés de sculptures érotiques : des milliers d'hommes et de femmes saisis dans des postures extravagantes, ainsi que des groupes de personnages au comportement bestial. C'était cette image qui lui venait d'abord à l'esprit lorsque Mr. Bridge songeait aux Indes, car elle évoquait une façon de concevoir la vie aux antipodes de l'existence que l'on pouvait mener à Kansas City. Il était plus aisé d'imaginer des enfants mourant d'inanition dans les rues de Calcutta, que ces temples recouverts d'un essaim de silhouettes copulantes, peut-être parce que la pauvreté, dans une certaine mesure, n'avait rien d'inhabituel. Partout dans le monde il se trouvait des gens malades et affamés. En Europe aussi, il y avait la crasse, la faim et une misère sordide. Il en allait de même à Kansas City. Mais nulle part ailleurs que dans ces temples indiens on ne pouvait trouver un tel étalage de débauche.

Il entra dans la boutique et demanda à voir le livre. Il était rempli de belles reproductions en couleurs de peintures et de sculptures. Il ne contenait aucune photographie représentant les scènes décrites par le docteur Sauer. Toutefois, il y en avait un certain nombre montrant des danseuses d'une sensualité invraisemblable, au sourire rêveur, avec des yeux en amande et des petites clochettes attachées aux chevilles.

Il acheta le livre et, une fois rentré à la maison, il le plaça sur la table basse du salon. Dès qu'elle le vit, Mrs. Bridge s'extasia et s'empressa de l'ouvrir. Mais, après en avoir feuilleté quelques pages, elle ne sembla plus trouver grand-chose à en dire.

Les jours passèrent. Elle ne reparla plus du livre. Douglas le compulsait fréquemment. Harriet fut surprise avec le volume ouvert sur les genoux, au lieu d'aspirer la moquette. Carolyn, elle, ne le regardait que lorsqu'elle était seule dans la pièce. Mais personne n'y faisait allusion. Mr. Bridge jaugea la situation, puis, un soir, sans mot dire, il le saisit et l'emporta dans la petite salle à manger où il lui fit une place sur la plus haute étagère de la bibliothèque, entre *Ben Hur* et un exemplaire relié de cuir du *Bottin mondain de Kansas City*.

106. *Le cimetière des éditeurs*

Il était sans aucun doute étrange que la seule grande bibliothèque de la maison fût située dans la petite salle à manger, mais c'était pourtant là qu'elle avait été construite et c'était donc là que finissaient la plupart des livres. Là on trouvait les vieux Agatha Christie et les Erle Stanley Gardner qui lui avaient fait office de sédatifs pour apaiser les tensions de la journée. Là également étaient rangés plusieurs livres de cuisine délaissés, le dictionnaire, les quatrains d'Omar Khayyam, *Le Shérif de Chispa Loma*, les récits de voyage de Lowell Thomas, le recueil d'essais du pasteur Foster intitulé *Pensées crépusculaires*, le *Guide illustré Hammond de la nature*, *Le Passage du Nord-Ouest*, ainsi que divers manuels scolaires qui, pour une raison ou pour une autre, n'avaient pas été échangés à la rentrée des classes. Là reposaient, tous oubliés, ces romans éthérés, dus à la plume de dames à trois patronymes, que Mrs. Bridge s'était empressée d'acheter, car tout le monde les achetait cette saison, ou qu'elle avait gagnés à l'un de ces tournois de cartes auxquels elle participait certains après-midi. Là, telle une pierre tombale flétrie par le temps, gisait un volume décharné contenant des gravures de Currier et Ives, aux côtés de *Comment enrichir son vocabulaire en trente jours*, *La Splendeur des Amberson* et une biographie de Marie-Antoinette. Il y en avait d'autres. D'illisibles cadeaux d'anniversaire et de Noël. Dans la lumière diaprée de la petite salle à manger, installés solennellement côte à côte ou empilés les uns sur les autres, on apercevait un almanach avec des dessins humoristiques, plusieurs livres de jardinage, une anthologie des poèmes les plus lus, une histoire abrégée de la guerre de Sécession, une compilation des vers de Sara Teasdale, *Les Grands Vins de France*, *Le Passage de Santa Fe*, *Servitude humaine*, *Bambi* et de nombreux autres que jamais une main ne venait effleurer, à moins que ce fût Harriet époussetant avec indolence les étagères du bout de son plumeau à plumes de paon.

107. *Bonne chance*

En route pour l'Europe, ils firent une halte de trois jours et deux nuits à New York, mais ne passèrent qu'une seule soirée en compagnie de Ruth. Alors qu'ils terminaient de dîner dans un restaurant chinois, celle-ci balbutia, confuse et navrée, qu'elle ne pourrait les accompagner pour leur seconde soirée, s'empressant d'ajouter que, lorsqu'ils repasseraient par New York sur le chemin du retour, elle serait plus disponible. Pour masquer sa déception, Mr. Bridge s'empara de son fortune cookie[1], le brisa et en extirpa un petit bout de papier.

— « Bonne chance qui attendre », lut-il à haute voix. Il doit y avoir une erreur d'impression. Je suppose que cela veut dire : « Bonne chance à qui sait attendre. »

Ruth cassa net son biscuit en deux et lissa le papier froissé.

— « Vos nouvelles aventures connaîtront une issue heureuse », lut-elle, et elle se mit à rire.

1. Les restaurants chinois aux États-Unis ont coutume de servir en fin de repas des biscuits creux (fortune cookies) renfermant une maxime divinatoire.

Ils se tournèrent tous deux vers Mrs. Bridge qui les dévisageait, interdite. Son assiette était vide. Elle avait avalé le sien.

— Maman, lâcha Ruth, l'air incrédule, tu as mangé le morceau de papier ?

Essayant de conserver un air aussi digne que possible, elle répondit :

— Il m'avait bien semblé qu'il contenait quelque chose de curieux.

Après un long silence, Mr. Bridge demanda :

— Cela signifie-t-il que tu n'avais jamais vu un fortune cookie auparavant ?

Elle eut un petit sourire pincé.

— Eh bien ! fit-il. Que sait-on au juste de ce que les autres savent ? En voudrais-tu un autre ?

— Non merci, je ne pense pas, répondit-elle.

Elle toucha aussitôt son collier de perles, comme s'il s'agissait d'un talisman qui la préserverait de toutes les bizarreries de ce monde.

Les jours qui suivirent cet extraordinaire incident, il se rendit compte que ses sentiments à l'égard de sa femme en avaient été affectés, réveillant en lui son désir de la protéger et de la défendre. Avec le temps, il avait presque oublié son incroyable naïveté. Des remarques ahurissantes qu'elle avait faites en toute bonne foi lui revinrent en mémoire, ainsi que certaines de ses réactions qui l'avaient profondément touché, car elles traduisaient une réelle innocence. Jamais elle n'avait fumé une seule cigarette et il ne l'avait jamais entendue employer une expression vulgaire. Elle pensait que les femmes devaient s'abstenir de dire ou de faire quoi que ce soit qui pût paraître déplacé, tout comme elle était persuadée que la plupart des gens étaient généreux, bien intentionnés et dignes de confiance. Il se demanda de nouveau, comme au début de leur mariage, comment elle était parvenue à survivre toutes ces années avec une telle simplicité, inconsciente de la traîtrise, des soupçons, de la malveillance, de la fourberie et des nombreux autres expédients dont toute vie est faite. Aujourd'hui, il comprenait plus clairement quelle avait été sa part de responsabilité. Il l'avait enlevée du foyer où, enfant, elle avait été choyée, puis il s'était substitué à son père, de sorte qu'elle ignorait tout ce qui ne lui avait pas été permis de connaître. À présent, elle était forcée de rejeter tout ce qui pouvait contredire ses propres convictions. Il en serait ainsi jusqu'à la fin de ses jours.

Tandis qu'elle déambulait sur le pont du navire, scrutant l'océan et bavardant avec d'autres touristes, il l'observait avec saisissement. Elle avait quarante-sept ans et voyait l'océan pour la première fois. Certes, il n'y avait rien là d'extraordinaire puisqu'ils vivaient si loin de la côte. Pourtant, il ne pouvait surmonter sa stupeur. Il l'avait emmenée un jour à Chicago où elle avait pu voir le lac Michigan et avait été fortement impressionnée. À quarante-sept ans elle connaissait un des grands lacs et avait, à quelques kilomètres à l'ouest de Denver, contemplé les montagnes Rocheuses. En dehors de cela, elle n'avait jamais rien vu qui dépassât la taille du lac Lotawana. Elle lui avait confié, à plusieurs reprises, combien elle aurait aimé aller au Grand Canyon.

Il y repensait souvent. Cela l'attristait et le remplissait d'un sombre étonnement. Il se sentait obscurément fautif. Peut-être n'auraient-ils pas dû tant tarder à entreprendre ce voyage. Ils auraient pu visiter l'Europe plus tôt, voir et faire maintes choses. Maintenant, il était presque trop tard. Elle traversait la vie avec cette expression neutre et souriante, totalement incapable de reconnaître ce monde dans lequel elle vivait, un monde prêt à tout, cruel et implacable, où personne n'ignorait que les fortune cookies renfermaient un petit morceau de papier. C'était plus que simplement curieux. C'était plus qu'étrange. C'était légèrement grotesque. Peut être auraient-ils dû tenter leur chance à Las Vegas et s'envoler vers les Indes. Bien au-delà des murs de Kansas City, il y avait des choses à voir, à entendre et à ressentir qu'ils auraient peut-être dû partager avant ce jour.

Pourtant, il y avait eu tant à faire à la maison. Elle s'était occupée des enfants, et lui de sa carrière. Ils avaient mené une vie raisonnable et conforme au bon sens, dans un esprit pratique bien pesé, et voilà où ils en étaient. À mi-chemin de leur vie, peut-être même bien plus près de la fin qu'ils n'en étaient conscients, voilà où ils en étaient.

108. *Gros temps*

Trois jours avant la date prévue de leur arrivée en Angleterre, le bateau se mit à rouler comme si, dans la cale, un gigantesque poids glissait d'un flanc à l'autre. Les vagues venaient gifler les hublots. Sur les tables, les crayons roulaient et tombaient. Les passagers cherchaient des prises pour avancer, le bois des placards craquait. Dans les cabines de luxe, les lumières faiblissaient, reprenaient de l'intensité, puis pâlissaient à nouveau. Le ciel était d'un gris tavelé, les transats délaissés sur le pont promenade claquaient au vent et peu de gens apparaissaient dans la salle à manger. Mr. Bridge, en revanche, ne s'était jamais aussi bien senti et il sautait du lit dès le premier coup de gong du steward. Après un repas copieux, il arpentait les divers ponts, grimpait aux échelles et, debout, le nez pointé en direction du vent, humait en connaisseur les embruns glacés. Les premiers jours en mer avaient été agréables, il les avait appréciés, mais un peu d'agitation n'était pas pour lui déplaire.

Le temps empira. Le navire plongeait dans les vagues tel un cheval furieux, l'écume vomissait contre la proue et courait sur les ponts en se dispersant dans un chuintement précipité, l'eau s'infiltrait et gouttait à travers les hublots, les bouteilles et les vases se renversaient, et Mr. Bridge décida qu'il se sentait rajeuni de trente ans. Il lui apparut qu'une partie de jeu de galets pourrait s'avérer amusante et il descendit à la cabine où il avait abandonné sa femme avec un exemplaire du *Reader's Digest*. À présent, elle gisait sur sa couchette, un gant de toilette étalé sur le visage et un flacon de médicaments posé sur la table. Il la contempla d'un air de muette réprobation et remonta au grand salon, progressant, avec une expression amusée, le long du couloir incliné. Parvenu devant la porte, il allongea une botte d'escrimeur, réussit à la franchir sans se fracasser le crâne et, une fois à l'intérieur, jeta un regard à la ronde dans l'espoir de trouver un partenaire. Mais il n'y avait que cinq passagers présents, tous plus morts que vifs, les yeux fixés dans le vide telles des poupées de cire.

Et le temps s'aggrava encore. Plusieurs membres de l'équipage entrèrent dans le salon et tendirent des cordes entre les piliers. Le navire se soulevait, roulait, puis s'enfouissait dans le creux des vagues, semblant vouloir plonger à la recherche de quelque trésor. La ligne d'horizon disparaissait à une vitesse vertigineuse. Sous les pieds, le pont trépidait. Les passagers s'affaissaient dans leur fauteuil, les os en compote. Mr. Bridge les observa avec dégoût. Il trouvait, lui, les mouvements du bateau vivifiants.

Dès les premières notes du carillon annonçant le dîner, il redescendit en hâte vers la cabine. Peut-être, entre-temps, s'était-elle remise sur pied ? Mais lorsqu'il lui demanda si elle était prête à venir manger, elle tourna faiblement la tête vers la paroi. Il proposa de lui apporter quelque chose. Un bol de soupe ? Une orange ? Une tranche de cake ? Elle ne répondit pas. Il gravit à nouveau l'échelle en sifflotant. Il n'avait pas sifflé depuis bien longtemps.

Il pénétra dans la salle à manger en se frottant les mains, savourant son repas à l'avance. Il s'assit seul à une table de huit et dévora sans la moindre hésitation tout ce que le steward déposait devant lui.

109. *Voyage matinal en train*

Ils débarquèrent à Southampton par un matin pluvieux, avant l'aube, et, dans un silence ensommeillé, ils parcoururent la sage campagne anglaise en direction de Londres. En chemin, un Anglais d'âge moyen, en pull-over et veste de tweed, entra dans leur compartiment, s'assit et commença de lire un journal. Lorsque la porte s'ouvrit, Mr. Bridge était assoupi et il n'eut que le temps de jeter un bref coup d'œil vers l'homme avant que celui-ci disparaisse derrière les feuilles de papier. Pourtant, durant ce bref instant, ce qu'il vit le troubla et il guetta le moment où il pourrait l'examiner à son aise. Finalement, l'Anglais replia son journal et

Mr. Bridge découvrit son visage. C'était celui de son grand-père.

Plus tard dans la journée, tandis qu'ils s'installaient dans leur hôtel londonien et que sa femme défaisait leurs bagages, il consulta l'indicateur des trains au départ de Southampton. Il était certain de ne jamais revoir cet homme qui, une fois à la gare, avait disparu dans la foule aussi mystérieusement qu'il était apparu. Cependant, il voulait connaître le nom de la ville où il était monté. Comme il fermait les yeux, tentant de se remémorer l'annonce qui avait été faite pendant l'arrêt, elle lui demanda s'il avait la migraine. Non, répondit-il, et il reposa l'horaire.

Au cours des cinq journées qu'ils passèrent à Londres, il s'aperçut qu'il recherchait cet homme – dans le hall d'entrée de l'hôtel, dans la rue, les restaurants, les galeries d'art, les théâtres. L'aurait-il rencontré, il ne lui aurait pas adressé la parole ni même manifesté le moindre signe de reconnaissance. Pourtant, pendant toute la durée de leur séjour à Londres, il ne cessa de se surprendre en quête de ce visage.

110. *Pétra*

Ils passèrent leur première soirée à Paris en compagnie de Morgan Hager, jeune étudiant en art originaire de Kansas City. Ses parents l'avaient informé de la venue en Europe de Mr. et Mrs. Bridge et il était donc tenu de leur faire les honneurs de la ville, si ces derniers le souhaitaient. Hager les appela à leur hôtel, leur proposa de les retrouver pour l'apéritif et s'offrit de passer les prendre en taxi. Mr. Bridge, se doutant qu'Hager devait vivre avec très peu d'argent, lui répondit que le taxi ne serait pas nécessaire, et ils convinrent de se retrouver à la terrasse d'un café appelé Le Petit Lapin.

Là, après un deuxième verre, Mr. Bridge émit le désir d'avoir un aperçu de la vie de bohème. Hager réfléchit. Il se gratta la tête sans prendre la peine d'ôter son béret, tripota sa barbe, puis proposa enfin qu'ils aillent dîner dans un restaurant du nom d'Henri's, à Montparnasse. C'était un restaurant fréquenté par les artistes et leurs modèles.

L'idée semblait bonne. Mr. Bridge régla les boissons et ils remontèrent le boulevard en direction de Montparnasse.

Ils passèrent devant la Comédie-Française, contournèrent les grilles du Luxembourg, traversèrent le boulevard Raspail, remontèrent une ruelle, en descendirent une autre, puis, après avoir marché pendant plus d'une demi-heure, ils arrivèrent devant le Henri's. Le local, dont le sol était couvert de sciure, était minuscule, extrêmement sale et bondé.

Le repas, pour diverses raisons, fut mémorable. Mrs. Bridge dut demander de l'aide pour couper son bifteck, le vin ressemblait à de l'eau de Seltz à la cerise sur laquelle flottaient des fragments de liège, le pain était dur comme du bois, un de leurs voisins de table, qu'Hager leur présenta sous le nom de Claude, n'avait manifestement pas pris de bain depuis un ou deux mois, et le Claude en question découvrit une araignée dans sa salade, bien que cela ne semblât pas beaucoup le déranger. Néanmoins, conformément à la promesse d'Hager, c'était effectivement un aperçu de la vie de bohème, et lorsque l'addition arriva elle s'élevait, pour trois personnes, à moins de ce qu'ils payaient dans leur hôtel des

Champs-Élysées pour du café et des croissants, chose que Mr. Bridge n'était pas près d'oublier.

Pourtant, à ses yeux, ce qui rendit ce repas mémorable ne fut ni la nourriture exécrable, ni la crasse, ni la clientèle extraordinaire, ni le prix qui ne l'était pas moins, mais une allusion à la cité fabuleuse de Pétra, dont les falaises finement sculptées faisaient résonner à ses oreilles le son des clochettes tintinnabulantes des caravanes de chameaux, mille ans avant la naissance de Marco Polo. Il s'arrêta de manger, une tranche de tomate en suspens dans les airs, et récita :

— « Qui croirait là ouvrage humain
dont des caprices changeants auraient guidé la main ?
Plutôt, par enchantement, du roc elle a jailli,
et, seule, se dresse muette et infinie. »

— Juste ciel ! s'exclama Mrs. Bridge. D'où tires-tu cela, si je puis me permettre de poser la question ?

— « Cherchez, en vain, ailleurs que sous le ciel d'Orient,
pareille merveille, cité vermeille et hors du temps. »

Je le tire de John William Burgon. À l'époque où j'étais encore écolier, cette petite poésie était fort célèbre. De fait, je crois même qu'elle avait valu à son auteur un prix quelconque d'une certaine importance. Nous étions tenus de l'apprendre par cœur. Ainsi donc, vous y êtes allé ? demanda-t-il à Hager. Il m'avait semblé comprendre que le site était pratiquement inaccessible.

— Je dois avouer que je ne vous suis plus du tout, dit Mrs. Bridge. De quoi parlez-vous donc ?

— Morgan ? Aimeriez-vous répondre ?

— Vous en savez probablement plus que moi sur ce sujet. Répondez donc vous-même, hésita Hager.

Mr. Bridge se mit à rire.

— Si vous y êtes allé, vous devriez faire autorité en la matière. Néanmoins, je pense pouvoir répondre à cette question. La mémorisation de ces quelques vers eut pour conséquence de me rendre Pétra assez fascinante. Le poème, bien entendu, est constitué d'un certain nombre de strophes et il fut un temps où j'étais capable de le réciter dans son entier. Je doute de pouvoir en faire de même aujourd'hui. Toujours est-il que, je le répète, je devins en conséquence passionné par la cité de Pétra et me rendis à la bibliothèque afin d'en savoir plus. Voyons voir ce dont je me souviens.

Il s'éclaircit la gorge.

— Pétra fut construite ou, devrais-je dire, sculptée dans la falaise par les Arabes nabatéens sur une période de quelque cinq siècles, à partir de trois cents ans avant Jésus-Christ. Elle est située à environ trois cent vingt kilomètres au nord de la mer Morte. Pendant plusieurs siècles ce fut une cité prospère et de grande renommée, jouissant d'un vaste commerce caravanier. Cependant, sa puissance déclina avec l'ascension de Palmyre. Les Nabatéens étaient de fins commerçants et des ingénieurs compétents : ils creusèrent des puits, construisirent des citernes, cultivant leur terre aride en terrasses afin que le désert environnant pût produire des céréales, des fruits et des légumes en quantité suffisante pour nourrir leur peuple. Leur royaume, si l'on peut l'appeler ainsi, s'étendit pendant un temps jusqu'à Damas. Je crois me souvenir que c'était un Nabatéen qui gouvernait la ville lorsque saint Paul fut converti sur le fameux chemin. Quoi qu'il en soit, Pétra fut annexée par les Romains qui en firent une de leurs provinces, elle fut ensuite conquise par les musulmans, puis, plus tard, par les croisés. Elle fut alors abandonnée et « disparut » de la mémoire du monde. Son existence même fut oubliée jusqu'à ce qu'un explorateur suisse ne la découvre au début du dix-neuvième siècle. Elle est à présent considérée comme une des expéditions touristiques les plus excitantes et les plus gratifiantes qui soient. La façade richement sculptée d'un bâtiment, que l'on dénomme « le trésor des pharaons », a la réputation d'offrir un spectacle inoubliable. Je crains que mes maigres connaissances relatives à Pétra ne s'arrêtent là. Morgan, je suis sûr que vous avez beaucoup de choses à nous raconter à son sujet. Nous serions très intéressés par votre témoignage. J'ai, pour tout vous dire, souvent rêvé de visiter Pétra.

Hager semblait mal à l'aise.

Mr. Bridge poursuivit :

— Selon l'encyclopédie, la roche y est stratifiée en une superbe profusion de couleurs, le fameux rose, ainsi que le pourpre, le violet, le safran et diverses autres teintes qui se mêlent au blanc et au noir. Dites-nous, est-ce aussi beau que l'encyclopédie voudrait nous le faire croire ?

Hager répondit que cela l'était et se gratta à nouveau le crâne.

— Ainsi donc, vous êtes allé à Pétra ! répéta Mr. Bridge, semblant avoir du mal à l'admettre. La cité vermeille et hors du temps, vous y êtes allé !

Dévisageant fixement Morgan Hager, il se demanda comment un garçon aussi niais et insignifiant était parvenu à accomplir ce que lui-même osait à peine imaginer.

111. *Bonne nuit ! Bonne nuit !*

En sortant du restaurant Henri's, Hager pointa du doigt un hôtel qui se trouvait un peu plus bas dans la rue et, avec une grimace comique, il leur dit qu'il s'agissait d'un lieu très célèbre. Mrs. Bridge s'empressa de demander pour quelle raison. Parce que, annonça-t-il avec un geste théâtral, c'était là qu'avait vécu Mlle Susy. Mrs. Bridge avoua n'en avoir jamais entendu parler. Hager sembla interloqué. Il lança un regard incertain vers Mr. Bridge, qui ne lui offrit en retour aucun réconfort, en fait il ne manifesta rien, il se tourna donc à nouveau vers Mrs. Bridge, ouvrit la bouche pour avancer une explication, puis, se ravisant, proposa d'aller se promener vers Saint-Germain pour boire un cognac. Mrs. Bridge, cependant, ne voulait rien entendre, pas tant qu'elle ne connaîtrait pas l'histoire de Mlle Susy. Hager ôta son béret, le retourna comme s'il s'attendait à trouver la réponse à l'intérieur, puis il le remit sur sa tête.

Mr. Bridge, qui l'examinait avec une curiosité non dissimulée, supposa qu'en se référant à l'hôtel et à la dame il avait voulu faire un peu d'humour. Il devait s'agir d'une célèbre prostituée qui menait son commerce dans cet endroit. Mais la plaisanterie tomba à plat, car ni l'un ni l'autre n'avaient saisi l'allusion. La tentative d'Hager l'avait mené dans une impasse.

— Un cognac, dit-il, me paraît une excellente idée, Morgan.

Mrs. Bridge soupçonnait qu'on lui cachait quelque chose. Elle répéta qu'elle ne bougerait pas d'un pouce tant qu'elle ne saurait pas tout au sujet de Mlle Susy.

— Elle avait un poney… lâcha Hager.

Il lança à Mr. Bridge un regard désemparé.

Mrs. Bridge, que cette dernière remarque acheva de dérouter, secoua la tête pour montrer qu'elle ne saisissait toujours pas. Hager tira sur sa barbe et implora le ciel des yeux.

— Allons boire ce cognac, répéta Mr. Bridge.

Mrs. Bridge frappa le sol du pied.

— Personne ne bougera d'ici. Je tiens absolument à connaître cette histoire. Pourquoi avait-elle un poney, Morgan ? Aimait-elle l'équitation ?

— Je ne sais pas, bredouilla Hager. Elle avait aussi un chien-loup. Écoutez… je dois vraiment partir. Je suis en retard. J'ai un rendez-vous. Bonne nuit. J'ai été ravi de vous rencontrer tous les deux. Bonne nuit.

Il reculait.

Mr. Bridge hocha la tête.

— Bonne nuit, Morgan.

Mrs. Bridge était totalement prise de court.

— Nous ne voudrions certainement pas vous retenir, Morgan, si vous êtes en retard. Mais…

Dans sa hâte de s'échapper, Morgan en titubait presque.

— Bonne nuit ! Bonne nuit ! s'écria-t-il.

— Bonne nuit, Morgan, répondit-elle en agitant la main. Nous avons passé une soirée vraiment charmante. Nous nous sommes beaucoup amusés.

Lorsqu'il tourna au coin de la rue, elle lui faisait encore signe de la main, à la fois déconcertée et blessée.

112. *J'ai faim*

Le lendemain, ils commencèrent la journée de bonne heure. Avant midi ils avaient déjà visité Montmartre et la basilique du Sacré-Cœur, ils avaient grimpé en haut de Notre-Dame et passé quelques minutes aux Invalides, penchés au-dessus de la crypte du tombeau de Napoléon. Ensuite, après une ascension au sommet de la tour Eiffel et un savoureux déjeuner de homard arrosé de vin blanc bien frappé, ils se dirigèrent vers le Louvre. Mrs. Bridge attendait cela depuis longtemps. Sur sa liste figuraient en priorité *La Joconde*, la *Vénus de Milo* et la *Victoire de Samothrace*. Ils localisèrent les deux premières sans trop de peine. Mais ensuite, après avoir erré quelque temps à la recherche de la victoire ailée, tout en inspectant vases, tapisseries, tableaux, momies et autres reliques, Mr. Bridge offrit de l'attendre à l'extérieur tandis qu'elle poursuivrait seule sa visite. Le Louvre renfermait une impressionnante et inestimable collection, mais ils avaient déjà passé près de trois heures dans la National Gallery de Londres, sans parler de quelque cinq ou six autres musées et galeries, et d'autres encore les attendaient à Florence et à Rome. Il ne fallait pas abuser des bonnes choses.

Il l'abandonna donc dans une des galeries, sous un gigantesque tableau représentant des gens à moitié nus luttant sur un radeau. À l'entrée, il récupéra son appareil photo qu'il avait laissé au vestiaire, sortit et alla s'asseoir sur un banc, à l'ombre d'un arbre. Il faisait très chaud. Il ôta sa veste de lin, la plia soigneusement et la posa sur ses genoux. Il observa les petits Français en blouse bleue qui jouaient au cerceau et au ballon, les vieilles femmes qui tricotaient et papotaient, et se sentit satisfait du déroulement de son voyage jusqu'à présent. Il récapitula ce qu'ils avaient fait, puis songea à ce qu'il leur restait à faire. La Côte d'Azur, l'Italie et la Suisse. Malheureusement, l'Allemagne et l'Espagne étaient exclues. Plus tard, peut-être, lorsque les enfants seraient plus grands et que ces pays seraient politiquement stabilisés, pourrait-on entreprendre une visite plus étendue. Il pensa aux enfants, aux excès éthyliques d'Harriet, à son cabinet. Il envisagea de télégraphier à Julia pour s'assurer que tout était en ordre. Mais elle avait un exemplaire de leur itinéraire, et elle n'était pas sotte. Elle l'appellerait si nécessaire. Il songea de nouveau à l'importance que revêtaient ces vacances aux yeux de sa femme. Lorsqu'ils avaient aperçu Notre-Dame pour la première fois, ils avaient tous deux partagé la même émotion. Cet instant, à lui seul, justifiait toutes les dépenses, les préparatifs et les désagréments du voyage. Il se dit qu'ils auraient dû voyager davantage. Cependant, il était encore temps. Au cours des années à venir, ils visiteraient d'autres pays. L'Orient, le Moyen-Orient. Lorsque ce serait moins difficile, ils trouveraient peut-être le moyen d'aller à Pétra.

Enfin, elle émergea du Louvre et il sut, sur-le-champ, qu'elle était comblée. Il lui demanda ce qu'elle avait à présent envie de faire, et elle proposa d'aller flâner vers Saint-Germain qu'ils n'avaient pas encore visité en raison de l'extraordinaire disparition de Morgan Hager. Il doutait que Saint-Germain eût grand-chose à leur montrer, mis à part d'autres artistes bohèmes, et ils en avaient vu suffisamment comme cela la nuit précédente. Toutefois, si tel était son désir, ils iraient à Saint-Germain.

Il héla un taxi. Ils traversèrent la Seine, sortirent de la voiture, se promenèrent, puis ils s'installèrent dans un café pour prendre un peu de repos et échanger leurs impressions.

Soudain, une petite fille âgée de neuf ou dix ans s'arrêta devant eux et tendit la main. Elle était vêtue de haillons et marchait pieds nus. Son visage était maculé de crasse. Elle avait pleuré. Elle se tint près de leur table, les yeux fixés sur Mr. Bridge, et murmura :

— *Monsieur, j'ai faim*[1].

Il mit une main dans sa poche pour lui donner une pièce. Puis, sans savoir pourquoi, il se ravisa et s'exclama sèchement :

— Va-t'en ! Va-t'en, petite ! Éloigne-toi de cette table.

La petite fille toussa. D'une voix faible et suppliante, elle répéta :

— *J'ai faim.*

Il lui fit signe de s'en aller.

— Pars ! pars ! *Allez-vous !* s'écria-t-il, l'effleurant de la main. Ce n'est pas la peine de rester là, car tu n'obtiendras pas un sou de moi. Pas le moindre centime. Tu m'entends ?

— *J'ai faim. S'il vous plaît, monsieur*, gémit-elle.

Elle se moucha du revers de la main. Elle toussa de nouveau. Ses yeux implorants ne le lâchaient pas.

— Walter ! Pour l'amour du ciel ! chuchota Mrs. Bridge.

— Ne t'en mêle pas, répondit-il.

Il agita un doigt sous le nez de l'enfant.

— *Allez-vous vite !* Sauve-toi, petite. Tu n'auras rien, ici. Va-t'en !

1. Les mots en italiques sont en français dans le texte.

— *J'ai faim*, murmura-t-elle encore.

Au cas où il ne comprendrait pas bien le français, elle pressa ses mains contre son ventre.

Furieux qu'elle tente ainsi de l'humilier, il se mit à gesticuler.

— Laisse-nous en paix ! cria-t-il en pointant le doigt entre ses deux yeux, ou je vais appeler la police. La police. *Comprenez-vous ?*

Elle faisait mine de ne pas saisir, mais il était persuadé du contraire. L'air profondément triste, elle s'éloigna.

— Oh, Walter ! fit Mrs. Bridge dans un souffle lorsque l'enfant fut partie. Je connais tes sentiments à l'égard de ceux qui mendient dans la rue, mais, juste ciel, il y a des exceptions ! Je me suis rarement sentie aussi gênée !

— Cette enfant voulait abuser du fait que nous sommes des touristes, répliqua-t-il, toujours en colère. Le garçon n'aurait jamais dû la laisser nous importuner. En outre, cette enfant ne demandait pas l'aumône, elle l'exigeait. Je ne supporte pas que l'on me force la main. Je consacre, tous les ans, une partie raisonnable de mes revenus à diverses œuvres charitables. Il m'arrive également de donner de l'argent à des mendiants. Toutefois, je refuse que l'on abuse de ma générosité. Je n'ai rien d'autre à ajouter. L'incident est clos.

Il sentait bien qu'il lui faisait honte, et c'était là une piètre façon de terminer l'après-midi, mais il ne voyait pas comment agir autrement.

Une demi-heure plus tard, ils quittèrent le café pour rentrer à l'hôtel. Ils attendirent à un coin de rue, tandis qu'il hélait les taxis, mais aucun ne voulait s'arrêter car c'était l'heure de pointe. Ils décidèrent d'avancer en direction des Champs-Élysées, espérant en trouver un en chemin. Tandis qu'en longeant le boulevard ils passaient devant une petite ruelle transversale, il lui saisit le bras et lui désigna quelque chose du doigt : la petite fille était assise sur le trottoir, les deux pieds dans le caniveau. Elle ne toussait ni ne pleurait plus ; elle comptait ses sous, empilant des pièces de monnaie en petites rangées ordonnées avec l'aisance désinvolte d'une professionnelle. C'était une simulatrice qui faisait sa proie des touristes, cela ne faisait aucun doute. Le butin qu'elle avait amassé devait s'élever à une dizaine de dollars.

— Je le savais ! fit-il remarquer à sa femme, tandis qu'ils poursuivaient leur chemin. Quelque chose me disait qu'il fallait se méfier de cette enfant. Je m'en suis douté dès les premiers instants.

113. *Le Moulin Rouge*

Il l'avait souvent avertie que, lorsqu'ils seraient à Paris, s'ils ne devaient voir qu'une chose, ce serait un spectacle de cancan. Il le lui disait toujours en riant tandis qu'elle, faisant mine d'être quelque peu scandalisée, commençait par protester pour ensuite déclarer que, puisqu'il était si déterminé à y aller, elle avait la ferme intention de l'y accompagner pour le chaperonner.

Ils se rendirent donc à Pigalle pour souper et assister à une revue. Plus tard, dans le taxi qui les ramenait à leur hôtel, il plaisanta au sujet des girls. Il annonça qu'il comptait envoyer une douzaine de roses à celle qui avait attiré son regard ; elle répliqua que, s'il osait faire une chose pareille, il n'avait pas fini d'en entendre parler.

Mais une fois dans la chambre, après qu'elle se fut endormie, il resta éveillé, l'air sombre. Il se souvint de la manière dont elles avaient dansé sur une jambe, au rythme de la musique d'Offenbach, ainsi que de leur façon d'agiter leurs jupons. Le cabaret était rempli de touristes et l'érotisme du spectacle était factice ; le moindre détail était étudié pour faire son effet, comme les jarretières noires étirées sur leurs jeunes cuisses dodues. Pourtant, il avait été ébahi. Il avait vu tout ce qu'il avait pensé voir et, par conséquent, il n'y avait là rien d'excitant. Cela tenait davantage d'une confirmation. Mais il ne s'était pas préparé à entendre les cris lascifs des girls qui s'époumonaient en brandissant leurs jupes comme si elles avaient les tripes en feu. Encore et encore il entendait les hurlements obscènes qui déchiraient le silence musqué de la nuit parisienne.

Il tourna la tête sur l'oreiller pour regarder sa femme. Elle gisait dans un profond sommeil éreinté. Il pensa à son étreinte affectueuse qui était invariablement la même, et il sentit une rancœur monter en lui, car quelque chose qui appartenait de plein droit à tout homme lui avait été refusé.

114. *Les sabots de Millet*

Parmi les lieux célèbres des environs de Paris qu'elle tenait particulièrement à visiter figuraient le bois de Boulogne, la cathédrale de Chartres, le château de Louis XIV à Versailles et la forêt de Fontainebleau où avaient travaillé les fameux artistes de l'école de Barbizon. Aussi réserva-t-il une limousine et un chauffeur.

Elle fut enchantée. Elle préféra apparemment Versailles et Chartres car elle évoqua longtemps les jardins et les tapisseries du château ainsi que les riches vitraux de la vieille cathédrale. Lui, en revanche, ne pouvait oublier la cabane rudimentaire où Millet avait vécu. Il ne parvenait pas à comprendre comment un homme pouvait supporter de vivre dans une telle misère lorsqu'il pouvait l'éviter, et, en l'occurrence, c'était le cas : il avait choisi de vivre dans ces conditions afin de consacrer tout son temps à la peinture.

Cette pensée continua de le poursuivre, et plus il méditait sur le manque de dignité qu'il y avait à vivre dans une telle masure, plus il était agacé et consterné, de sorte qu'un après-midi, alors qu'ils se promenaient sur les Champs-Élysées, il observa soudain :

— Ce n'est pas que je pense que tout le monde doive vivre à Versailles ou un endroit du même genre. Loin de là. Mais je ne comprends pas comment un homme comme Millet pouvait être indifférent au confort élémentaire. Enfin, quoi ! Il n'y avait même pas de toilettes dans cet endroit, pas plus que le chauffage, il n'y avait rien. Que cet homme aimât peindre, soit, mais si personne ne voulait acheter ses toiles, pourquoi ne cherchait-il pas un travail comme tout le monde ? Il aurait parfaitement pu travailler à son art pendant les week-ends. Si j'avais été à sa place, je sais très bien comment je me serais arrangé.

115. *Cannes*

Ils quittèrent Paris sous la pluie. Elle tombait dru, par un temps chaud et sans vent, et dura presque toute la journée, les privant partiellement du spectacle de la campagne française. Toutefois, lorsqu'ils atteignirent Lyon, le soleil les y attendait. Ils passèrent la nuit là et le lendemain matin rejoignirent Avignon, où ils visitèrent le pont, puis, après quelques heures à Marseille, ils prirent le train pour Cannes. Ils arrivèrent très tard, dînèrent, puis se couchèrent aussitôt. Mrs. Bridge s'endormit sur-le-champ, mais, pour la seconde fois en trois nuits, lui ne tenait pas en place et était incapable de fermer l'œil.

Une ou deux heures passèrent. Il ne pouvait pas rester allongé dans son lit plus longtemps. Il se leva et marcha vers la fenêtre d'où il contempla la Méditerranée et les gens qui flânaient sur la promenade ou musardaient dans les cafés. Parmi eux il y avait des touristes, libres de gérer leur temps à leur guise. Mais il y avait également beaucoup de Français, beaucoup de gens qui devaient se lever de bonne heure le lendemain matin pour aller travailler ; pourtant, ils se divertissaient comme si rien d'autre n'avait d'importance. Il était confondu. Il avait assisté au même phénomène à Paris et, dans une moindre mesure, à Londres. Manifestement ces gens parvenaient à conserver un emploi et à diriger un certain nombre d'affaires tout en s'arrêtant trois heures le midi pour déjeuner et en batifolant pendant la moitié de la nuit. Aux États-Unis, de telles mœurs seraient inconcevables.

Il décida de sortir. Il jeta un regard à sa femme. Elle semblait parfaitement paisible, et il y avait peu de risques pour qu'elle soit dérangée et se réveille sans le trouver près d'elle. Il s'habilla, emprunta l'ascenseur pour descendre dans le hall, sortit de l'hôtel et traversa le boulevard afin de rejoindre la promenade. Les branchages bruissaient sous l'effet d'une chaude brise marine et le globe blanc de la lune semblait suspendu au-dessus du port, telle une lanterne japonaise. L'indolence des gens autour de lui était troublante. Il marcha jusqu'au bord de l'eau, puis, croisant les bras, il tenta de comprendre pourquoi il se sentait si agité ces derniers temps.

Soudain, il aperçut dans l'ombre une femme assise sur un banc qui l'observait. Elle se leva, s'approcha de lui et lui parla en français. Il ne comprenait pas très bien ce qu'elle disait, il semblait qu'elle l'invitait à venir prendre un chocolat chaud sur une terrasse. Il ne répondit pas. Elle parla à nouveau, mais cette fois, comprenant encore moins, il fixa la mer au-dessus de sa tête comme si elle n'existait pas. Avec un léger haussement d'épaules et ce faible soupir avalé comme seuls les Européens savent le faire, elle s'éloigna.

Lorsqu'il revint à l'hôtel, il trouva Mrs. Bridge endormie dans la même position. Il se déshabilla et, pour la seconde fois, enfila son pyjama. Il s'assit sur le bord du lit, le menton posé sur les poings, et il pensa à cette femme dont les yeux lui évoquaient des cerises noires. Bien qu'il n'eût pas bien saisi ce qu'elle lui avait dit, sa voix était celle d'une femme sensible et cultivée. Il en conclut qu'il avait eu tort de présumer qu'elle était une putain. Peut-être avait-elle abandonné un mari endormi et était-elle sortie prendre l'air, tout comme lui. Elle avait dû le reconnaître pour ce qu'il était, et par conséquent son invitation n'avait rien d'inconvenant. Il envisagea de se rhabiller et de partir à sa recherche, mais, à présent, il était trop tard. Il se dit qu'il y avait bien des choses qu'il s'était retenu de faire parce que, pour une raison ou pour une autre, elles avaient paru hasardeuses ; beaucoup trop de choses, peut-être.

116. *Midi dans les ténèbres*

Après Cannes ils poursuivirent leur route jusqu'à Monte-Carlo, et tous deux s'accordèrent à reconnaître que c'était là l'endroit le plus pittoresque et le plus charmant qu'ils aient vu jusqu'alors. Mrs. Bridge envoya de nombreuses cartes postales à leurs amis de Kansas City et ils allèrent au casino où Mr. Bridge joua à la roulette jusqu'à ce qu'il ait perdu les dix dollars qu'il avait mis de côté à cette intention. Ils louèrent une voiture avec chauffeur qui les emmena faire le tour de quelques villages des environs et ils furent tout à fait satisfaits.

Ils déjeunèrent à la terrasse d'un café. Tout en mangeant, ils avisèrent des gens qui mettaient leur main en visière et regardaient vers le ciel en grimaçant. La lumière était en train de changer. La terre s'obscurcissait. Un disque noir se déplaçait devant le soleil. Le temps de finir leur repas, le plateau de marbre qui recouvrait leur table était frais comme si les nuages avaient envahi le ciel, et les étoiles commençaient à apparaître. À l'ouest, une planète rougeoyait. La mer était sombre et sinistre, et le soleil se muait en une couronne de flammes rouges se consumant avec une férocité qui dépassait l'imagination. Elle proposa qu'ils rentrent à leur hôtel et il acquiesça. Là, ils se détendirent en attendant que le cercle lumineux du soleil réapparaisse et que le paysage méditerranéen retrouve un aspect familier.

Il ne pouvait oublier cet incident. La dernière fois qu'il s'était trouvé en plein air au cours d'une éclipse solaire, il avait douze ou treize ans, et il était surpris de constater à quel point il en était toujours autant affecté. Il avait immédiatement reconnu cette sensation, cette impression d'être en présence de quelque chose de monstrueux. Il n'aimait pas cela, et il était stupéfait qu'un homme tel que lui pût se sentir mal à l'aise devant un phénomène aussi facilement explicable.

117. *Encore*

De Monte-Carlo ils allèrent à Gênes, où ils passèrent la nuit, puis à Pise, pour la tour. De là ils se rendirent directement à Florence : ils tombèrent aussitôt sous le charme. Le temps était chaud et orageux, mais il y avait tant à voir. L'église de Santa Croce, le Ponte Vecchio, la chapelle des Médicis, les portes de Ghiberti, la Piazza Michelangelo, et bien d'autres choses encore.

Le second après-midi, épuisés par la dimension du palais des Offices et l'humidité ambiante, ils décidèrent de rentrer faire une sieste à l'hôtel. Au moment où ils descendaient du taxi qui les déposait Piazza della Repubblica, une vieille femme édentée s'approcha d'eux en boitillant et en murmurant quelque chose, la main tendue. Mr. Bridge la chassa d'un geste sec.

Dans la chambre, il tira les stores et commença à se déshabiller. L'air était étouffant et, à force d'arpenter les couloirs du musée, il avait les pieds meurtris. Les Offices avaient plu à sa femme, il en était sûr, donc ils n'avaient pas perdu leur après-midi. Et même s'ils ne lui avaient pas plu, du moins y étaient-ils allés. Demain, ils seraient prêts à affronter la maison de Michel-Ange et le Campanile, elle avait des courses à faire et il leur fallait trouver des pellicules pour l'appareil photo. Pour le dîner, on leur avait conseillé le Buca San Giovanni. Dans la matinée du jour suivant, ils seraient en route pour Rome.

Mrs. Bridge, étendue immobile sur le lit, un gant de toilette humide sur le visage, lui dit :

— Quand même, Walter, tu n'aurais pas pu lui donner un tout petit quelque chose ?

Il demeura interdit quelques secondes, jusqu'à ce qu'il comprenne qu'elle parlait de la mendiante.

— Ces gens sont tous les mêmes, répondit-il. Te souviens-tu de cette enfant à Paris ? Ils essaient sans cesse de nous avoir, dès qu'ils en ont l'occasion, tout simplement parce que nous sommes des touristes américains. Cela ne rate jamais. Ils partent du principe que nous sommes tous des millionnaires, et j'en ai par-dessus la tête. Ces gens flairent un dollar à des kilomètres. Certes, je ne veux pas dire par là que cette vieille femme roulait sur l'or, elle n'a probablement pas grand-chose. Mais nous sommes censés être en vacances et je n'ai aucune intention de laisser quiconque nous les gâcher. Depuis que nous sommes partis, on m'a demandé suffisamment d'argent. Il suffit que je me retourne pour tomber sur une main tendue. Si tu penses que je suis pingre, soit. Je plaide coupable. Mais j'entends profiter de mes vacances et je ne laisserai personne me harceler de cette façon.

Elle souleva le gant de toilette qui lui couvrait les yeux.

— Tu as sans doute raison. Mais je ne peux m'empêcher d'avoir de la peine pour elle. Pauvre vieille !

— J'ai autant de peine que toi, affirma-t-il.

Il s'interrompit pour boire une gorgée d'eau. Puis il poursuivit :

— Mais autant remplir un tonneau percé. Seigneur ! Je ne peux quand même pas nourrir la terre entière !

118. *Les Étrusques*

Sitôt qu'ils émergeaient d'un salon d'exposition ou d'un musée, elle parlait d'en visiter un autre. Il dissimulait son ennui du mieux qu'il pouvait. Il lui arrivait de temps à autre de se trouver face à une statue ou un tableau qui lui plaisait, mais la plupart du temps il la suivait, résigné et silencieux, tout en réfléchissant à ce qu'il devrait faire dès son retour à Kansas City. Ils auraient pu se contenter des œuvres exposées à Londres, ou bien au Louvre. Mais même à Florence, elle ne s'était pas lassée des collections d'art. Il ne pouvait plus dénombrer les musées et les galeries qu'ils avaient déjà visités, les anciens comme les modernes, les vastes comme les petits. Maintenant qu'ils étaient à Rome, il n'était pas au bout de ses peines. Certes, il tenait à voir les trésors du Vatican et on ne pouvait pas manquer la chapelle Sixtine, ni le célèbre *Laocoon*. Mais des centaines de chefs-d'œuvre qu'ils avaient contemplés, il n'en avait retenu que quelques-uns. Mis à part *La Joconde* et la *Vénus de Milo*, celui dont il gardait le souvenir le plus vif était une statue étrusque représentant un homme et une femme étendus côte à côte sur une couche. Ils souriaient, non pas l'un à l'autre, mais au loin, comme s'ils recevaient des invités chez eux. Le mari avait une main posée affectueusement sur l'épaule de son épouse et, d'une certaine manière, ce simple geste informel suffisait à prouver qu'ils étaient mariés. Que l'artiste ait su personnifier l'hyménée d'une façon aussi convaincante l'avait impressionné et il s'était attardé à examiner la sculpture tandis qu'elle poursuivait sa route vers d'autres chefs-d'œuvre. Les deux personnages étaient naturels, presque banals, et pourtant ils étaient empreints d'une grande distinction. Ils détenaient une certitude qu'il pouvait comprendre et dont il n'avait lui-même fait l'expérience qu'avec le mariage. L'assurance de l'homme allongé le confortait, car il connaissait cette étrange et douce puissance qui atteignait son comble lorsque Mrs. Bridge était à ses côtés. Mais il était encore plus captivé par l'image de la femme en raison de cet abandon et de cette confiance qu'elle exprimait. Elle ne doutait pas d'être aimée, ni que tout ce qu'elle faisait en la présence de son époux était comme il se devait d'être. Il se dit qu'il n'avait jamais vu, parmi les hommes et les femmes de son entourage, pareille noblesse.

119. *Mi piace la banana*

Elle aimait beaucoup les cafés situés le long de la Via Veneto. Elle était heureuse de s'y asseoir pendant une heure ou deux et de siroter de la limonade ou du thé glacé tout en bavardant avec des touristes anglophones. Lui, en revanche, ne pouvait rester inactif aussi longtemps, et comme dans un café respectable elle était en sécurité, ils convinrent que, chaque fois qu'il ne tiendrait plus en place, il irait faire un tour et reviendrait la prendre lorsqu'il serait l'heure de rentrer à l'hôtel. Leur programme se déroula fort bien. Ils disposaient de cinq jours à Rome et, chaque après-midi, après leur circuit touristique de la journée, ils se prélassaient un temps dans l'un des cafés, puis il se levait et disparaissait dans une des rues transversales. Il marchait d'un bon pas, regardant droit devant lui, car en ayant l'air d'être pressé d'arriver quelque part il était moins enclin à être accosté, et il n'aimait pas ces trop fréquentes rencontres. Ainsi passait-il à grandes enjambées devant monuments, fontaines, boutiques d'antiquités, galeries et autres objets de curiosité comme s'ils n'existaient pas, bien qu'il fût conscient de leur présence, les reconnaissant parfois pour les avoir déjà vus au cours d'une de leurs visites. La marche lui donnait des forces et l'aidait à réfléchir, et il y avait matière à réflexion.

Au cours de l'une de ces excursions, tandis qu'il revenait vers la Via Veneto, il fut interpellé par un petit garçon aux cheveux frisés et au regard insolent portant une boîte de cireur de chaussures. C'était le portier de son hôtel qui se chargeait des siennes, mais l'enfant avait un visage si engageant qu'il s'arrêta. L'enfant s'accroupit prestement à ses pieds et se mit au travail. Sa gaieté amusait Mr. Bridge. Il ne semblait pas gêné par sa modeste condition ; manifestement, cirer des chaussures ne le dérangeait pas le moins du monde.

— Giovanni, dit-il en se frappant la poitrine.

— Tu t'appelles Giovanni ?

Il acquiesça vigoureusement et Mr. Bridge se mit à rire.

— Toi marié ?

— Oui, et comment ! Je suis marié depuis de nombreuses années.

— Toi content ?

— Si je suis content d'être marié ? demanda Mr. Bridge avec un sourire. Mais oui, bien sûr. Et quand tu seras grand, Giovanni, toi aussi tu te marieras.

Giovanni éclata de rire.

— Toi aimer la banane ?

— Les bananes ? Mais… oui, j'aime bien les bananes. En fait, j'adore les bananes.

Giovanni bondit sur ses pieds, lui fit un petit signe et, soudain, le sens de sa question devint limpide. Mr. Bridge repartit vers la Via Veneto d'un pas furieux, une seule chaussure cirée.

120. *Nouvelles de Rome*

Chers Carolyn et Douglas,

Votre mère souffrant de l'une de ses migraines, c'est moi qui prends sa place cet après-midi pour vous écrire. J'espère que vous ne verrez aucun inconvénient à cette substitution, le style épistolaire n'étant pas mon fort. Toutefois, je ferai de mon mieux. Comme vous l'aurez probablement remarqué en lisant le timbre sur l'enveloppe, nous sommes à présent à Rome. Je présume que maman vous a tenus informés de la poursuite de notre voyage jusqu'aujourd'hui, donc je ne vous le résumerai pas.

Le temps est lourd et nuageux. Notre itinéraire nous commande de partir pour Naples et Sorrente après-demain, et nous espérons y trouver quelques bouffées d'air frais. Le moindre courant d'air serait le bienvenu. Autrement, notre séjour ici s'est passé agréablement. Nous avons parcouru les ruines du

Colisée, nous nous sommes promenés dans la Villa Borghese et avons visité le petit musée qui s'y trouve, nous avons également vu les thermes de Dioclétien et de Caracalla, ainsi que de nombreux autres monuments. Par certains aspects, Rome est comparable à Paris et à Londres. La Via Veneto en est un des axes principaux et l'un des endroits favoris de votre mère. Récemment, nous étions assis dans un café, par hasard, lorsque des Américains nous ont demandé s'ils pouvaient partager notre table, toutes les autres étant occupées. Naturellement nous avons accepté et grand bien nous en prit, puisqu'il s'agissait de Mr. et Mrs. Marvin Dunn de Kansas City ! Comme le dit l'adage, le monde est bien petit ! Les Dunn comptent parmi leurs relations les Montgomery et les Koeppel, ainsi qu'un certain nombre d'autres couples que nous connaissons également. Ils reviennent d'un séjour en Terre sainte et avaient beaucoup de choses à nous raconter (ils ont visité le mont des Oliviers, Bethléem, Nazareth, le lac de Tibériade, etc.). Ils racontent que le Jourdain a, à peu de chose près, la taille de notre Blue River. J'avais, pour ma part, toujours pensé qu'il était nettement plus grand. Votre mère et moi-même avons discuté de l'éventualité de modifier notre itinéraire afin de pouvoir nous rendre en Terre sainte, mais nous avons conclu que nous manquerions de temps et je dois être à mon cabinet le 16.

Malheureusement, partout où nous allons, nous ressentons l'approche de la guerre. J'ai le regret de vous en informer. Il est évident que les gens « ne tireront jamais de leçon du passé ». Nous étions nombreux à penser que la guerre mondiale mettrait un terme définitif à toutes velléités de conflit armé. Finalement, il semblerait qu'il en soit autrement (nous avions tort). C'est décourageant. Aujourd'hui, on ne peut plus feindre d'ignorer l'imminence d'un conflit. Personne ne sait où et quand il sera déclenché, mais il aura lieu. D'après Mr. Dunn, il n'y a qu'en Terre sainte que la menace d'une nouvelle guerre d'ampleur mondiale semble lointaine. Il prétend que certaines tribus nomades qui élèvent des moutons ignorent tout de l'existence de l'organisation nazie d'Adolf Hitler. C'est extrêmement difficile à admettre, mais Mr. Dunn le soutient. Quoi qu'il en soit, je suis très satisfait que nous ayons entrepris ce voyage en Europe cette année et non pas repoussé à l'an prochain comme je l'avais envisagé. Je ne sais pas à quoi ressemblera cette partie du monde dans un an. Benito Mussolini est un homme inquiétant. Espérons que l'Amérique n'y sera pas mêlée.

Si je ne m'abuse, votre mère vous a régulièrement donné de nos nouvelles et elle vous écrira dès qu'elle se sentira mieux. Le réceptionniste de l'hôtel où nous sommes en ce moment a un cousin vivant à Manhattan (un cas assez répandu).

Je n'ai plus grand-chose d'autre à vous dire. Avons visité beaucoup de musées, fontaines et divers autres hauts lieux touristiques. Nous sommes, par conséquent, un peu sur les rotules et serons heureux de rentrer à la maison. Notre programme prévoit l'embarquement à Gênes pour le 5. Nous envisageons tous deux la croisière du retour avec soulagement car nous espérons ainsi nous reposer et récupérer nos forces, bien que votre mère apprécierait une traversée moins agitée qu'à l'aller. L'océan était singulièrement déchaîné. Beaucoup de passagers souffraient du mal de mer.

En bref, nous avons réalisé un rêve qui nous tenait à cœur depuis longtemps et escomptons arriver à New York dans deux semaines environ. Là, nous verrons Ruth avant d'attraper le train pour Chicago par où nous sommes obligés de transiter pour arriver à Kansas City. Je n'ai jamais compris la nécessité de cette correspondance à Chicago. C'est un grand désagrément pour les voyageurs. J'aimerais bien savoir pourquoi les responsables des chemins de fer tiennent tant à agacer leurs clients.

Vous trouverez ci-joint un petit chèque pour chacun d'entre vous à dépenser à votre guise.

Je vous souhaite beaucoup de bonnes choses à tous les deux. J'espère que tout va bien à la maison.

Affectueusement,

Papa.

P.-S. : J'espère que vous n'avez pas négligé la pelouse qui requiert un arrosage plus fréquent pendant les mois d'été. En outre, comme vous le savez, le réfrigérateur est en panne. Le réparateur s'en est-il occupé ? S'il ne s'est pas encore manifesté, vous devriez en informer Julia. Elle a son numéro et saura régler la situation.

121. *Le présage*

Le lendemain du jour où Mr. Bridge écrivit cette lettre, les nazis envahirent la Pologne. Deux jours plus tard, Mrs. Bridge et lui-même étaient à bord d'un navire français qui faisait route vers les États-Unis.

Une nuit, ils étaient assis sur le pont, dans leur transat, attendant le lever de la lune quelque part au milieu de l'océan Atlantique. Il faisait si sombre qu'ils se distinguaient à peine l'un l'autre, quoique tout proches. Ils étaient silencieux depuis un long moment et Mr. Bridge méditait sur la guerre quand, soudain, il fut pénétré par une idée saisissante : l'Atlantique n'était pas tel qu'il l'avait toujours imaginé, ce n'était pas cette infinie étendue d'eau morte servant de gîte à des milliards de poissons, d'algues et d'organismes protozoaires. Il lui apparut, tout au contraire, que l'océan était animé d'une vie propre et que, de plus, il était conscient de sa présence à lui, Walter G. Bridge, ainsi que de celle de sa femme, voyageant à sa surface. Cette conviction était tellement extraordinaire qu'il se redressa pour regarder par-dessus le garde-corps. Des vagues aux crêtes phosphorescentes filaient le long du navire dans un bruissement stridulent et funeste. D'horribles formes noirâtres jaillissaient de l'obscurité en ébullition et assombrissaient les étoiles. Troublé, il s'enfonça dans son transat et chercha à tâtons la main de sa femme. À peine l'eut-il trouvée que les doigts de celle-ci s'enroulèrent convulsivement autour des siens. Il s'aperçut alors qu'elle pleurait. Profondément surpris, il se pencha vers elle et se demanda s'il devait la questionner sur ce qui n'allait pas, mais il décida d'attendre ; peut-être pleurait-elle sans raison particulière, comme le font les femmes. Puis elle retira sa main. Il entendit claquer le fermoir de son sac à main et devina qu'elle cherchait un mouchoir. Elle se moucha. Il l'entendit pousser un profond soupir. Puis elle lui tapota le bras.

— Tout s'est passé d'une façon si charmante, dit-elle.

Elle avait pleuré de bonheur, chose que, de sa vie, il n'avait jamais fait et qui dépassait son entendement. Songeur, il contempla les effrayantes ténèbres qui les cernaient, car, au-delà du garde-corps, il n'y avait pas la moindre lueur, et il se demanda si les choses se devaient d'être ainsi. Était-ce ainsi qu'ils finiraient tous deux leur vie ? Si proches l'un de l'autre, partageant amour, tendresse et compassion tout en étant chacun si seul.

122. *Cadeau de mariage*

Il remarqua qu'elle pleurait plus souvent, et rarement pour une raison précise. Il réprouvait ce genre de comportement. C'était embarrassant et cela lui donnait un sentiment d'impuissance. Il ne savait comment réagir devant ces accès d'émotivité, et faisait mine de ne pas s'en apercevoir en espérant que cela lui passerait. Fort heureusement, elle gardait ses épanchements pour la maison et ne s'effondrait jamais en public.

Un soir, pendant le dîner, peu après leur retour d'Europe, la saucière se renversa à nouveau pour la énième fois. Cette saucière, un cadeau de mariage, était un curieux objet en argent massif dont la forme rappelait une barque, accompagné d'une petite louche au galbe gracieux et d'un plateau sur lequel était ciselé un motif floral. Elle l'adorait. On s'en servait presque tous les soirs. Elle déplaisait à Mr. Bridge car elle n'était pas fonctionnelle et, chaque fois qu'un incident se produisait, il se retenait de lui demander de la mettre au grenier et d'en acheter une autre plus stable. Cette saucière était plus encombrante que pratique, Mrs. Bridge elle-même en convenait, donc, s'il lui suggérait de la mettre au rancart, elle accepterait. Elle accepterait, certes, mais elle serait contrariée. Ainsi, année après année, tandis qu'il se servait de sauce, il concentrait toute son attention sur cet étrange esquif d'argent et ne parvenait à se détendre qu'une fois qu'on le lui avait ôté des mains. Tous les membres de la famille, à l'exception de Douglas, l'avaient un jour ou l'autre renversé et, chaque fois, Douglas secouait lentement la tête avec un étonnement las. Mr. Bridge ne pouvait comprendre comment son fils qui se cognait fréquemment contre des portes fermées, se prenait les pieds dans les fils électriques, se coupait et laissait échapper tout ce qu'il avait dans les mains ne renversait jamais la sauce, mais c'était pourtant le cas.

Ce soir-là, c'était le tour de Carolyn. Elle la rattrapa avant qu'elle ne se renverse complètement, mais la nappe était tachée et on fit venir Harriet de sa cuisine pour qu'elle vienne éponger les dégâts. Puis Douglas observa, comme s'il s'agissait d'un conseil qu'il avait déjà prodigué maintes fois, qu'il ne voyait pas pourquoi ils n'avaient pas encore fait souder la saucière au plateau.

Tous les regards se tournèrent vers lui.

Il s'arrêta, une fourchette pleine de haricots à quelques centimètres de la bouche, et il jeta un coup d'œil incertain autour de la table, surpris par l'effet qu'avait produit sa suggestion.

— Tu sais, maman, dit Carolyn, il n'a pas tort.

Sentant que, dans un moment pareil, personne ne corrigerait sa façon de se tenir à table, Douglas tendit promptement le bras et s'empara d'une poignée de petits-fours salés.

Mrs. Bridge examinait la saucière et elle semblait avoir vieilli de dix ans.

— Je suggère que nous la laissions telle quelle, dit Mr. Bridge. Cette chose n'a pas été conçue pour être soudée. Chacun de nous n'aura qu'à faire un peu plus attention.

— Pfft ! C'est du gâteau. Ça prendrait cinq minutes. Je pourrais vous le faire à l'école.

— Vraiment ? demanda Mrs. Bridge.

— Bien sûr. À l'atelier de métallurgie, on fait de la soudure.

— S'il faut que ce soit fait, cela sera d'une manière professionnelle, intervint Mr. Bridge. Je ne doute pas que tu puisses t'en occuper, Douglas, mais c'est un cadeau de mariage auquel ta mère attache une grande valeur.

— Comme tu veux.

Douglas haussa les épaules avant d'ajouter :

— Si maman le souhaite, je lui ferai. Sinon, O.K. ! Ça mange pas de pain.

— On devrait l'envoyer chez Sharpe, ils font du bon travail, proposa Carolyn.

D'une voix étouffée, Mrs. Bridge déclara :

— Je veux que ce soit Douglas qui le fasse. S'il pense pouvoir faire le nécessaire, je tiens à ce que ce soit lui qui s'en charge. Personne d'autre n'y touchera !

Elle se mit à pleurer.

— Mais enfin ! Que se passe-t-il dans cette maison ? marmonna Mr. Bridge en jetant sa serviette comme un gant sur la table.

123. *Football américain*

La constitution de l'équipe de l'école eut lieu en septembre, peu après la rentrée des classes. Douglas aborda son père pour obtenir sa permission et lui tendit avec assurance une feuille de papier polycopiée.

— Ils distribuent pas de tenue aux gars qui n'ont pas fait signer ce papier à la maison.

Mr. Bridge prit la feuille, la parcourut brièvement et la lui rendit. Douglas leva des yeux hébétés vers lui, le visage décomposé par la stupeur.

— Tu ne joueras pas au football.

— Comment ça ? Comment ça, je jouerai pas au football ?

— Tu as bien entendu. Je ne te laisserai pas aller te casser une jambe ou un bras.

— Tu rigoles !

— Le football est un sport dangereux. J'ai entendu trop d'histoires d'enfants qui ont été blessés.

— Non mais c'est pas vrai, dis-moi que tu rigoles !

— Je suis tout à fait sérieux.

— Mais tout le monde, sur la terre entière, joue au foot !

— Tout le monde, sauf toi.

— Qui c'est qui a été blessé ? Nommes-en un. Vraiment blessé. Nommes-en un seul.

— Il y a eu plusieurs cas. Et pratiquement chaque année un enfant est tué en jouant au football. Alors tu peux te faire une raison. Je ne te laisserai pas courir le risque d'un accident grave, ou pire encore, pour une chose aussi insignifiante que le football.

— Le père de Vandermeer a bien signé, lui.

— Quel rapport cela a-t-il avec toi ?

— Ça m'a l'air évident. Je veux dire, qu'est-ce que je vais raconter à l'entraîneur, moi, quand il va me demander mon autorisation ?

— Tu diras à ton entraîneur que ton père n'a pas voulu te la donner.

Douglas se prit la tête dans les mains.

— Ah ! ah ! d'accord, je vois ça d'ici, j'imagine le tableau. Ça fera pas un pli. Devant tous les gars.

— Mais pas du tout. Tu ne seras pas le seul dans ton cas.

— Si Rodney Vandermeer peut jouer, pourquoi, moi, je pourrais pas ? Il fait que sept kilos de plus que moi. Et puis, David Griffith, lui aussi, il a son autorisation. Et tous les types qui étaient dans l'équipe l'année dernière.

— Nous n'allons pas nous lancer dans une discussion à ce sujet.

— Je veux juste essayer d'avoir une place dans les arrières. Je veux même pas être attaquant ou gardien. De toute manière, ils me laisseront sûrement pas entrer dans l'équipe parce qu'ils ont déjà Nichols et Kurtz, et puis il y a tous ces types qui sont encore là parce qu'ils ont pas eu leur diplôme de fin d'études, alors je risque pas d'être pris. Mais je vois pas pourquoi j'aurais pas le droit de passer les tests.

— Eh bien, tu ne les passeras pas, un point c'est tout.

— Mais pourquoi ? Pourquoi pas ? Je vais pas me blesser. Je me suis jamais cassé une jambe, pas vrai ?

— Tu n'as qu'à jouer au basket-ball ou au tennis. Pourquoi n'essaies-tu pas d'entrer dans l'équipe de natation ? Voilà des sports sains ! Il doit bien y avoir des équipes d'athlétisme dans lesquelles on pourrait t'accepter. La natation est un excellent sport.

— C'est du foot que je veux faire.

— Tu en fais un peu après les cours, il me semble.

— Ouais, mais c'est pas du vrai. On peut pas vraiment plaquer un type si on a pas l'équipement qu'il faut. Il faut des casques, du rembourrage pour les épaules et tout ça… Sinon ça compte pour du beurre.

— Je crains que tu doives t'en contenter. Je ne tiens pas à ce que tu sois plaqué par un garçon qui fait deux fois ta taille.

— On croirait que je suis fait en porcelaine ou quelque chose comme ça.

— Tu es constitué de chair et de sang. Il serait peut-être temps que tu l'admettes. Lorsque tu seras plus grand, tu comprendras que ton corps a certaines limites.

— Beurk.

— Je me doute que tu n'es pas venu ici pour recevoir un sermon, mais le fait est qu'ayant vécu bien plus longtemps que toi j'ai appris quelques petites choses que tu ignores encore.

— Dis-moi, tu me laisserais jouer si je pesais plus de cent kilos ?

— Nous en reparlerons lorsque ce sera le cas. En attendant, y a-t-il autre chose dont tu voudrais me parler ? Si oui, je me ferais un plaisir de m'entretenir avec toi, mais je n'ai pas de temps à perdre avec des histoires de football.

Douglas s'éventa avec la feuille de papier. En y mettant le plus de sarcasme possible, il ajouta :

— J'ai plus qu'à jeter ça dans la corbeille.

— Fais-en ce que tu voudras.

Pendant près d'un mois il ne fut plus question de football à la maison. Puis un jour il aperçut, à la page sportive du *Star*, un article à propos d'un garçon dans l'Ohio qui s'était brisé le cou au cours d'un match de football. Il désigna l'article du doigt.

— As-tu lu ceci ?

— Pfft ! dit Douglas d'un ton las. T'as vraiment besoin de toujours prouver que t'as raison ?

124. *Chacun son truc*

Peu après être entrées dans le deuxième cycle du secondaire, ses deux sœurs avaient prononcé leurs vœux de fidélité dans une confrérie de lycéennes, pourtant Douglas, pour des raisons qui échappaient à ses parents, refusait d'en rejoindre une lui aussi. On savait, à la maison, qu'au moins trois confréries lui avaient déjà fait des avances, mais les semaines passaient et il considérait manifestement que tout cela ne le concernait en rien. Un jour, il déclara qu'un groupe de garçons de Sigma Delta l'avaient accosté tandis qu'il se dirigeait vers la classe d'instruction civique et l'avaient invité à un entretien avec le chapitre. Mais il n'en dit pas plus. Ses parents décidèrent de ne pas forcer les choses et attendirent. Il n'y prêtait guère attention et le fait que ses deux meilleurs amis Tipton et Vandermeer aient rejoint une confrérie ne semblait pas l'intéresser outre mesure.

Vers la fin du mois de novembre, il sembla opportun de pousser l'enquête un peu plus loin. Un soir qu'ils étaient tous les trois au salon, sa mère s'enquit le plus naturellement du monde s'il avait arrêté son choix. Sans lever le nez de son livre, il répondit qu'il n'y avait pas réfléchi. Après une pause de convenance, elle lui fit remarquer qu'apparemment, tous ses amis s'en étaient déjà occupés. Il continua de lire.

Ensuite, Mr. Bridge, qui avait écouté très attentivement, lui demanda s'il voyait toujours aussi souvent Tipton et Vandermeer. Douglas tourna une page, puis haussa les épaules.

— Les vieux amis font les meilleurs compagnons, observa sa mère.

Il hocha la tête et poursuivit sa lecture.

Mr. Bridge jugea le moment venu de tirer les choses au clair.

— As-tu, oui ou non, l'intention d'accepter une de ces invitations ?

— Je crois pas, murmura-t-il sans lever les yeux.

— Peut-on savoir pourquoi ?

— Pourquoi j'accepterais ? rétorqua-t-il sans lâcher son livre.

— Parce que tu y noueras des liens qui te seront utiles dans la vie.

— Je te crois sur parole, répondit Douglas sur un ton neutre, mais sans animosité.

— Alors, dit sa mère en riant, nous diras-tu ce que tu as décidé ?

— Il y a urgence ? demanda-t-il.

— Nous aimerions savoir ce que tu as contre les confréries d'étudiants, insista son père.

Douglas retourna le livre sur ses genoux, se voûta et ouvrit grand les bras.

— Mais qui est contre ? Qui a quelque chose contre ? Si Tipton veut rejoindre une confrérie, ça le regarde. Moi, en tout cas, ça m'est complètement égal. Idem pour Vandermeer. Qu'est-ce que ça peut me faire ?

— Ces garçons qui t'ont invité à les rejoindre ont fait un effort immense pour t'être agréables. Je te rappelle que rien ne les y obligeait.

— Je suis sûre que beaucoup de garçons sauteraient sur l'occasion, ajouta Mrs. Bridge.

— Un jour, ces garçons seront des courtiers, des agents d'assurance, des médecins, des cadres supérieurs et ainsi de suite. Il serait temps pour toi d'admettre que dans ce monde, quel que soit ton degré d'indépendance, et c'est également vrai pour moi, personne ne peut réussir sans l'aide des autres. Nous avons tous besoin de nous entraider. Tout comme j'aide certaines personnes, eux m'aident en retour.

— Qui dit le contraire ?

— Ces garçons ont l'air fort gentils et, s'ils t'ont invité, c'est qu'ils ont beaucoup d'estime pour toi. Paul Battenhurst n'est-il pas membre de Sigma Delta ?

Douglas hocha la tête.

— Ah, tu vois ! Tu ne veux quand même pas que les gens pensent que tu n'es pas sociable ?

— Et alors ? Qu'est-ce que ça peut faire, ce qu'ils pensent ?

— Je ne te comprends pas, lui dit son père. Lorsque j'avais ton âge, les confréries de lycéens n'existaient pas. J'ai dû attendre d'être à l'université pour en faire partie. Les hommes que j'y ai rencontrés m'ont été très utiles par la suite en plusieurs occasions.

— Nous ne voudrions pas que tu fasses quoi que ce soit contre ton gré. Mais nous pensons simplement que tu n'as pas tout à fait saisi à quel point tu pourrais t'amuser.

— Ça veut dire que je suis obligé d'y aller ?

— Ô Seigneur, soupira-t-elle en tournant un regard découragé vers son mari.

Celui-ci hésita. À l'université, le choix d'une confrérie était très important. Certaines avaient une excellente réputation et les anciens frères étaient tous des hommes influents. D'autres n'étaient rien de plus que des clubs à la fonction indéterminée dont les membres n'iraient jamais bien loin. Lorsque Douglas serait en âge d'aller à l'université, cela devrait faire l'objet d'une longue discussion. Mais une confrérie de lycéens portait moins à conséquence ; cela dit, c'était quand même une bonne préparation.

— À mon avis, ce serait une erreur de ne pas le faire.

— Mais ça veut dire que j'y suis obligé ?

— Tu ne m'écoutes pas. Le choix t'appartient. Ta mère et moi t'avons déjà dit ce que nous en pensions.

— O.K. ! fit Douglas. Alors si ça ne dépend que de moi, j'aime autant pas m'enquiquiner avec ce genre de truc.

Aussi la question resta-t-elle en suspens.

125. *Le maître à danser*

Au milieu de l'année scolaire, avec un semestre d'avance sur ses camarades, Carolyn reçut son diplôme de fin d'études secondaires et fut admise à l'université du Kansas. Cette dernière se trouvait dans la ville de Lawrence, à environ soixante-cinq kilomètres de Kansas City. Comme beaucoup d'étudiants avaient une voiture et que de nombreux autobus assuraient la liaison entre les deux villes, elle trouvait le moyen de rentrer de temps en temps dormir à la maison et venait régulièrement y passer les week-ends.

Un samedi, tard dans la nuit, Mr. Bridge était allongé sur son lit et lisait un roman policier, lorsqu'il entendit la porte d'entrée s'ouvrir. Mrs. Bridge, qui somnolait, se redressa brusquement. Après que Carolyn eut monté les escaliers et claqué la porte de sa chambre derrière elle, Mrs. Bridge se leva, enfila sa robe de chambre et alla voir de quoi il retournait. Elle revint une demi-heure plus tard. Son mari l'interrogea du regard par-dessus ses lunettes.

— Elle est terriblement en colère. Elle a eu une scène avec Gil.

— Qui est Gil ?

— Elle nous en a parlé. Gil Davis. C'est son flirt. Il semble être un gentil garçon.

— Quel est le problème ?

— C'est une longue histoire. Il y avait un bal à l'université ce soir, et Arthur Merton y était.

— Celui qui s'occupe d'écoles de danse ?

— C'est cela. Je ne suis pas sûre d'avoir très bien saisi comment cela s'est passé, Carolyn est encore trop bouleversée pour pouvoir s'exprimer clairement. Il semblerait qu'elle ait refusé de danser avec lui. Apparemment il est en train d'ouvrir un cours de danse à Lawrence. Je suppose que cela explique sa présence au bal.

— Attends une petite minute. J'essaie de comprendre, interrompit Mr. Bridge. Ce Merton a invité Carolyn à danser ?

— Si j'ai bien compris, oui.

— Pourquoi ?

— Je ne vois pas ce qu'il y a d'étrange à ce que Mr. Merton invite notre fille à danser, répliqua-t-elle d'un air froissé. Carolyn est très jolie.

— Je me demande pourquoi il l'a choisie, elle, plutôt qu'une autre.

— Je ne lui ai pas demandé. Là n'est pas la question, répondit-elle, en touchant ses tempes du bout des doigts. Je sens que je vais encore avoir une migraine.

Elle se dirigea vers la salle de bains et se mit à fouiller dans la pharmacie.

La conversation devenait confuse. Il sentit que, s'il l'interrogeait davantage, cela n'arrangerait pas les choses. Mrs. Bridge but un verre d'eau, referma la porte de la pharmacie et poursuivit ses explications.

— Carolyn, ne sachant pas que cet homme était Mr. Merton, a décliné son invitation. Elle pensait qu'il s'agissait juste d'un homme un peu étrange. Et, à présent, bien entendu, elle en est malade.

— Ha ! ha ! fit-il. Je commence à y voir plus clair. Mais que vient faire l'autre garçon dans cette histoire ?

— Gil ? Elle est furieuse contre lui. Et je la comprends tout à fait. On le serait à moins. Il avait reconnu Mr. Merton, et, curieusement, il a pensé qu'il serait amusant de ne pas révéler son identité à Carolyn.

— Tout cela m'a l'air bien singulier, dit Mr. Bridge en retournant le livre sur ses genoux. Ce Merton passe par Lawrence et fait une apparition à un bal de l'université. Il invite Carolyn à danser mais elle le repousse car elle ne sait pas qui il est. Le garçon qui l'accompagne reconnaît l'homme en question mais ne le lui dit pas. C'est là toute l'affaire ?

— Tu en sais autant que moi. Il me semble que la réaction de Carolyn est tout à fait justifiée. Je comprends parfaitement sa colère. Une occasion pareille ne se représentera jamais. C'est vraiment regrettable !

— Enfin ! soupira Mr. Bridge après avoir pesé la situation. C'est dommage. Si tu veux mon avis, ce garçon avec qui elle sort est un peu fêlé. Toutefois, je ne pense pas que ce soit si grave. D'ici deux semaines, elle aura oublié toute cette histoire.

— Walter Bridge, dit-elle en sortant de la salle de bains, la tête entre ses mains, pour une fois dans ta vie tu n'y es pas du tout.

126. *Numéro osé*

Deux jours plus tard, Carolyn réapparut, le temps de prendre quelques affaires dans son placard et d'avaler un sandwich avec un verre de lait. Si Arthur Merton n'avait pas été oublié, du moins elle n'y fit aucune allusion. Sa confrérie organisait une soirée sur le thème des *Mille et Une Nuits*, et elle n'avait que cela à la bouche. Parmi les nombreux divertissements proposés au cours de la fête, il y aurait une danse du ventre. Carolyn se tâtait pour savoir si elle se joindrait aux almées. De toute évidence, l'idée de se trémousser déguisée devant une foule de garçons l'émoustillait, mais, en même temps, elle ne voulait pas s'exhiber. Elle annonça qu'elle accepterait peut-être d'y participer si on lui promettait qu'elle ne serait pas au premier rang. Soudain, la personne qui devait la conduire à l'université fut devant la maison et klaxonna d'une manière insistante. Elle engloutit le restant de son sandwich, vida son verre de lait, saisit ses habits et se précipita vers la porte.

127. *Socrate*

Mr. Bridge, devant l'aspect hirsute de son fils, suggéra une visite chez le coiffeur. Douglas répondit que cela lui était impossible car son être apparent ne serait alors plus en harmonie avec son moi profond.

Mr. Bridge jaugea cette considération pendant quelques instants. Comme il ne saisissait toujours pas, il demanda des explications. Douglas, qui d'ordinaire était peu enclin à en fournir, sembla, pour une fois, plus que disposé à éclaircir la situation. Et Mr. Bridge comprit soudain que son fils, au fil de ses lectures diverses, hétéroclites et sans fil conducteur apparent, avait en réalité rencontré la sagesse de Socrate. Précisément il avait découvert que l'homme intérieur devait correspondre à l'homme extérieur.

— C'est là une philosophie fort louable, observa Mr. Bridge. Je te conseille néanmoins d'aller chez le coiffeur.

Douglas répéta qu'il ne le pouvait pas. C'était absolument impossible.

Mr. Bridge répliqua à son tour qu'une petite visite chez le coiffeur serait judicieuse de sa part, et ce, non pas le mois prochain, ni la semaine prochaine, ni même après-demain, mais dès le lendemain matin avant les cours. Autrement il n'y aurait pas d'argent de poche le vendredi suivant ni le vendredi d'après. Plus un sou tant que l'être apparent ne se présenterait pas sous un jour plus harmonieux au regard du spectateur. Sur un ton hautain, Douglas répondit qu'il pouvait bien se passer d'argent de poche. D'ailleurs, il comptait trouver un travail après les cours. Ainsi, il deviendrait indépendant. Mr. Bridge rétorqua que cela lui semblait être une excellente idée.

Une semaine passa. Douglas commençait à avoir une allure vaguement byronienne. Il n'avait pas trouvé de travail car il n'en avait pas cherché et, sans argent, il ne pouvait pas aller au bowling avec Tipton et Vandermeer, ce dont il avait cruellement envie. Toutefois, il tint bon.

Au bout de la quatrième semaine, un vendredi soir après les cours, il emprunta cinquante cents à sa mère pour se faire couper les cheveux.

Lorsque, plus tard dans la soirée, Mr. Bridge l'eut examiné, il lui tendit la somme convenue. Ils n'échangèrent pas un mot. Sans aucun doute, l'intégrité d'un être avait été foulée aux pieds.

128. *L'aiglon*

À la stupéfaction générale (à l'exception peut-être de sa mère), Douglas parvint enfin à décrocher le titre suprême des éclaireurs et devint « aiglon ». Il avait fait des débuts rapides, fulgurants même. À l'âge de douze ans, peu après être devenu pied-tendre, il avait passé les tests et avait été promu deuxième classe. Il commença alors à s'essouffler. Il eut du mal à réussir l'épreuve de secourisme nécessaire pour passer première classe. Après deux échecs, il rassembla toutes ses forces et réussit. On put, dès lors, le voir tous les mardis soir arborant un uniforme kaki et un foulard blanc, avec l'énorme insigne de première classe épinglé sur sa poche de poitrine. L'étape suivante était « chevalier éclaireur ». L'insigne était plus petit et plus dépouillé que celui des première classe, mais plus digne, et il représentait une nette promotion ainsi qu'une séparation tranchée avec les rangs subalternes. Les examens étaient également plus détaillés. Il fallait cinq badges de valeur. Douglas les obtint sans trop de peine et sa mère les lui cousit sur son écharpe. Pour devenir ensuite « éclaireur étoile » et avoir le privilège de porter un petit cœur de métal rouge écarlate, cinq autres badges de valeur étaient requis. Et là, un obstacle que Douglas ne connaissait que trop se présenta à nouveau : aucune des épreuves n'était facultative et parmi elles se trouvait le brevet de secourisme. Par conséquent, il demeura chevalier pendant près d'un an, avec neuf petits emblèmes cousus sur son écharpe.

Sa mère l'encourageait. Elle était persuadée qu'il y arriverait. Il lui signalait, ainsi qu'à tous ceux qui voulaient bien lui prêter l'oreille, à quel point il était difficile, voire impossible, de décrocher le brevet de secourisme. Il fallait, par exemple, être capable d'effectuer les préparatifs nécessaires au transport d'une personne souffrant d'une fracture complexe de l'avant-bras. Préparer et appliquer une attelle sur un fémur cassé. Être à même de contenir l'effusion sanguine d'une varice de la jambe. Maîtriser simultanément une hémorragie artérielle du poignet et du mollet. Montrer ce qu'il fallait faire lorsqu'une personne étouffait après avoir aspiré de l'eau ou de la nourriture dans la trachée-artère. Décrire les risques attachés au transport d'un blessé lorsque l'étendue des blessures de celui-ci était encore inconnue. Indiquer ce qu'il convenait de faire lorsqu'un camarade, après avoir plongé dans une eau peu profonde, heurté sa tête et rampé jusqu'à la berge, perdait connaissance. Expliquer comment il fallait recouvrir, placer et réchauffer le corps d'un blessé souffrant d'un traumatisme profond.

Et tout cela, répétait Douglas, n'était qu'un début. Néanmoins, sa mère continuait de dire qu'il y arriverait. Finalement, il la prit au mot et devint « éclaireur étoile ».

Le point culminant, « aiglon », nécessitait vingt et un brevets de spécialité. Treize d'entre eux étaient obligatoires dont : connaissance des oiseaux, cuisine, hygiène personnelle et collective, pistage, vie au camp, culture physique et instruction civique. Mais la bête noire du secourisme avait été vaincue. L'un après l'autre, les petits badges bariolés furent cousus sur l'écharpe kaki, qui ressemblait de plus en plus à un jardin fleuri. Bientôt, il en eut dix-neuf. Malgré cela, il traversa à nouveau une période de découragement. Il était scout depuis plus de trois ans, et le titre d'aiglon ne serait pas déplaisant, cependant ce fut en vain qu'il consulta inlassablement dans son manuel la liste des différents brevets afin d'en trouver deux qui fussent faciles à obtenir. Il douta de lui-même. Sa mère réaffirma qu'elle était sûre qu'il y parviendrait.

Il se qualifia juste à temps pour recevoir son insigne au cours du rassemblement annuel des éclaireurs au théâtre municipal. Toutes les patrouilles de Kansas City et des villes environnantes étaient conviées et l'on allait octroyer plus de cent décorations d'aiglon. Les mères de chaque nouveau promu étaient invitées à participer à la cérémonie aux côtés de leur fils. Douglas, d'un air détaché, demanda à sa mère si cela l'amuserait, et elle répondit que, pour rien au monde, elle ne manquerait un tel événement.

Ainsi, ce soir-là, cent mères, chacune arborant une rose épinglée sur le sein, s'assirent sur une chaise pliante devant la fosse d'orchestre de l'auditorium, et debout, derrière chacune d'entre elles, se tenait leur fils. On écouta des discours et chaque orateur reçut une ovation enthousiaste. Puis on appela les éclaireurs sur la scène et ils défilèrent à la tribune, reçurent leur insigne et serrèrent la main du maire. Après quoi ils revinrent au pas se placer derrière leur mère et se tinrent au garde-à-vous. Ensuite vint l'instant tant redouté par Douglas. Au signal, il devait se pencher vers Mrs. Bridge et l'embrasser sur la joue. L'idée d'une centaine de garçons embrassant leur mère simultanément le mettait extrêmement mal à l'aise. Il n'aurait pas su dire précisément ce qu'il reprochait à cet acte public de piété filiale mais il sentait que quelque chose clochait. Lorsqu'on donna le signal et que l'orchestre entama *America The Beautiful*, il feignit l'égarement. Il resta plus ou moins au garde-à-vous, tournant la tête de droite à gauche. Il espérait que sa mère penserait qu'il essayait de comprendre ce qui se passait et que, au moment où il ferait mine d'avoir saisi, il serait trop tard.

Mrs. Bridge était tranquillement assise, les mains posées sur les genoux, le visage souriant, l'air d'attendre quelque chose. Mais rien ne se passa.

Tout en haut, au fond du vaste auditorium, Mr. Bridge observait la scène. Il était si loin de l'orchestre qu'il pouvait à peine distinguer les visages. Mais lorsque quatre-vingt-dix-neuf éclaireurs se penchèrent en avant pour embrasser leur mère à l'exception d'un seul, il reconnut son fils. Il devina qu'il était gêné. Ce n'était pas que Douglas n'aimait pas sa mère, mais il avait atteint un âge où il était difficile de l'embrasser en public. La seule chose étrange était que Douglas semblait prendre ce problème plus au sérieux que les autres garçons dans la même situation. C'était cela que Mr. Bridge ne parvenait pas à comprendre. Cela l'agaçait. Toutefois, il n'avait pas l'intention d'en parler à son fils. Ce qui l'inquiétait davantage, c'était l'effet sur sa femme. Elle avait été blessée, il en était sûr. Dans la voiture qui les ramenait après le rassemblement, elle n'en dit rien, mais il le sentait.

Tandis qu'ils se préparaient à se mettre au lit, il lui murmura à l'oreille :

— Laisse-moi réparer cette faute.

Sans plus d'explications, il la serra contre lui. Alors elle éclata en sanglots et elle pleurait encore un peu lorsque, enfin, elle s'endormit dans ses bras.

129. *Verrouillage*

Toutes les nuits, avant d'aller se coucher, il verrouillait les fenêtres et les portes du rez-de-chaussée. Les cambriolages étaient rares à Mission Hills et un gardien de nuit faisait des rondes dans le quartier. Cela dit, même ainsi, mieux valait être prudent. Au fil des ans, il avait essayé de convaincre les enfants de la nécessité de verrouiller toutes les issues à la tombée du soir, car, un jour, ils auraient leur propre maison. Cependant, il n'était pas certain qu'ils aient pris ses leçons au sérieux, sauf peut-être Carolyn. Mais Ruth et Douglas le préoccupaient. Il leur avait rappelé, à maintes reprises, qu'il suffisait de quelques minutes pour s'assurer que toutes les fenêtres et les portes étaient bien fermées. C'était là un bien petit investissement en contrepartie de la sécurité. Ils l'écoutaient, mais chaque fois qu'il leur demandait s'ils en convenaient, ils acquiesçaient, semblant surtout désireux d'échapper à un sermon ou à une querelle. À présent qu'elle vivait seule à New York, c'était surtout Ruth qui l'inquiétait et, chaque fois qu'il lui écrivait, il ne manquait pas de lui rappeler de bien pousser le verrou de la porte avant d'aller au lit. Quant à Douglas, la seule chose à faire était de lui répéter sans cesse qu'un moment de distraction pouvait coûter très cher. Comme il allait bientôt avoir seize ans, c'est-à-dire un âge où l'on peut commencer d'assumer certaines responsabilités vis-à-vis du foyer, Mr. Bridge décida de lui confier cette tâche.

Douglas, lorsqu'on l'informa que, dorénavant, il remplirait cette nouvelle fonction, répondit sur-le-champ qu'il oublierait.

Mr. Bridge lui dit que c'était précisément là la raison pour laquelle on la lui confiait. Afin d'apprendre à ne jamais oublier.

La mort dans l'âme, Douglas dut obtempérer. Chaque soir, tout en geignant et en protestant, il faisait le tour de la maison, tandis que Mr. Bridge passait derrière lui, fenêtre après fenêtre, porte après porte, s'assurant que le travail était convenablement fait. Après trois semaines de ce petit manège, Mr. Bridge estima que son fils était suffisamment entraîné, et il cessa de le suivre. Mais le fait de n'avoir pas tout vérifié lui-même le dérangeait et perturbait son sommeil.

Pendant plusieurs nuits, il résista au désir pressant de sortir de son lit pour voir si Douglas n'avait rien négligé, puis, finalement, il n'y tint plus. Il restait éveillé jusqu'à être sûr que son fils dormait, puis il se levait, enfilait sa robe de chambre et ses pantoufles, et parcourait la maison, palpant tous les loquets. Bientôt, il découvrit une fenêtre non verrouillée dans la petite salle à manger.

Après avoir fait glisser le loquet d'un geste brusque et l'avoir éprouvé, il se précipita dans la chambre de Douglas et le secoua. Essayant de maîtriser sa colère, il balbutia :

— Combien de fois t'ai-je dit de t'assurer que toutes les fenêtres de la petite salle à manger étaient bien fermées ? Quelqu'un aurait pu s'introduire dans la maison ! Tu n'as pas fait attention. On aurait pu voler l'argenterie de ta mère ! Combien de fois faudra-t-il que je te le répète ! C'est intolérable. Si j'ai travaillé toutes ces années pour que nous ayons une maison décente, ce n'est pas pour que tu laisses tout disparaître en fumée. Tu m'entends ?

Douglas avait les yeux ouverts, mais le reste de son visage était endormi. Il poussa un gémissement et roula sur le côté.

Mr. Bridge était trop exaspéré pour retourner au lit. Il arpenta la maison, s'assurant une nouvelle fois que toutes les issues étaient verrouillées. Il repensa au nombre de fois où il avait mis son fils en garde. Tout cela en vain. Il revint dans sa chambre, glissa une main sous le matelas et saisit le revolver. Il avait eu l'intention de l'offrir à Douglas pour son vingt et unième anniversaire, mais à présent il n'en était plus question. Il passait le revolver d'une main à l'autre, le soupesant dans la paume de sa main, caressant la crosse noueuse et le canon glacé. Il le nettoyait et le huilait deux fois par an et, de temps en temps, il soulevait un coin du matelas pour s'assurer qu'il était toujours à sa place. Il y avait toujours le risque qu'Harriet le vole. Si elle s'en emparait pour le donner ou le vendre à un de ces Nègres des quartiers nord, il aurait de sérieux ennuis. Il pouvait fort bien réapparaître au cours d'un hold-up. On avait prévenu la cuisinière qu'il lui était interdit d'y toucher, et chaque fois qu'il venait vérifier, le revolver était toujours à sa place ; cependant, il ne pouvait oublier que, lorsque Douglas était petit, elle le lui avait montré.

L'horloge du couloir frappa trois coups. Il sursauta. Une heure s'était écoulée depuis qu'il était descendu. Il remit le revolver dans son étui et le glissa sous le matelas. Il accrocha sa robe de chambre dans la penderie et s'allongea doucement dans le lit, afin de ne pas déranger sa femme.

130. *Un pote à Morrie*

Carolyn passait le week-end à la maison et, quelques minutes avant « The Bell Telephone Hour », au moment où Mr. Bridge s'installait confortablement dans son fauteuil près de la radio, elle lui demanda s'il connaissait des gangsters. Non, répondit-il, il n'entretenait aucun lien amical avec ce genre de personnes. Puis il se souvint d'un incident survenu de nombreuses années auparavant et il ajouta qu'un jour il avait rencontré un homme qui semblait répondre à ce critère. Carolyn voulut savoir à quoi il ressemblait. Il y avait un mobile derrière ces questions qu'il ne put déterminer. Toutefois, il n'y avait aucune raison de ne pas répondre, il lui raconta donc son histoire. Il était allé dans les quartiers nord de Kansas City pour rendre visite à un client. Tandis qu'il s'apprêtait à rentrer à son cabinet, il rencontra par hasard un homme qu'il n'avait pas vu depuis longtemps. C'était un ancien inspecteur de police qui avait été obligé de prendre sa retraite à la suite d'un scandale. Ils décidèrent de déjeuner ensemble dans un restaurant italien près de la station de bus et, au cours du repas, ils furent rejoints par un ami de ce policier.

Interrompant un instant son récit, Mr. Bridge sourit.

— Carolyn, tu ne croiras peut-être pas ce qui suit, mais c'est pourtant vrai ; après que nous fûmes présentés, l'homme se glissa à notre table et me donna une tape sur le genou. Il déclara avoir déjà entendu parler de moi et, je le cite, il ajouta : « Les potes à Morrie sont aussi des potes à moi. » Puis il me demanda, et je le cite encore, s'il y avait quelqu'un dont je voulais qu'il « se charge ». C'est l'expression qu'il a utilisée. Y avait-il quelqu'un dont je voulais qu'il se charge ? Je lui répondis que non, sans plus. Puis il se leva et sortit, après quoi je me renseignai et appris qu'il appartenait au syndicat du crime. C'était un tueur professionnel connu pour être responsable de la mort de six personnes au moins. Alors, que penses-tu de mon histoire de gangsters ?

— Présente-le-moi.

Mr. Bridge éclata de rire.

— Je suis sérieuse, insista Carolyn. Je veux le rencontrer, papa. Il faut que je lui parle. C'est important.

— Je crains que ce ne soit impossible. Comme je viens de te le dire, cette histoire a eu lieu il y a des années.

— Tu pourrais le retrouver. Je suis sûre que tu le pourrais.

— S'il est encore en vie, ce dont je doute.

— Il faut que je fasse sa connaissance.

— Tu peux tout de suite te sortir cette idée de la tête, car tu ne le rencontreras pas. Même si je pouvais retrouver cet homme, pour rien au monde je ne te le présenterais. Et pourrait-on savoir depuis quand, au juste, tu t'intéresses aux gangsters ?

Carolyn lui expliqua que son professeur de journalisme avait demandé aux étudiants d'écrire un article sur une personne exerçant une activité insolite ou controversée. Elle devait interviewer cette personne.

— Je t'en prie, supplia-t-elle, il faut que je le rencontre, papa, j'y tiens absolument. De plus, vu la corruption qui règne à Kansas City, cet entretien permettrait de dénoncer ce terrible état de fait, tu comprends ?

— Tout ce que je comprends, c'est que cela pourrait déclencher une situation que ni toi ni moi ne sommes prêts à affronter. Tiens-toi à l'écart de ce genre d'individus. Contente-toi de tes cours de journalisme. Et ne va pas te mettre des idées folles en tête du genre aller te promener dans les quartiers nord.

— Mais c'est justement ça, le journalisme. Ne comprends-tu donc pas ? Non, non, bien sûr, comment le pourrais-tu ?

— Je comprends très bien, au contraire ! Ces Italiens et ces Juifs du nord de Kansas City sont dangereux, ne l'oublie jamais.

— Des Juifs et des Italiens, tiens donc !

Elle saisit une cigarette.

— Pourquoi « Juifs et Italiens », en particulier ?

— Parce qu'il se trouve que c'est l'origine de la plupart de ces voyous. Ce que je dis n'a rien de raciste. Je ne fais qu'exprimer une réalité.

— Une réalité, dis-tu ? Pourrais-tu définir ce que tu entends par « réalité » ?

— N'entrons pas dans ce sujet, dit-il.

Elle se conduisait d'une façon ridicule, probablement copiée sur un camarade d'université.

— Évidemment, si tu le prends ainsi, je ne peux qu'abonder dans ton sens.

Elle haussa les épaules et tira sur sa cigarette d'un air compatissant et dédaigneux.

— Contente-toi des choses que tu connais. Trouve quelqu'un d'autre pour ton devoir de journalisme. Si tu cherches une personne exerçant une activité insolite, je pourrais te présenter à un homme dont la fonction est de se porter garant pour les cautions des prisonniers. J'en connais un qui a un bureau près de la mairie. Je suis sûr qu'il serait prêt à discuter de ses activités avec toi. Voilà qui devrait sortir de l'ordinaire.

— Mon Dieu, soupira Carolyn.

On aurait cru entendre Ruth.

— Je ne veux rien t'imposer. J'essaie seulement de te rendre service.

— C'est chou de ta part. C'est trop chou. Mais, très sincèrement, je crains que tu n'aies pas la plus vague notion de ce qu'est le journalisme. Vraiment pas.

— Soit, répondit-il. Mais je te préviens. Ne va pas mettre ton nez dans des affaires qui ne te regardent pas. Et ce qui se passe dans les quartiers nord ne te concerne en rien.

Il se tourna vers la radio. Il régla la fréquence et le volume à son goût. « The Bell Telephone Hour » commençait. Il s'enfonça dans son fauteuil et croisa les jambes.

— Et maintenant, dit-il, écoutons un peu de musique.

131. *Crime et châtiment*

Peu de temps après cet épisode, le corps d'une jeune fille fut découvert dans les marécages qui bordaient la rivière, dissimulé sous un massif de broussailles. Le rapport du médecin légiste disait qu'elle avait été violentée puis assassinée. En lisant le compte rendu de cette affaire dans le *Star*, Mr. Bridge décida de le conserver pour le montrer à Carolyn lors de sa prochaine visite. Comme sa femme n'avait pas encore vu le journal, il lui lut l'article à voix haute. Ensuite, il ajouta :

— Je suis prêt à parier ma chemise que, lorsqu'ils mettront la main sur le type qui a fait cela, s'ils le trouvent, il aura déjà un casier judiciaire bien rempli. Aujourd'hui, lorsqu'ils attrapent un individu qui a commis une perversion de quelque type que ce soit, tous ces psychologues et assistantes sociales s'obstinent à répéter que tout va pour le mieux, la commission chargée des libertés conditionnelles le relâche et il remet cela, jusqu'à ce qu'il finisse par tuer quelqu'un. Cela se produit régulièrement. Il y a de quoi vous rendre malade. Cette situation est écœurante, crois-moi !

Pendant ce temps, Mrs. Bridge continuait de coudre, ne se manifestant que pour assurer son mari de son soutien. À peine avait-il commencé sa tirade qu'elle savait déjà, presque mot pour mot, tout ce qu'il allait dire. Il avait déjà exprimé son opinion à ce sujet à de nombreuses reprises. On n'attendait pas d'elle qu'elle fût d'accord ou pas ; mais elle se devait d'acquiescer. Aussi observa-t-elle :

— On se demande vraiment ce qui pousse les gens à faire des choses pareilles.

— Je n'en sais rien et ne tiens pas à le savoir, répliqua-t-il. Mais il y a une chose que je sais, c'est qu'il n'y a qu'un seul moyen d'arrêter ces gens. Seigneur ! Même les rues de cette ville ne sont plus sûres. Il n'y a pas six mois, c'était la fille des Koeppel qui se faisait agresser, juste là, à deux pas d'ici, dans Stratford Road.

— Je sais, soupira-t-elle en secouant la tête.

— Mais qu'arrive-t-il dès que l'on écoute ces professionnels des bons sentiments ? On traite les obsédés sexuels comme des êtres humains et on les relâche dès que la loi le permet. Ensuite, il ne reste plus qu'à repartir de zéro. Voilà ce qui arrive. Je me tue à le répéter et je continuerai à le faire jusqu'à ce qu'on m'écoute enfin !

— C'est effectivement un problème, tu as raison. Je suppose qu'il doit être très difficile de savoir quelle politique adopter.

— Je sais, moi, ce qu'il faut faire. Et je l'ai déjà dit plusieurs fois. Il faut se débarrasser de ces gens-là. Une bonne fois pour toutes.

— Cela me semble un jugement terriblement sévère. Je ne dis pas que tu aies tort, bien entendu, et Dieu sait qu'il faudrait faire quelque chose de tous ces individus qui ne peuvent pas se contrôler. Mais je me demande si la peine capitale est toujours la solution.

— Ah, tu te le demandes, n'est-ce pas ! dit-il d'un ton sinistre. Laisse-moi te dire une chose, j'espère que la prochaine victime de ce type n'appartiendra pas à notre famille. Tu changerais peut-être d'attitude si c'était Ruth ou Carolyn dont on avait retrouvé le corps. Tu serais peut-être moins indulgente si tu avais vu la moitié des choses que j'ai vues ou dont j'ai parlé avec la police.

Elle ne répondit pas et continua sa couture.

Il sentit qu'il lui avait parlé trop brutalement. Il continua sur un ton insistant, mais plus modéré :

— Dans ce monde, il y a des gens convenables et d'autres qui ne savent que causer des ennuis. Et ne viens pas me dire que je ne sais pas de quoi je parle, car c'est faux. J'ai rencontré suffisamment de gens appartenant à ces deux catégories. J'ignore ce qui pousse certains hommes à agir ainsi, alors que la plupart d'entre nous mènent une vie décente. Je ne prétends pas tout connaître et je crains que personne n'ait la réponse. Aujourd'hui, il est de bon ton de rejeter la faute sur les parents, un accident survenu durant l'enfance ou Dieu seul sait quoi d'autre. Peut-être y a-t-il une part de vérité là-dedans, je n'en sais rien. Mais il y a une chose dont je suis sûr : il y a une seule et unique manière de mettre un terme à ce genre d'agissements. Il faut se débarrasser de ces criminels récidivistes. Voilà ce qui arrive quand on les traite comme des êtres humains ! Le voilà, notre remerciement !

Il frappa le journal du dos de la main.

— Tu as peut-être raison, dit-elle.

— Je sais que j'ai raison, répondit-il.

Après quoi, il tourna la page du journal à la recherche d'un autre article intéressant.

132. *L'automne*

Cette nuit-là, il s'aperçut, dans son sommeil, que son cœur s'était arrêté. Immédiatement il ouvrit les yeux, et au même instant les battements reprirent. Il resta allongé, les deux mains sur la poitrine, et attendit. Mais tout semblait être rentré dans l'ordre ; il laissa retomber ses mains sur la couverture, ferma les yeux et tenta de se rendormir. Mais le sommeil ne venait pas. Il ne pouvait s'empêcher de penser à son cœur. Ce n'était probablement pas très grave, pourtant ces crises devenaient de plus en plus fréquentes. Il était contrarié que son cœur ne fonctionnât pas parfaitement. Incapable de se rendormir ou de penser à autre chose, il sortit du lit et s'assit sur une chaise près de la fenêtre, où il tripota son pyjama et contempla pensivement la rue obscure. Les érables perdaient leurs feuilles. Elles tombaient en virevoltant dans le vent nocturne. Il les observait et eut soudain l'impression qu'elles essayaient de lui dire quelque chose. Une feuille vint s'aplatir près de sa tête contre la fenêtre avant d'être aspirée par l'obscurité, et un profond désespoir s'empara de lui car tout ce qu'il avait fait était inutile. Tout ce en quoi il avait cru et tout ce qu'il avait tenté de prouver semblait bien mince. Toute sa vie était gâchée.

133. *La conspiration des Nègres*

Mrs. Bridge entra dans le bureau, l'air inquiet. Carolyn venait d'appeler de l'université pour annoncer qu'elle comptait quitter sa confrérie. Une fille noire, venant d'une petite ville à l'ouest du Kansas, avait prononcé ses vœux de fidélité, soutenue par l'adhésion inconditionnelle de l'assemblée. Cependant, dès que la nouvelle s'était répandue, cela avait soulevé l'objection des anciennes consœurs. Un groupe de femmes de Topeka avaient fait la route jusqu'à Lawrence pour venir parler aux filles, essayer de leur faire entendre raison et leur faire valoir que cela nuirait à la réputation de leur confrérie. À présent, la pression augmentait. Plusieurs filles avaient reçu des appels de leurs parents. On en avait informé le quartier général. La présidente de l'association des anciennes de la confrérie venait de prendre l'avion depuis Dallas pour se rendre sur place. La plupart des consœurs étaient affolées par tant de critiques et auraient préféré que l'on dît à la jeune Noire qu'elles étaient désolées, qu'il y avait eu erreur et qu'il fallait renoncer à ses vœux. Mais certains membres ne voulaient rien entendre, elles désiraient que la fille restât. Carolyn était parmi ces dernières.

— Je crois qu'elle est réellement sur le point de partir, dit Mrs. Bridge. Elle était si désemparée qu'elle était au bord des larmes. Elle m'a demandé ce qu'elle devait faire, et le ciel m'est témoin que je n'en ai pas la moindre idée. J'ai pensé que tu pourrais peut-être lui parler.

Il lui demanda si elle était encore en ligne.

— Non. Mais j'ai promis de la rappeler dès que je t'en aurais parlé.

Il fronça les sourcils et fit pivoter son fauteuil.

— Que diable veux-tu que je lui dise ? Elle n'avait qu'à ne pas se mettre dans un tel pétrin !

— Je sais bien, mais j'ai promis de la rappeler.

— Eh bien, rappelle-la. Raconte-lui ce que bon te semblera. Pour ma part, je refuse d'être mêlé à cette histoire. Cela ne me concerne en rien.

— J'ai de la peine pour tout le monde. Cette pauvre fille, je veux parler de la petite Négresse, quelle tragédie !

— À ta place, je ne gaspillerais pas mon énergie à la plaindre.

— Allons, tu ne penses pas ce que tu viens de dire.

— Oh, que si, je le pense, répondit-il, l'air irrité. En dehors du fait qu'elle est noire, je sais une chose au sujet de cette fille, et je n'ai pas besoin d'en savoir plus : elle savait pertinemment qu'en voulant se joindre à une confrérie blanche elle allait soulever des problèmes. Et ne viens pas me dire qu'elle ne s'en rendait pas compte, car c'est faux.

— Elle devait s'en douter.

— Ah, tu vois bien ! Cette fille a entrepris, d'une manière délibérée et obstinée, de créer des ennuis.

— Tu n'en sais rien, Walter. Et tu n'es pas juste. Elle ne se doutait peut-être pas le moins du monde que cela déclencherait une telle levée de boucliers. J'imagine qu'elle voulait simplement se joindre à cette confrérie et manifestement les filles l'ont appréciée.

— Elle savait ce qu'elle faisait. Je les connais, moi, ces gens. Ils sont partout. Ils se sont juré de démolir les fondations sur lesquelles repose ce pays. Cette histoire à l'université n'est pas un fait ponctuel. Cela n'a rien du cas isolé d'une fille qui veut se joindre à une confrérie. Ce n'est qu'une partie d'un plan bien précis que ces gens ont mis en œuvre. Crois-le ou non, c'est pourtant la vérité. Et avec le temps, tu verras que j'ai raison.

Mrs. Bridge soupira et posa une main sur son front.

— Parfois, je ne sais plus quoi penser. Il est vraiment regrettable que ce genre de choses se produise.

— Les filles de cette confrérie ne peuvent s'en prendre qu'à elles-mêmes, Carolyn y compris. Si elles sont en âge d'entrer à l'université, elles devraient avoir suffisamment de bon sens pour comprendre que tout n'est pas permis. Ce sont elles les responsables. Si elles n'ont pas compris dans quel pétrin elles se fourraient, c'est qu'elles ne sont pas assez mûres pour prendre seules des décisions. Je n'éprouve aucune sympathie pour aucun des deux partis impliqués.

— Voyons, Walter, c'est faux. Tu as tort. Carolyn a été très claire à ce sujet. Elles voulaient la fille.

Il leva les bras au ciel dans un geste de capitulation.

— Comme tu voudras. Moi, je t'ai donné mon opinion.

Elle se leva et se dirigea vers la porte, puis elle s'arrêta en chemin et, caressant ses perles, elle ajouta :

— J'espère simplement que Carolyn ne mettra pas sa menace à exécution. Si violents que soient ses sentiments par rapport à cette affaire, je doute que quitter sa confrérie arrangerait les choses.

— Je suis d'accord avec toi. Cela dit, si elle part, ce ne sera pas un drame. Elle peut loger à la cité universitaire ou louer une chambre chez des particuliers. Cela se fait beaucoup dans les villes universitaires.

— Elle semblait si heureuse au téléphone, la semaine dernière !

— Eh bien, dit Mr. Bridge en se replongeant d'un air indifférent dans les papiers qui jonchaient son bureau, tant pis.

— Tu es sûr que tu ne veux pas lui parler ?

— Je le ferai si tu insistes. Mais, très franchement, je ne vois pas en quoi cela me concerne. Un jour ou l'autre, il faudra bien qu'elle apprenne à affronter seule ce genre de problèmes. Elle pourrait fort bien commencer dès aujourd'hui.

— Je suppose que tu as raison, soupira Mrs. Bridge. Enfin… j'ai promis de la rappeler, alors autant le faire tout de suite. Sincèrement, je ne sais pas quoi lui dire.

— Cette femme qui arrive de Dallas saura peut-être tirer les choses au clair. En tout cas, je l'espère… pour le bien de tous ceux qui sont impliqués dans cette affaire.

— Donc, à ton avis, le mieux serait que les filles reconnaissent qu'elles ont fait une erreur ?

— Je n'ai rien dit de tel. Mon opinion sur ce sujet n'a aucune espèce d'importance. C'est à elles de prendre une décision. Quant à moi, je m'en lave les mains.

134. *Gil Davis*

Près d'un mois plus tard, Carolyn rentra de l'université un beau matin avec à son doigt une bague en opale. Elle chercha sa mère dans la maison, la découvrit dans la petite salle à manger en train d'observer des mésanges dans le jardin, et lui annonça qu'elle s'était fiancée à Gil Davis. La nouvelle ne fut pas accueillie avec un enthousiasme débordant. Mrs. Bridge lui demanda si elle en avait parlé à son père. Carolyn ne l'avait pas fait. Mrs. Bridge suggéra que ce serait sans doute une bonne idée que de l'en informer au plus tôt. Carolyn répondit qu'il était peut-être préférable d'attendre qu'il rentre du travail et que, après le dîner, s'il était de bonne humeur, alors, on verrait si le moment était bien choisi.

Elles tergiversèrent quelque temps encore. Carolyn proposait que sa mère téléphone au cabinet afin de le mettre au courant. Mrs. Bridge contre-attaquait en disant que cette responsabilité incombait à la fiancée elle-même.

Après une heure environ, Carolyn, la mort dans l'âme, appela le bureau.

Mr. Bridge, en apprenant qu'elle s'imaginait épouser quelque trucmuche du nom de Gil Davis, l'informa qu'il avait autre chose à faire que d'écouter des âneries, que si elle possédait réellement une bague offerte par ce garçon elle devait la lui rendre et que, en outre, elle ferait mieux de retourner de ce pas à l'université, car il ne payait pas ses frais de scolarité pour que mademoiselle sèche ses cours et vienne traîner à la maison dès que l'envie lui en prenait. Il n'avait jamais entendu parler d'un Gil Davis, prétendit-il, ce qui était faux car il se souvenait qu'un certain Gil Davis avait été à l'origine du fiasco Arthur Merton, mais il l'affirma néanmoins afin de lui faire savoir qu'il considérait ce Gil Davis comme trop insignifiant pour que l'on s'en souvînt. Et quand bien même aurait-il entendu parler de ce garçon, quel que soit son nom, cela ne changeait rien au problème, car il n'y aurait aucun mariage, pas plus que de fiançailles, que ce soit aujourd'hui, cette année ou tant qu'elle n'aurait pas achevé ses études. Il n'avait rien d'autre à ajouter. Il avait à faire. Il n'avait pas de temps à perdre à discuter davantage de ce sujet.

Carolyn fondit en larmes.

Mr. Bridge réagit à ce bruit féminin désagréable et familier en annonçant que si elle avait pensé qu'il quitterait son bureau plus tôt que prévu pour rentrer à la maison et éclaircir cette affaire, elle se trompait. Qu'elle se ressaisisse sur-le-champ !

Sanglotant de rage, Carolyn raccrocha brutalement le combiné. Peu après le déjeuner, ayant eu le temps de ruminer ce qui s'était passé, elle reprit le chemin de l'université, la bague en opale dans son sac.

Mr. Bridge rentra plus tôt qu'à son habitude, espérant la trouver encore à la maison, car, plus il pensait à ces prétendues fiançailles, plus il s'échauffait. Mais elle n'était plus là. Harriet lui dit qu'elle était partie peu après le déjeuner. Il se dirigea à grands pas vers l'entrée, ôta son chapeau, ses gants et son manteau, et se mit à la recherche de sa femme. Il la découvrit dans leur chambre, assise devant le miroir de sa coiffeuse. Elle ne semblait occupée à rien. Il soupçonna qu'elle était là depuis un certain temps déjà, totalement oisive. Qu'elle puisse gaspiller autant de temps à ne rien faire le laissait toujours perplexe. Cela lui arrivait souvent. Lui-même ne pouvait rester inactif sur une chaise plus de quelques minutes. Il n'avait jamais compris comment elle pouvait passer une demi-heure à une heure dans une telle catalepsie. Par ailleurs, si cela lui convenait, il n'avait rien à redire. Harriet s'occupait de la maison et de la cuisine, et Douglas n'était pas exigeant. Il ne lui restait plus grand-chose à faire. Voilà probablement la raison pour laquelle elle restait là, inerte.

Il lui demanda si Carolyn était retournée à l'université. Mrs. Bridge répondit que oui. Il voulut savoir dans quel état elle était repartie. Mrs. Bridge avoua qu'elle avait l'air terriblement malheureux mais qu'elle avait cessé de pleurer. Il lui demanda qui était ce garçon. Elle lui raconta tout ce qu'elle savait au sujet de Gil Davis, c'est-à-dire très peu : il venait d'une ville nommée Parallel, située au sud du Kansas près de la frontière de l'Oklahoma, il était en première année d'université, il étudiait la gestion et travaillait trois après-midi par semaine dans le bureau du doyen. Il y avait autre chose qu'elle omit de dire : son père était plombier.

Mr. Bridge demanda à quelle confrérie il appartenait.

Mrs. Bridge n'en était pas certaine. Il lui sembla se souvenir que Carolyn lui avait dit qu'il n'appartenait à aucune, mais il valait mieux interroger Carolyn elle-même.

Depuis quand connaissait-elle ce garçon ?

Mrs. Bridge ne savait pas au juste.

Mr. Bridge déclara qu'il ne tolérerait pas que sa fille coure les rues avec le premier venu.

Mrs. Bridge s'exclama :

— Grands dieux, on croirait que c'est ma faute !

— J'ignore de qui c'est la faute, dit-il.

— Ce garçon est certainement très bien, risqua-t-elle.

— C'est peut-être ton avis, mais sûrement pas le mien ! s'écria-t-il, furieux. Ces universités d'État regorgent d'opportunistes. Je ne suis peut-être pas Crésus, mais un jour je laisserai tout ce que je possède à toi et aux enfants, et je n'ai aucune envie qu'un propre-à-rien sorti d'on ne sait où mette le grappin dessus. J'ai travaillé trop dur pendant trop longtemps.

— Sincèrement, Walter, je crois que tu exagères. Tu n'as encore jamais vu ce garçon.

— Non, et je n'en ai pas l'intention. Carolyn a promis de lui rendre cette bague.

— J'ai entendu. Aucun mot n'aurait pu m'échapper. Je ne serais pas surprise que la moitié du voisinage l'ait aussi entendu.

— Peu importe. A-t-elle parlé de rendre cette bague au garçon ?

— Pas précisément. Mais si elle a promis, je suis sûre qu'elle le fera. Elle a parlé, cependant, d'attendre jusqu'à demain.

— Demain ! Pourquoi faut-elle qu'elle attende jusqu'à demain ? Pourquoi ne pas la lui rendre dès son retour ? Elle mijote quelque chose et cela ne me plaît pas du tout.

— Je suppose qu'elle est trop bouleversée pour lui parler tout de suite. Franchement, Walter, tu aurais pu te montrer un peu plus compréhensif.

— Je ne sais pas ce qui a pris à Carolyn, continua-t-il, comme s'il ne l'avait pas entendue. Ses études me coûtent une petite fortune. Je l'ai envoyée là-bas pour apprendre, non pour perdre son temps. Elle croit peut-être que nous roulons sur l'or ? Elle pense peut-être que je paie ses factures pour qu'elle puisse traîner nuit et jour avec ce… comment s'appelle-t-il déjà ? Si elle ne se reprend pas tout de suite, ça ira mal. Je ne vais pas supporter cela longtemps, crois-moi !

— Je suis persuadée qu'elle fait de son mieux. Elle a de bons résultats, tout de même.

— Ils pourraient être meilleurs. Elle devrait être la première de sa classe tout comme elle l'était au lycée. Elle est suffisamment intelligente pour cela.

— En effet, ce n'est pas la matière grise qui lui manque.

— Sa conduite est inacceptable. S'il y a une chose qui m'exaspère dans ce monde, c'est de voir des gens gaspiller leurs talents. Elle est cinq fois plus intelligente que les autres gamins de l'université et elle ne s'en sert pas. Au lieu de cela, elle passe son temps à batifoler dans la nature avec un individu que nous ne connaissons pas et dont nous ignorons tout.

— Je ne crois pas qu'elle passe tout son temps avec lui.

— Qui est ce garçon ?

— Ne me regarde pas avec ces yeux-là, s'il te plaît. Je n'y suis pour rien.

— Je ne sais pas la moindre chose au sujet de ce garçon. Où l'a-t-elle rencontré ?

— Pourquoi ne pas lui avoir demandé au lieu de te mettre à hurler comme un dément ? Elle t'aurait répondu. Mais tu n'as fait que lui crier dans les oreilles. Il ne faut pas s'étonner qu'elle ait ensuite été bouleversée.

— Elle est trop jeune pour songer à se marier. Les jeunes d'aujourd'hui ne savent pas dans quoi ils se lancent. Ils croient pouvoir se marier dès qu'ils en ont envie. Ce n'est pas aussi simple. De plus, ce ne sont que des enfants.

— Ce n'est pas à moi qu'il faut le dire.

— Au nom du ciel, que pense faire ce garçon lorsqu'il aura quitté l'université ? Il croit peut-être que c'est moi qui vais l'entretenir ?

— Walter, voyons !

— Qu'en savons-nous ? Si elle aime réellement ce garçon, pourquoi a-t-elle peur de nous l'amener afin que nous puissions nous faire une idée de qui il est ?

— Tu es injuste. Carolyn dit que, lorsqu'il n'est pas en cours, il travaille dans le bureau du doyen, et la route est longue d'ici à Lawrence. En outre, tu n'attends tout de même pas qu'elle traîne ce garçon jusque dans notre salon pour que tu puisses l'examiner des pieds à la tête !

— C'est précisément ce qu'elle devra faire si elle compte recevoir ma bénédiction, maintenant comme à l'avenir. Les gamins d'aujourd'hui n'ont aucun sens des responsabilités. Quand j'étais jeune, les choses étaient différentes. Avant de te connaître, j'ai été attiré par plusieurs jeunes filles, et j'ai toujours mis un point d'honneur à rencontrer leurs parents. Jamais je n'ai fait mes coups en douce derrière leur dos.

Mrs. Bridge sourit.

— Parfaitement, c'est la pure vérité ! Et je ne vois pas ce qu'il y a là d'amusant, ajouta-t-il d'un ton bougon.

— Je ne t'avais jamais vu dans un tel état.

— Si je laissais mes enfants faire tout ce qui leur passait par la tête, je serais un bien piètre père. Je veille sur le bien-être de Carolyn. Lorsque j'étais enfant, je croyais pouvoir n'en faire qu'à ma tête, et l'autorité de mes parents me pesait. À présent, je sais qu'ils avaient raison.

— N'en parlons plus, dit-elle.

Elle lui tapota la joue, puis ajouta :

— Carolyn tiendra sa promesse, et peut-être que les choses en resteront là.

135. *Devinez qui est là !*

Le lendemain après-midi, Mr. Bridge était derrière son bureau, plongé dans son courrier ; comme sous l'effet d'une tornade, la porte s'ouvrit avec fracas et, sur le seuil, apparut un garçon émacié et laid, avec une tignasse emmêlée et une dentition protubérante. Il soufflait comme un cheval. Plutôt que d'attendre l'ascenseur, il avait apparemment préféré grimper l'escalier quatre à quatre. Les chaussures de sport brun et blanc, le chandail… ce ne pouvait être qu'un étudiant ! Julia, dans tous ses états, le retenait par la manche avec une expression exaltée, mais il semblait à peine s'en rendre compte.

Mr. Bridge le dévisagea pendant quelques instants, puis il déclara :

— Je crois savoir qui vous êtes, et je n'ai rien à vous dire. Ni aujourd'hui ni demain. Alors vous pouvez faire demi-tour et retourner d'où vous venez. Vous m'entendez ? Sinon, j'appelle la police.

Il posa une main sur le téléphone pour montrer sa détermination.

Le garçon ne bougea pas d'un pouce.

— Sortez ! Sortez de mon bureau ! lança Mr. Bridge. Je ne peux tolérer une telle conduite.

Mais en scrutant le fond des petits yeux bleus, il put constater que le garçon ne se laisserait pas intimider aussi facilement.

— Julia, dit-il, vous pouvez nous laisser. Je m'en occupe.

Il attendit qu'elle referme la porte. Puis il reposa la lettre qu'il était en train de lire et se pencha en avant, pointant du doigt vers le garçon.

— Oui, je sais qui vous êtes. De plus, je connais les gens de votre espèce. Les universités regorgent d'opportunistes. Alors, laissez-moi vous dire une chose, jeune homme. Si vous croyez, l'espace d'un instant, que vous allez épouser ma fille, vous feriez mieux d'y réfléchir à nouveau.

— Je serai un mari sacrément bien pour elle, dit le garçon.

Il reprenait son souffle.

— Il n'y a rien chez vous qui me plaise, lâcha Mr. Bridge. Mais si vous tenez vraiment à vous asseoir quelques minutes, prenez un siège.

Le garçon s'installa dans le fauteuil qui se trouvait devant le bureau.

— Je n'ai pas un rond, commença-t-il, comme s'il s'agissait d'une plaisanterie. Je suppose qu'elle vous en a déjà parlé.

En dehors du fait qu'il n'avait peur de rien, il n'avait rien dont il pouvait se prévaloir. Si ce n'est qu'il croyait aimer Carolyn. Il n'avait rien de séduisant et il était pauvre. De plus il ne semblait même pas être du genre à attacher beaucoup d'importance à l'argent. Il n'était pas inintelligent, mais il n'avait rien d'exceptionnel non plus. Il avait cet étrange aspect débraillé des garçons des petites villes de province. Cela pouvait disparaître dans une vingtaine d'années, tout comme cela pouvait le marquer à jamais. Cela ne dépendrait que de lui. Mais cela se voyait déjà suffisamment, et s'il n'y a rien de honteux à venir d'une petite communauté rurale, ce n'est certainement pas un atout dans la vie. De quoi aurait-il l'air au Country Club ? Déplacé, probablement. Pour l'instant, avec ses dents et sa tignasse de garçon de ferme, convaincu comme il l'était que Carolyn et lui étaient faits l'un pour l'autre, il était aussi naïf qu'un gamin du Kansas pouvait l'être. Qu'avait-il à faire valoir en tant qu'époux éventuel de Carolyn, qui était belle, très intelligente, et qui, un jour, allait hériter de quelques milliers de dollars ? Qu'avait-il à lui offrir en contrepartie ? L'amour ? Peut-être. Il était trop tôt pour pouvoir le dire. Il leur faudrait tous deux attendre un grand nombre d'années avant de savoir s'ils s'aimaient réellement. Qu'avait-il d'autre de son côté ? Rien, n'était le désir de la jeunesse, chose que l'on pouvait trouver à tous les coins de rue, ainsi que le fait qu'il ne se laissait pas facilement intimider.

— Vous semblez croire que tout ce que vous désirez vous appartient de droit, dit Mr. Bridge.

Le garçon fit un large sourire et répondit :

— Pas tout. Elle uniquement.

— Vous êtes bien présomptueux, jeune homme.

— Carolyn et moi allons nous marier, Mr. Bridge.

— Sans mon autorisation ? Certainement pas !

— Vous ne pouvez pas nous en empêcher.

— C'est ce que nous verrons.

— Elle sera à moi. D'une manière ou d'une autre.

— Carolyn est trop jeune pour songer au mariage. Avant toute chose, elle doit terminer ses études. Quant à vous, votre temps est épuisé. J'ai été plus qu'indulgent à votre égard. À présent, vous pouvez retourner d'où vous venez.

— Je n'ai pas fait tout ce chemin depuis Lawrence pour que vous me fichiez à la porte, alors épargnez-moi votre petit numéro.

— Je vous donne trois secondes pour déguerpir.

— Un, deux, trois, foutaises ! répondit le garçon en comptant sur ses doigts. Carolyn m'a dit que vos vieux étaient de Sugar Creek.

Lorsqu'ils quittèrent le cabinet, il faisait déjà nuit. Gil Davis déclara qu'il devait se dépêcher d'attraper le bus pour Lawrence, mais Mr. Bridge l'invita à passer la nuit chez eux. La maison était assez grande, et il était temps qu'on le présentât à Mrs. Bridge.

136. *La secrétaire juridique*

Julia travaillait pour lui depuis l'ouverture du cabinet, et il n'avait jamais pu oublier combien elle était attirante lorsqu'il la vit la première fois. Elle lui avait paru beaucoup trop jeune pour être une secrétaire juridique expérimentée, mais, ne trouvant rien à redire à ses références, il avait pris le risque et l'avait engagée. Au fil des ans, elle s'était bien acquittée de ses tâches et, tous les soirs, elle prenait le bus pour retrouver son immeuble de pierre croulant, tout près de Valentine Road, à moins qu'ils ne travaillent tard, auquel cas il la reconduisait chez elle en voiture.

De temps à autre, avant de rejoindre le garage où était garée la Chrysler, ils s'arrêtaient pour prendre un verre dans un bar situé en face de son bureau. Comme il savait qu'elle appréciait ces petites pauses, il prenait soin que cela ne devienne pas une habitude : il ne voulait pas qu'elle les considère comme une chose acquise. Peut-être, si elle avait eu une vie privée plus riche, n'aurait-il vu aucun mal à lui offrir un verre plus souvent, mais soir après soir, aussi ponctuellement et docilement qu'une enfant à qui l'on aurait ordonné de rentrer directement à la maison après l'école, elle prenait le bus pour rentrer chez elle où elle retrouvait sa sœur paralysée. Il ne lui avait jamais demandé ce qu'elle pensait de la vie qu'elle menait. On pouvait aisément l'imaginer, tout comme il était facile de se représenter son intérieur, débordant de plantes en pot, de napperons en dentelle, de verroterie bon marché, de bibelots émaillés trouvés dans les brocantes, toutes ces breloques que pouvaient glaner ici et là deux sœurs célibataires pour éviter de voir la vérité en face. L'appartement sentait certainement le médicament, et la maladie s'insinuait dans chaque pièce comme des fragments de coquilles gisant, éparses, dans un nid d'oiseau.

Un soir, alors qu'ils venaient de finir leur verre et qu'il était pressé de rentrer chez lui ou qu'il souhaitait arriver à temps, elle le toucha. Elle lui prit la main au moment où il allait saisir son portefeuille. Il demeura interdit, se demandant ce qu'il se passait. Elle fixait sur lui un regard implorant. Ses yeux étaient humides et sa respiration, incertaine. Il pensa d'abord qu'elle était peut-être souffrante. Il lui demanda si elle se sentait bien mais elle ne l'entendit manifestement pas. Qu'elle pose sa main sur la sienne lui déplaisait. Au cours de toutes ces années où ils avaient travaillé ensemble, elle ne l'avait pas une seule fois touché de manière délibérée, et presque jamais par inadvertance. Le contact de cette main lui était désagréable. En la regardant, il reconnut la main habituelle, mince, fragile, d'une féminité ordinaire, avec des doigts fuselés. Ce n'était plus une main de jeune fille. Elle était fripée par le travail et, bien que la peau fût encore douce et les doigts encore fins, la forme en avait subtilement changé. À présent, c'était la main d'une femme d'âge mûr. Elle était mouchetée de taches brunes.

Lorsque Julia vit qu'il observait leurs deux mains, elle exerça une douce pression. C'était plus que Mr. Bridge ne pouvait tolérer. En vingt-cinq ans, une seule femme s'était permis une telle familiarité. Progressivement, sans rien dire, feignant de ne s'être pas aperçu de son étreinte, il retira sa main.

Julia proposa un deuxième verre.

Bien qu'il sût l'heure qu'il était, à cinq minutes près, Mr. Bridge consulta sa montre. C'était la première fois qu'elle lui réclamait cela. Toutefois, parce qu'il lui avait demandé des services – il l'avait envoyée faire de menues commissions qui avaient sans doute heurté sa dignité, il l'avait fait venir pour travailler certains dimanches ainsi que pendant les vacances –, il se sentit obligé d'accepter.

Il n'avait jamais imaginé qu'une femme mûre et intelligente pût se saouler en ingurgitant deux cocktails inoffensifs. Pourtant, elle n'en était pas à la moitié de son deuxième verre qu'elle en montrait déjà les signes. Il ne l'avait jamais vue dans un tel état et il chuchota, espérant que personne ne l'entendrait :

— Julia, voyons ! Reprenez-vous !

Elle se mit à sangloter.

Il lui lança un regard sévère.

— Je vous ramène chez vous. Allez chercher votre manteau.

Elle obéit. Il coiffa son chapeau, enfila son pardessus et ses gants, ramassa sa mallette et le *Wall Street Journal*, et lui tint la porte. Ils sortirent du bar et se dirigèrent vers le garage, mais ils n'avaient pas fait cinq pas qu'elle fit quelque chose qui acheva de l'indigner : elle se pendit à son bras, comme s'ils étaient mari et femme. Il n'essaya pas de la repousser mais, tandis qu'ils approchaient du garage, il se dit en lui-même que c'était la dernière fois qu'il lui offrait un verre. Il se répéta qu'il était seul responsable, il n'aurait jamais dû faire de concessions. Elle avait travaillé dur, elle était épuisée, et ce devait être un de ces jours où les femmes perdent le contrôle du peu de maîtrise de soi qu'elles possèdent habituellement.

Maintenant, il ne lui restait plus qu'à la ramener chez elle en évitant d'autres scènes gênantes. Avec un peu de chance, le lendemain, tout rentrerait dans l'ordre. Elle présenterait ses excuses, si elle en ressentait le besoin, mais cela n'avait pas d'importance, et ils pourraient reprendre leur travail.

Tandis qu'ils traversaient Penn Valley Park, elle eut une crise de larmes. Il fit comme si de rien n'était, mais il était agacé. Il évitait de la regarder. Il songea à quel point elle avait vieilli. Sa chevelure était traversée par une large mèche grise et elle portait des lunettes à monture d'écaille. Sa taille avait épaissi et, souffrant d'un problème de circulation dans les jambes, elle s'était acheté une paire de chaussures orthopédiques noires.

Lorsqu'ils atteignirent son immeuble, elle s'était presque reprise. Elle était encore secouée par quelques sanglots, mais qui étaient davantage liés à la fatigue qu'au chagrin ou à ce qui lui avait ainsi fait perdre ses moyens. Cette démonstration éhontée de sentiments l'avait écœuré, mais également inquiété. Il voulait l'aider dans la mesure du possible. D'un autre côté, il ne voulait rien dire ou faire qui pût la relancer. Il était déjà en retard pour le dîner et, pour éviter d'avoir à fournir des explications, il n'avait pas appelé chez lui. Donc, laissant tourner le moteur, il s'agrippa au volant et attendit qu'elle descende de voiture.

Julia termina de s'essuyer les yeux avec un petit mouchoir. Elle laissa tomber ce dernier dans son sac à main et, le plus naturellement du monde, lui proposa de monter prendre un verre.

Mr. Bridge était suffoqué.

— Je ne pense pas, Julia, merci, répondit-il sèchement.

Il attendait qu'elle sorte, mais elle n'en faisait rien. Puis elle lui demanda s'il savait quel jour on était. La simplicité d'une telle question l'exaspéra. Il se racla la gorge et garda les deux mains sur le volant.

Julia hocha la tête.

— J'aurais dû m'en douter, soupira-t-elle. Je suis idiote ! Je voulais croire que vous n'étiez pas comme ça. Pas vraiment. Pas au fond du cœur. Et pourtant, si, vous l'êtes. De votre feutre mou jusqu'au bout de vos gants gris de luxe.

Elle gonfla ses joues et fit un petit bruit de bouchon qui saute avec sa bouche.

— Chère Miss Lovejoy, reprit-elle, veuillez agréer l'expression de mes sentiments respectueux, et caetera. La bonne blague ! Voilà réglé le problème de l'indispensable Julia.

— Si vous ne vous sentez pas bien demain, vous feriez mieux, peut-être, de rester chez vous. Je n'ai pas besoin du dossier Loomis avant vendredi.

— Ah, bon ! fit-elle. C'est ça, reste chez toi, ma vieille, et repose-toi donc. Tu te sentiras mieux lundi. Je ne sais plus ce que je dis, et vous, le savez-vous ?

— Je vous avouerai que non.

— Alors, écoute-moi ça, Mr. Walter Bridge qui habite une si jolie maison à Crescent Heights. Accroche-toi bien à ton volant, parce que je m'en vais te dire ce que j'ai sur le cœur : je t'ai donné les meilleures années de ma vie, oui, mes plus belles années. Et tu n'en as jamais rien fait. Tu n'en as jamais voulu.

Il regarda sa montre.

— Oui, oui, j'ai compris, dit-elle.

Elle ouvrit la portière de la Chrysler. Mais elle n'en descendait toujours pas.

— Vous qui n'oubliez jamais rien, il y a une question que vous devriez vous poser : cela fait combien d'années aujourd'hui que je suis entrée dans ce bureau pour la première fois ? Bonne nuit, Mr. Bridge. Je crois que demain je resterai chez moi… avec votre permission.

Il rentra chez lui, profondément choqué. Jamais il ne lui était venu à l'esprit qu'elle pût considérer leur relation sous un autre angle que celui du travail. Il ne voulait pas la perdre. Il espérait que, après un jour ou deux, elle retrouverait son sens des valeurs afin que tout continue comme avant. Sinon, il n'y aurait pas d'autre solution que de la laisser partir.

137. *Au sous-sol de la banque*

Il lui semblait qu'autour de lui beaucoup de gens déclinaient aussi sûrement que Julia. Lui-même devait se débattre tous les matins avec un torticolis, il avait dû se résoudre à utiliser des lunettes plus fortes et s'inquiétait des déficiences de son cœur. Toutefois, il était réconfortant de constater à quelle vitesse ses amis vieillissaient également. Virgil était devenu lippu à force d'être gros. Lutweiler avait les cheveux totalement gris, bien que le fait de pratiquer très souvent le tennis et la natation lui eût conservé un air de jeunesse. Alex empestait comme un entrepôt à tabac et la nicotine paraissait lui avoir rendu le teint irrémédiablement jaune. Il lui semblait, en revanche, que Mrs. Bridge avait l'air moins âgée que la plupart de ses amies. Elle n'avait guère changé. Certes, elle était maintenant fermement gainée, ses lèvres étaient légèrement plissées, et son salon de beauté la coiffait d'une façon plutôt pratique.

Cependant, comparée à ses amies, elle gardait la forme. Lois Montgomery avait un cou aussi ridé qu'une tige de chou-fleur. Madge Arlen, souffrant manifestement d'une maladie quelconque, était de plus en plus raide et, lorsqu'elle marchait, elle avait plutôt l'air d'une dinde. Grace Barron se desséchait et se ratatinait comme une plante que l'on oublie d'arroser. Au bout du compte, ils partiraient tous. Ils disparaîtraient comme le vieil orme du jardin : à présent l'herbe poussait à l'endroit où il s'était tenu pendant cinquante ans, et ceux qui, un jour, viendraient habiter la maison, que ce soient les enfants de Douglas ou une famille inconnue, ne sauraient jamais quel arbre majestueux était mort.

Dans l'intimité de son espace cloisonné, au sous-sol de la banque, Mr. Bridge agita une main dans le vide, comme s'il voulait d'un geste balayer à jamais ses pensées moroses. Il réfléchit au cas d'Harriet. Elle buvait trop, on ne pouvait plus feindre de l'ignorer. Elle gardait une bouteille cachée dans un carton de lessive vide, dans le placard sous l'évier, et, parfois, lorsqu'elle servait à table, elle essayait de retenir son souffle. Il fallait faire quelque chose.

Il pensa à Ruth. Il ne pouvait comprendre qu'elle autorisât un homosexuel à passer la nuit chez elle, ni qu'elle désirât s'associer avec ces bohèmes de Greenwich Village ou avec des Nègres. Son comportement n'avait aucun sens.

Mais elle n'était pas la seule à courir après des fadaises. Washington débitait les projets grandioses de ses pontifes écervelés avec une régularité de fournées de gâteaux secs, et au sommet de cette pyramide de fous trônait Roosevelt, dispensant des amabilités bonasses et des panacées aussi sottes que son chapeau, tout en remplissant la Cour suprême de socialistes et de « libéraux » anarchisants. Le père Coughlin le traitait de grand traître et de menteur. Il n'avait pas tout à fait tort.

Les éducateurs, prétendument progressistes, s'affairaient dans les écoles. Des matières que l'on avait enseignées pendant des générations entières étaient tournées en dérision et mises au rancart. Les psychologues, assistantes sociales et divers autres apologistes du non-respect des lois excusaient le criminel pour ses crimes, rejetant la responsabilité du moindre délit sur ceux qui n'en commettaient aucun. Bientôt, plus personne ne serait responsable de quoi que ce soit. Jusqu'où irait-on ainsi ? Que de telles choses pussent être acceptées tandis que d'autres hommes passaient leur vie et dépensaient toute leur énergie à essayer d'atteindre un certain degré de sécurité pour eux-mêmes et leur famille était d'une injustice profonde. Il y avait tant de changements, tant d'absurdité, si peu de respect pour les traditions et les idéaux sur lesquels la civilisation était fondée !

Avec une grande lassitude, il termina d'examiner ses certificats d'actions et ses titres. Il parcourut une dernière fois son testament. Tout semblait en ordre.

138. *L'hiver*

Tout d'abord, la neige fit une apparition timide, comme de la farine passée au tamis. Peu à peu, elle recouvrit le sol gelé. Les feuilles sous l'érable et les recoins en bas des vitres furent tapissés de blanc. Lorsque Mr. Bridge sortit pour se rendre en ville, les branches des arbres aux feuilles persistantes s'affaissaient déjà.

La neige tomba toute la journée, étouffant le bruit de la circulation. Dans les bureaux et les boutiques, on laissa les lumières allumées.

En fin d'après-midi, il demanda à Julia d'appeler le garage et de dire à Mr. Buckworth de mettre les chaînes aux pneus de la Chrysler, car, de toute évidence, les rues des quartiers résidentiels seraient dangereuses. Une heure plus tard, tandis qu'il reprenait le chemin de la maison, il neigeait toujours. Il conduisait prudemment, s'arrêtant à chaque intersection. Lorsqu'il passa devant la gare centrale, il était six heures passées et il alluma la radio pour écouter les informations. En Afrique du Nord, les Italiens continuaient d'avancer. John L. Lewis menaçait de lancer un nouveau mouvement de grève dans les mines. Dans le quartier noir de Kansas City, un immeuble avait été détruit par les flammes. Il y avait eu un hold-up chez un marchand de vin sur Linwood Boulevard et le propriétaire avait été abattu.

Le temps d'atteindre la Plaza, la neige avait encore épaissi. Les automobiles, les poteaux téléphoniques, les boutiques : tout était recouvert de neige. Les courts de tennis étaient devenus des rectangles blancs. Les piquets en fer noir qui retenaient les filets ressemblaient à des pieux plantés dans le champ d'un fermier. À l'endroit où la route croisait la ligne du tramway, il y avait eu un accident, les badauds s'attroupaient, une ambulance avec sa lumière rouge clignotante se frayait lentement un chemin entre les voitures. Dans le quartier commerçant, les magasins étaient encore ouverts et scintillaient sous les décorations de Noël. Comme tous les ans, des guirlandes électriques étaient suspendues au toit des immeubles. Il envisagea de faire un détour pour apprécier le spectacle du quartier, mais la couche de neige commençait à être trop épaisse.

Il traversa le pont de Brush Creek et, quelques minutes plus tard, entama la montée sur la colline de Ward Parkway. Chaque fois qu'il avait neigé, quelqu'un essayait de gravir cette pente sans s'équiper préalablement de chaînes. Avant d'atteindre le sommet, ce qu'il vit confirma ses doutes : une voiture avait dérapé et quitté la chaussée.

En haut de la colline, des enfants avaient construit un château fort. Un tir groupé de boules de neige s'éleva dans sa direction mais se désintégra en plein vol.

Huntington Road avait été déblayée. Bientôt, il arriva à Crescent Heights, tourna dans l'allée et, coupant le moteur, laissa la Chrysler glisser jusqu'au garage.

Il fit une halte sur les marches de la cuisine, martelant le sol de ses chaussures pour en faire tomber la neige, tandis qu'Harriet l'attendait derrière la porte. Dès qu'il eut fini, elle lui ouvrit la porte. Il fut intrigué par l'expression de son visage. Il hésita, puis demanda si quelque chose n'allait pas. D'une voix peu naturelle, elle répondit que Mrs. Bridge était chez les Barron. Sa femme passait beaucoup de temps en compagnie de Grace Barron, il n'y avait donc là rien d'inhabituel. Il lui lança un regard impatient. Elle recula d'un pas et se mit à touiller une marmite de soupe qui cuisait sur le feu.

— Allez-vous parler, oui ou non ? s'impatienta-t-il. J'ai eu une dure journée. Je ne suis pas d'humeur à vous tirer les vers du nez. Que se passe-t-il ? Mrs. Barron est-elle malade ?

Harriet posa un doigt sur ses lèvres, comme si elle avait peur de parler. Elle murmura quelque chose. Il n'était pas certain d'avoir bien entendu. Puis, lorsqu'elle répéta, il entendit très distinctement, cette fois, que Grace Barron était morte.

— Elle est quoi ?

— Elle est morte.

— Vous voulez dire qu'elle est morte !

Harriet hocha vigoureusement la tête et se mit à pleurer.

Il posa sa mallette sur l'égouttoir mais la souleva immédiatement lorsqu'il se rendit compte qu'il l'avait déposée dans une mare d'eau. Il chercha son mouchoir, puis s'aperçut qu'Harriet, munie d'un torchon, essayait de lui tirer la mallette des mains.

— Laissez-moi m'occuper de ça, disait-elle.

Il la lui donna et elle l'essuya tandis qu'il restait le regard perdu par-delà la fenêtre de la cuisine. Il remarqua que, de l'autre côté de la vitre, la neige s'entassait sur le rebord de la fenêtre et il lui vint soudain à l'esprit que les prévisions météorologiques avaient vu juste. La neige était lourde et semblait vouloir tomber toute la nuit. Il devait neiger dans tout le centre des États-Unis.

— Mr. Bridge, vous vous sentez bien ?

— Oui, oui, très bien, Harriet. Je ne m'attendais pas à une telle nouvelle. Vous en êtes bien sûre, n'est-ce pas ?

Elle lui tendit sa mallette sans rien dire et retourna à sa soupe. Il sortit de la cuisine et monta à l'étage. Une fois dans sa chambre, il s'aperçut qu'il avait oublié d'ôter son chapeau et son manteau. Il les déposa sur le lit, se déshabilla et alla dans la salle de bains pour prendre une douche, mais soudain il se rendit compte que la baignoire était pleine. Il ne se souvenait pas d'avoir ouvert le robinet, toutefois cela n'avait pas d'importance.

Il entra dans l'eau, s'assit et ferma les yeux. Il songea à Grace Barron. Il se souvint de ce jour pluvieux où ils avaient déjeuné ensemble et où elle avait insinué qu'il avait des affinités avec les nazis. Elle avait mal interprété ses propos, peut-être l'avait-elle fait délibérément et par méchanceté. Il lui apparut qu'il n'avait jamais éprouvé beaucoup de sympathie pour Grace Barron. Il l'aurait évitée, si elle n'avait pas été une amie si proche de sa femme. Elle avait toujours été chicaneuse et instable. C'était une femme malheureuse et mal dans sa peau. Virgil lui avait donné tout ce qu'elle pouvait désirer. Il lui avait trop donné, ce qui expliquait peut-être qu'elle critiquât toujours les autres. Elle condamnait tout ce qui ne coïncidait pas avec ses propres préjugés, elle blâmait même sa propre existence dorée. C'était une enfant gâtée et déplaisante. Elle n'avait jamais su apprécier ni la chance qui lui avait été donnée ni la sécurité que Virgil lui apportait, et n'aurait jamais songé à en remercier le ciel. Sa mort était un choc, comme l'est toute mort, que ce soit celle d'un être humain ou d'une chose aussi inconséquente qu'un écureuil gris ou un vieil orme. Il en conclut qu'il ne ressentait aucun regret particulier.

Il se remit à penser à la neige, qui allait rendre le retour de sa femme difficile. Toute la journée il avait fait sombre et il revit les flocons tourbillonnant à la lumière des réverbères lorsqu'il avait traversé la Plaza. Ils étaient gros comme d'innombrables papillons de nuit aux reflets argentés et suspendus dans les airs.

Il crut entendre le tapotement d'un bec d'oiseau contre la fenêtre de la salle de bains, puis il comprit que ce devait être sa femme qui grattait à la porte. Se rendant compte qu'il s'était endormi, il se redressa et aperçut ses mains trempées. Pendant un bref instant, il ne put les reconnaître. Elles étaient restées sous l'eau si longtemps qu'elles étaient toutes ridées et flétries.

— Je peux entrer ? demanda-t-elle.

— La porte est ouverte, lança-t-il.

Elle entra. Elle semblait fatiguée et abattue. Il demanda comment allait Virgil et elle répondit que le pasteur Foster était à ses côtés.

— Le pasteur Foster ! Si tu veux mon avis, il aurait besoin d'un sédatif plutôt que d'une consolation spirituelle.

— Ah oui, tu crois ? répondit-elle vaguement. Je ne sais pas, j'ai passé toute la journée à répondre aux appels. Tant de gens ont téléphoné !

— Était-ce une attaque ?

— Nous craignons que ce ne soit une overdose de barbituriques. Lois et Madge étaient là, elles aussi. Officiellement nous ignorons de quoi elle est morte. C'est ce que nous avons dit à tout le monde. Nous avons pensé que ce n'était pas la peine de déranger les maris au travail. Voilà pourquoi je ne t'ai pas appelé.

— Des somnifères ! lâcha-t-il. J'aurais dû m'en douter. Des somnifères !

L'idée du suicide l'excéda. Elle abandonnait ses enfants dans la souffrance, et elle meurtrissait son mari de la manière la plus cruelle dont une femme pouvait meurtrir un homme. Plutôt que de supporter de vivre à ses côtés, elle s'était volontairement donné la mort. Elle montrait à ses enfants le peu d'importance qu'elle leur attachait et elle abandonnait son mari aux spéculations les plus hideuses. Il sut alors qu'il avait eu raison de rester indifférent à l'annonce de sa disparition. Son geste était lâche. Une telle femme ne méritait que dédain et mépris.

139. *Le volontaire*

Les nouvelles d'Europe s'aggravaient. Chamberlain, bien entendu, en était responsable, mais Roosevelt également, car il avait approuvé la capitulation britannique à Munich. Bientôt, une grande partie de la planète serait en guerre, on ne pouvait plus en douter.

— Je vous avais prévenus, disait-il à ses amis, car il se souvenait clairement avoir prédit les conséquences qu'aurait l'apaisement de Munich.

Une politique de fermeté aurait sans doute eu sur Hitler un effet dissuasif, mais on avait préféré écouter les pacifistes. Ce qu'Hitler avait déjà accompli, et ce qu'il fomentait, était désastreux. En conséquence, on n'avait plus le choix, l'organisation allemande devait être vaincue. Hitler était fou, ce qui était regrettable car certaines de ses idées n'étaient pas dénuées de sens.

Douglas demanda la permission de s'engager dans les marines.

Mr. Bridge refusa, lui rappelant que les États-Unis n'étaient pas en guerre.

Douglas argua que, de toute manière, on allait le tirer au sort pour le service militaire lorsqu'il aurait dix-huit ans, que les États-Unis fussent en guerre ou non. S'il attendait, on ne le laisserait plus choisir son corps d'armée. Il ajouta qu'il n'ignorait pas qu'entre l'armée de terre et les marines, il n'y avait pas grande différence : dans les deux cas il s'agissait d'infanterie. Mais quand bien même, il voulait être marine.

Mr. Bridge ôta ses lunettes et se frotta les yeux.

— Tu vas peut-être un peu vite. Tu n'es pas près d'avoir dix-huit ans. Lorsque ce sera le cas, si tu es toujours décidé à t'engager, nous en reparlerons.

Douglas répondit que, d'ici là, la guerre serait terminée.

— Voilà qui serait merveilleux, dit Mr. Bridge.

Douglas demanda s'il pouvait s'engager comme volontaire sur un navire de guerre pour devenir expert en démolition sous-marine.

Mr. Bridge répondit que non.

Ce ne serait pas dangereux, insista Douglas, car il recevrait un bon entraînement.

Mr. Bridge le chassa d'un geste impatient.

Qu'arriverait-il, persista Douglas, si les nazis envahissaient les États-Unis ?

— Le cas échéant, dit Mr. Bridge, tu pourras t'engager où tu voudras. Mais, pour le moment, tu poursuis tes études. Lorsque le gouvernement aura besoin de tes services, tu en seras averti. Jusque-là, ne nous en préoccupons pas.

Si Douglas s'était quelque peu vanté devant son père, c'était pour lui démontrer qu'il n'avait peur de rien. Et, au-delà du fait de vouloir prouver que d'être transpercé par une balle ou réduit en miettes par une grenade ne l'effrayait pas, il avait d'autres raisons pour vouloir entrer dans l'armée. Il en avait assez de l'école. Il pressentait qu'il serait recalé en espagnol, et ses résultats en rhétorique ne s'annonçaient pas meilleurs. S'il parvenait à endosser l'uniforme avant la fin du semestre, il n'aurait plus à s'en inquiéter. De plus, faire son service militaire, parcourir le monde, voir des choses nouvelles et rencontrer des femmes plus âgées serait excitant. Et puis, s'il portait un uniforme, on le traiterait avec plus de respect.

— À t'entendre, on croirait que tu espères que les Allemands vont gagner ! lança-t-il à son père.

Mr. Bridge lui ordonna de cesser de dire n'importe quoi.

— Tu hais les Juifs.

— Tu ne m'as jamais entendu proférer une telle chose.

— Le soir où Mr. et Mrs. Arlen étaient là, tu as dit que tu espérais que les Anglais n'arrêteraient pas Hitler trop tôt.

Il disait vrai. Il avait plaisanté à ce sujet, sachant que les Arlen partageaient les mêmes sentiments que lui concernant les Juifs. Il ne parvenait pas à comprendre comment Douglas avait pu les entendre.

— Je n'aime pas ces manières ! s'écria-t-il. Pas du tout ! Que je ne t'entende plus jamais dire ce genre de choses. Tu m'as compris ? Je ne veux plus en entendre parler. J'en ai plus qu'assez.

Après un long silence, Douglas demanda s'il pouvait s'engager dans l'armée de l'air.

— Non, répondit Mr. Bridge.

140. *Le rayon fatal*

Douglas demeura au lycée, mais la guerre l'excitait. Plusieurs de ses amis avaient eu l'autorisation de s'engager. D'autres parlaient de s'enfuir de chez eux et d'acheter de faux certificats de naissance afin d'arriver en Europe avant la fin des combats. Les émissions radiophoniques et les journaux abondaient de descriptions de raids aériens et de batailles navales. Au cours du dîner, il leur parla d'un article qu'il avait lu dans une revue scientifique et qui laissait entendre que des rayons lumineux pouvaient être utilisés pour tuer.

— D'après l'article, ils vont probablement essayer de projeter les rayons sur plusieurs kilomètres et les faire converger sur une cible. Ils pensent que personne ne pourra se défendre parce que, quand tu es pris dans un de ces rayons, eh bien, tu t'évapores, en quelque sorte.

— J'espère que ces chercheurs ne parviendront jamais à leurs fins, dit sa mère d'un ton ferme. Nous avons suffisamment de ces armes terrifiantes. Tous ces canons et ces bombes sont monstrueux.

Douglas ouvrit grand les bras.

— Moi, je ne fais que répéter ce que j'ai lu. C'est pas moi qu'ai pondu cette idée de génie. Mais ils supposent que les chercheurs allemands travaillent sur les mêmes principes, ce qui veut dire que ça pourrait devenir une course à qui trouvera le premier. Les Anglais ont intérêt à trouver d'abord ou alors on va déguster.

Il se passa rapidement un doigt sous la gorge.

— Je me demande sincèrement de quoi ces gens sont faits, soupira-t-elle d'un air abattu. Cela me rend malade.

— Peuh ! fit Douglas en saisissant une poignée de petits-fours salés. Qui c'est qui a commencé la guerre ?

— Oh, tu as sans doute raison, répondit-elle. Le fait même d'y penser m'est désagréable. Le monde est dans un tel état… Mais pourquoi les gens ne peuvent-ils pas apprendre à s'entendre ?

— Tu n'as qu'à le demander à Herr Schicklgruber, le Dummkopf.

— Tu as parfaitement raison, intervint Mr. Bridge. Tu n'as qu'à le demander à Hitler. Et que le Seigneur nous vienne en aide si les nazis gagnent cette guerre, car je ne donnerai pas cher de nos vies ! Je ne crains pas de dire que si quelqu'un invente de nouvelles armes, j'espère que ce sera les États-Unis.

141. *Hymne à la joie*

Plusieurs fois par an, accédant aux souhaits de sa femme, il se retrouvait à l'église. Généralement, il acceptait de s'y rendre pour le dimanche de Pâques, car c'était un jour qui semblait s'y prêter. Il cédait également une fois aux alentours de Noël, ainsi qu'à une ou deux autres occasions au cours de l'année, lorsqu'elle se faisait pressante. Pendant la messe, il se conformait presque en tout point à ce qu'elle attendait de lui. Impassible, il patientait jusqu'à la fin du sermon, tenait le livre de cantiques pour sa femme et faisait plus ou moins semblant de chanter avec elle. Lorsque la corbeille de la quête arrivait jusqu'à leur banc, il apportait sa contribution de un dollar et il gardait toujours la tête suffisamment basse pour ne pas éveiller les soupçons du pasteur Foster quand celui-ci enjoignait aux fidèles de commencer la prière. En revanche, il se refusait à fermer les yeux. Il consultait souvent sa montre, comme s'il espérait par là faire retentir les notes réconfortantes de l'hymne de sortie de messe.

S'il se rendait au culte en ces occasions, c'était en partie parce que, en s'abstenant complètement d'y aller, il aurait pu attirer l'attention sur lui, mais, avant tout, c'était parce qu'elle le voulait. Elle avait besoin qu'il l'accompagnât, non seulement pour démontrer au voisinage que son mari n'était pas athée, mais également comme assurance de chair et d'os contre toute éventuelle récrimination de la part de Dieu concernant quelque péché qu'il aurait pu commettre. Du fond de son cœur, elle croyait en l'existence de Dieu : il était un peu plus grand que la moyenne, disons deux mètres, avec une barbe blanche hirsute qu'aucune fumée de cigare n'était venue jaunir, et une espèce de robe de chambre blanche, un peu comme celle qu'il portait sur le plafond de la chapelle Sixtine.

Ainsi, par un dimanche matin enneigé et frisquet, juste avant Noël, ils prirent place dans la première rangée du balcon de la petite église congrégationniste si bien tenue. Le pasteur Foster s'affairait et Mrs. Bridge l'écoutait attentivement. Mr. Bridge, lui, avait l'esprit ailleurs et attendait la fin du service. Sur le balcon, l'air sentait le renfermé et lui donnait la migraine, mais il préférait cela plutôt que d'être assis au rez-de-chaussée où il était obligé de lever les yeux vers le pasteur. Il se gratta la cheville et songea combien il serait plus agréable d'être à la maison à lire son journal du dimanche devant la cheminée.

Il soupira, plus fort qu'il n'en avait eu l'intention. Il cligna des yeux, bâilla et regarda autour de lui. Il n'y avait pas grand-chose à observer. Tout, dans cette église, était dénué de passion. Il repensa à Chartres, à la nef glaciale où tous les bruits résonnaient d'une manière sinistre, aux effigies de pierre, aux ombres menaçantes et aux vitraux aux couleurs crues. L'église congrégationniste, elle, était charmante, aussi inoffensive que l'homme qui se tenait dans la chaire. C'était une autre sorte de religion, plus douillette. Et le sermon du pasteur était sans aucun doute plus réconfortant que les sombres admonitions du Moyen Âge. Ici, on n'entendrait jamais l'homme en chasuble noire proférer la moindre mise en garde. Ici, on ne trouverait pas de sculptures funéraires placées dans des niches, pas de vitraux couleur rouge sang. Tout était conçu pour être plaisant.

En examinant le pasteur qui discourait sur quelque événement biblique, il se demanda comment un homme pouvait traverser les vicissitudes de la vie en conservant une telle candeur. Il semblait que le ministre ne doutât ni ne s'inquiétât jamais de rien. Il faisait penser à un petit apothicaire, gras et pompeux. Son visage de soixante ans était aussi lisse que la surface d'un melon, un peu trop soigné et efféminé, presque luisant. Le temps n'assombrissait ni ne ternissait l'enveloppe de cet homme, et les années n'avaient pas perturbé le courant fluide de sa foi. Impassible, il se tenait dans sa chaire et perpétuait une vision qui pût convenir aux enfants. S'il se tenait là, si solide, et s'il sermonnait avec une conviction qui manquait autant de vigueur, c'était parce qu'il ne savait rien faire d'autre. Il était véritablement un homme vertueux, peut-être même véritablement bon.

Le moment était à nouveau venu de chanter.

À contrecœur, Mr. Bridge se leva. Il ouvrit le livre et le tint devant sa femme qui chantait d'une petite voix pure. L'assemblée des fidèles entama *Que la joie descende sur terre*, et il les accompagna pendant quelques couplets, car il aimait bien les cantiques de Noël.

Pendant qu'il chantait, il se prit à réfléchir au mot « joie », à la sonorité archaïque de ce mot curieux, à sa signification. Il lui vint à l'esprit qu'il avait parfois entendu des gens employer ce mot. Ces gens en avaient manifestement fait l'expérience. Il se demanda si, lui-même, il en avait jamais ressenti. Si c'était le cas, il ne pouvait s'en souvenir. Pourtant, il avait bien dû la rencontrer ne serait-ce qu'une fois, car il en percevait les connotations, ce qui, dans le cas contraire, aurait été impossible. Toutefois, s'il avait ressenti de la joie, ce devait être fort longtemps auparavant. De la satisfaction, ça, oui, ainsi que d'autres formes de plaisir, de la fierté, et peut-être même un sentiment que l'on pouvait qualifier de « réjouissance » lorsqu'un ennui ou un problème sérieux avait été résolu. Il avait connu bien d'autres sentiments, mais aucun que l'on pût décrire comme de la « joie ». Il se souvint d'avoir ressenti de l'enthousiasme, de l'espoir, une sorte de jubilation ou d'exultation. De la gaieté, certes, de la jovialité et, bien sûr, le bref assouvissement des pulsions de la chair. Du contentement aussi, de la plénitude, de la reconnaissance et beaucoup d'autres émotions. Mais de la joie ? Non, cela appartenait à des esprits plus simples.

MIXTE
Papier issu de
sources responsables
FSC® C003309

10/18, une marque d'Univers Poche,
est un éditeur qui s'engage pour
la préservation de son environnement
et qui utilise du papier fabriqué à partir
de bois provenant de forêts gérées
de manière responsable.

Imprimé en France par CPI

N° d'impression : 3020539
Dépôt légal : juillet 2017
X06961/01